언어인간학

언어인간학

인류는 소통했기에 살아남았다

건명원 建明苑 강의 │ 김성도 지음

21세기북스

차례

2강 호모 그라피쿠스

3강 호모 스크립토르

이 책은 2015년 가을 건명원에서 진행된 다섯 차례의 강연에 기초하여 만들어졌다. 이들 강연은 KBS에서 〈생각의 집〉이라는 프로그램으로 편집을 거쳐 네 차례 방영되기도 했다. 불과 몇 해 전의 일인데 어떤 이유에서인지 기억이 흐릿할 정도로 아득한 옛일 같으나, 난생 처음 공영방송의 카메라 앞에서 강연을 하는 심리적 긴장과 중압감 때문에 초반에 진땀을 흘렸던 일은 지금도 생생하다.

이 책의 내용은 방송에서는 시간적 제약과 편집 방식상 생략된 부분을 모두 담고 있다는 점에서 개선되기는 했으나, 사실상 약간의 보완 설명을 첨가했다는 점에서 당시 강연을 가감 없이 완전하게 반영한 것이라고는 말하기 어렵다. 그래도 구술 강연의 분위기를 가급적 있는 그대로 살려, 기존의 문어체 저술에서 느끼기 어려운 생동감과 현장성을 독자들에게 전달할 수 있다면 그것도 나름대로의 의미를 가질 수 있을 것이라는 기대를 걸어본다. 하지만 구어와 문어의 엄청난 차이, 아니 더 직설적으로 말해 그 괴리가 한국 학자들에게는 숨길 수 없는 약점이라는 점에서 여전히 서툰 구어로 생산된 미완의 지식을 내놓는 필자에게도 적지 않은 부담이다.

특히 강연을 바탕으로 한 만큼 본문에 제시된 각주와 책 말미에 명시된 참고문헌을 통해 설명을 보충하고 중요 출처를 제공했음에도 불구하고, 번쇄함을 피하기 위해 학술 서적과 달리 세세한 주를 함께 밝히지 못한 것에 대해 독자의 양해를 바란다.

대학 강단을 비롯해 다른 제도 기관에서 이루어진 장기간의 강의나 특강이 책이라는 매체를 통해 다시 태어나는 일은 반가운 일이나, 지금까지 한국의 상아탑에서 이러한 시도가 활발하지 못했던 점은 아쉽다. 우리는 소쉬르의 육성 강의를 모태로 탄생하여 20세기 인문학사에 한 획을 그은 『일반언어학 강의』또는 비트겐슈타인의 사후에 출간된 그의 강의 노트 같은 구술을 통해 축적한 지적 전통이 일천하다. 푸코가 10년 넘게 강의했던 콜레주 드 프랑스Collège de France에서의 육성 강의는 지금도 계속해서 단행본으로 출간되고 있고, 필자는 최근 그중 몇 권을 정독하면서 불후의 명강의가 갖는 구어의 위대한 생명력과 지식 생산력과 전파력에 감탄하고 있다.

하지만 그 같은 구술 문화의 전통이 유럽 근대 학문의 경우,

근대 모국어의 자의식이 싹튼 16세기로 거슬러 올라가며 이는 최소 500년의 온축된 역사라는 점에서, 우리는 지금보다 훨씬 더 활발히 구술에서 출발하는 지식 생산과 출판의 장을 마련해야 한다. 그 같은 부단한 연습을 통해 한국어의 학문적 기초는 보다 탄탄해지고 보편적 사유의 지평에 한 발자국 더 다가갈 수 있는 풍요로운 토양이 마련될 것이다.

책의 내용을 소개하는 대신 책의 형식과 매체에 대해 이렇게 다소 장황하게 서술하는 이유는 필자의 전공이 다름 아닌 언어학이며, 더 나아가 지난 20년 동안 연구해온 분야가 매체학이기 때문이다. 지식의 내용을 나무 또는 물고기에 비유한다면 지식을 담는 형식과 매체인 언어는 나무를 벨 수 있는 도끼 또는 물고기를 낚을 수 있는 그물이다. 누구의 말인지는 기억나지 않으나 어떤 위인은 이렇게 말한 바 있다.

누가 내게 한 시간 동안 나무를 베어오라고 명령한다면, 나는 45분을 도끼의 날을 가는 데 사용할 것입니다.

필자의 소견에서 보면, 이제부터 한국의 인문학과 사회과학계에서 진지하게 수행해야 할 과제는 바로 한국어라는 칼과 그물의 구조와 속성에 대한 치열한 성찰과 과학적 분석이며, 이를 발판으로 삼아 국가적 차원에서 인문학과 사회과학의 기념비적 사전을 만드는 일이다.

이 책에서 필자가 다룬 문제는 간단히 말해 언어이나, 이때 언어는 고전적 언어학에서 연구 대상으로 삼는 음성언어의 범위로 국한되지 않는다. 여러 복잡한 이유들을 내세우면서 현대 언어학에서는 인간의 목소리로 발화되는 음성언어만을 언어학의 진정하고도 유일한 대상으로 삼는 음성중심주의phonocentrism를 채택했다. 이와 달리 필자가 채택한 입장은 다원주의로서, 음성언어뿐만 아니라 시각언어, 문자언어, 몸짓언어, 디지털 언어 등을 모두 아우르는 넓은 개념적 장을 지향하고 있다.

물론 이처럼 언어의 개념을 다양한 현상들로까지 폭넓게 적용할 때 나타날 수 있는 개념적 느슨함, 언어라는 단어의 인플레이션, 변별성의 약화 등 여러 문제점들이 나타날 수 있으나, 일단 이 책에서는 인간 사회에서 소통과 의미에 사용되는 모든 기호 체계를 언어라고 부를 것을 제안했다. 언어 개념을 음성언어에 국한시키지 않고 미술, 건축, 음악, 조각 등 다양한 예술의 언어들을 모두 아울러 상징 언어 시스템 이론을 제시했던 20세기 최고의 미국 철학자 넬슨 굿맨 같은 학자가 있다는 점에서 필자의 이 같은 다원적 언어 개념은 결코 고립된 사례는 아니다.

더 나아가 문자 개념의 경우에서도 필자는 소리값을 적는 데 사용되지 않는, 즉 자율적 표현 방식을 지향하는 다양한 그래픽 시스템들 역시 모두 넓은 의미에서의 문자 범주에 포함시켰다. 이 같은 다원주의적 문자 개념을 수용할 때, 언어는 컴퓨터 아이콘, 픽토그램, 부적, 수학과 화학 공식 등 많은 종류의 각인 inscription 시스템을 아우를 수 있다는 결정적 장점을 갖는다.

이처럼 언어 개념에 대한 다원주의적 입장을 수립함으로써 자연스럽게 이 책의 두 번째 특징, 즉 언어 현상을 다루는 다양한 학술 분야들, 선사학, 인류학, 미술사, 인지과학, 기호학 등을 횡단하는 철저한 초학제성超學際性의 정신을 제시할 수 있을 것이다. 19세기 중반기부터 제도화된 근대 대학에서는 산업화의 기본 원리인 노동 분화의 원칙을 학문에도 적용하여 학문의 전문화와 세분화를 지상 목표로 삼고 오늘날까지도 대학 교육과 연구의 절대적 이상향으로 삼는 우를 범하고 말았다. 예컨대 경제학과에 입학한 학생은 인간의 언어가 경제에 미치는 영향에 대해 탐구할 수 있는 참신한 생각을 갖는 것이 어렵다. 그리고 한 걸음 더 나가, 인간의 욕망과 믿음이 정량화가 가능한 경제적 현상이라는 사실을 간파하는 상상력의 씨앗을 발아시킬 계기 또한 원천적으로 봉쇄당하고 만다.

마찬가지로 언어학을 전공한 학생은 경제학의 초보적 지식에 대한 무지로 언어의 경제적 가치를 수량화할 수 있는 시도를 엄두도 못 내게 된다. 학문의 자율성이라는 모토 아래 진행된 이 같은 학문의 이기주의와 분리주의는 그것이 극단적 형태로 나갈 때 거꾸로 부메랑이 되어 개별 학문의 경색과 폐쇄성으로 인한 학문 생태계의 자폐적 상황이라는 위기에 봉착하게 만든다.

언어인간학이라는 부제에서 짐작할 수 있듯이, 이 책에서 다루는 시간의 폭은 기존 인문학과에서 설정한 시간 단위와는 사뭇 다르다. 이를테면 1강 호모 사피엔스의 기나긴 여정을 기술하면서 필자는 기존 인문학계에서 소홀히 다루거나 일부 고인류학자들의 관심 영역에 한정된 나머지 인문학적 진폭과 의의에 대한 공통의 학술적 장이 마련되지 않았던 인류의 기원과 진화 문제, 언어와 상징의 창발 문제 등에 대한 일종의 진화 인문학의 시각을 개진하고 있다.

물론 시간을 거꾸로 거슬러 올라가는 회고적retrospective 투시법과 더불어 현재와 앞날을 내다볼 수 있는 미래 전망적prospective 투시법을 병행하여 언어와 관련된 전체론적 사유를 모색했다. 소쉬르의 용어를 빌려 설명하자면, 통시적 시각과 공시적 시각을 아우르는 범시적panchronic 시각이라고나 할까. 이 같은 범시적 시각에서 보면 디지털 시대의 폭증하는 영상 문화와 3만 6000년 전에 제작된 휘황찬란한 프랑스 쇼베 동굴벽화는 모두 호모 사피엔스가 생산 주체라는 점에서 시간과 공간을 초월하여 이미지의 불멸성을 깨닫게 해준다.

여기에다 하나 더 추가하여 강조하고 싶은, 필자가 젊은 학생들에게 전달하고 싶은 시각은, 진정한 의미에서의 전 지구적 사유, 더 나아가 지정학적 인식 태도이다. 이를 위해서 당연히 문명사와 제국사에 대한 부단한 공부를 주문하고자 한다. 어쨌거나 필자는 다섯 번의 강의에서 언어 현상에서 제기되는 거의 모든 문제들이 지리적 성격을 띠고 있다는 점을 암시하려고 했다. 이를테면 왜 서양에서는 문법학과 수사학이 발달하고 동양에서는 문자학과 사전학이 먼저 태동했는가라는 문제는 언어와 문자의 구조적 차이뿐만 아니라 지리와 정치 체제의 차이와 깊은 연관성을 맺고 있다. 이 같은 맥락에서 우리 또한 세계의 언어 지도, 그랜드 아틀라스grand atlas of world's languages를 제작할 수 있는 날이 오기를 학수고대해본다.

한국 학자들이 제작할 세계 최초의 언어 아틀라스는 단지 음성, 형태, 통사 등 미시적 차원에서의 언어 유형론을 위한 참조 자료가 아니라, 인류가 축적한 언어와 연관된 종교, 예술, 정치, 문학, 지리 등의 정보를 종합화시키는 방대한 기획이다. 혹자는 이러한 기획을 허황된 꿈이라고 꾸짖을지 모르나 그들에게 필자는 당장 소쉬르의 사후 강의록을 정리한 『소쉬르의 마지막 강의』의 일독을 권한다. 필자는 인도유럽어족의 어족 분류와 더불어 지리, 역사, 문자, 종교를 넘나드는 소쉬르의 학문적 스케일에 압도당해 그 감동을 한국의 독자들과 함께 나누고자 한국어 번역을 마음먹었고 올해 초 그 뜻을 실현했다. 소쉬르가 우리에게 던진 메시지는 바로 그가 제시한 지리적, 더 나아가 지정학적 사유의 비전이다.

여러분이 읽을 이 책은 언어인간학이라는 새로운 화두를 던지는 이론적 설계도이며, 결코 완결된 연구도 세부 문제에 대한 미시적 기술도 아니다. 따라서 독자들은 결코 여기서 제공된 많은 지식들을 습득하는 데 머무르지 말고 자신의 독특한 관점으로 문제를 만들어내는 훈련에 착수하기를 바란다. 그 같은 문제 생성 능력을 키우기 위해서는 예리한 관찰력과 함께 현실에 대한 비판력도 함양해야 할 것이다. 특히 책에서 배운 내용을 현실의 첨예한 쟁점들에 적용해보면서 나름대로의 대안과 비전을 제시하는 능동적 태도가 필요하다.

이를테면 현재 디지털 테크놀로지의 무한한 기억 장치로 인해 우리는 역설적으로 잊혀질 권리를 법제화하려는 전대미문의 상황에 놓여 있다. 망각할 줄 모르는 디지털 기계로 인해 인류 기억의 생태계가 기억과 망각의 균형을 잃으면서 파괴될 위험에 처해 있는 것이다. 그렇다면 우리는 이 문제를 어떻게 슬기롭게 해결할 수 있을 것인가? 더구나 3000년 넘게 동아시아의 보물이었던 바둑의 문화적 상징성과 성스러움을 단번에 무너뜨린 알파고에 이어, 이제 가까운 미래에 단지 인간과 대화를 하거나 인간을 이해할 수 있는 로봇 정도가 아니라 인간보다 더 흥미진진하고 더 감동적인 허구와 이야기를 창조할 수 있는 스토리텔링 장치 또는 서사 지능narrative intelligence을 갖춘 인공지능 로봇이 나올 경우, 인문학 강단에서 인간의 고유성이라고 가르쳐왔던 서사의 의미는 어떻게 될 것인가?

물론 이 책에서는 결코 그 같은 문제에 대한 답을 찾을 수 없을 것이다. 따라서 푸코가 강조한 것처럼 독자들에게는 무엇보다 문제의 속성에 대한 문제학의 공부가 필요할 것이다. 푸코는 자신의 말년에 문제화problématisation라는 표현을 즐겨 사용했는데, 그것은 결코 이미 존재하는 대상의 재현을 의미하지 않는다. 문제화는 사유의 비판적 실천이며 연습이지 문제 해결을 위한 요령이나 방법적 연구가 아니다. 왜냐하면 철학의 과제는 문제를 해결하는 데 있는 것이 아니라 어떤 현상을 문제화시키는 것, 즉 사물에 문제적 차원을 성립하는 데 있기 때문이다.

언어인간학은 필자가 가졌던 그 같은 문제의식의 발로이며 그에 대한 일련의 물음들과 문제들로 이루어져 있다. 본서 언어인간학에서 제기한 그 같은 문제들 가운데 언어의 기원과 문자의 기원에 대해 간략하게 서술하는 것으로 서문을 갈음하고자 한다. 이 문제는 각각 1강, 2강, 4강에서 비교적 상세히 다루었다.

현재 지구상에 존재하는 약 74억 명의 인간들은 모두 현생인류의 직계 조상인 최초의 사피엔스들이 구사했던 기초적 음성들을 공유하고 있으나 그 공통 언어의 기원을 추적하는 일은 너무나 난해하다. 어쨌거나 호모 사피엔스와 더불어 창발한 자연언어는 인류의 운명을 송두리째 바꾸어놓았다. 언어라는 비밀병기를 발명함으로써 인류는 다른 동물들과 달리 비로소 지금 여기의 한계에서 벗어나 자신의 과거를 이야기하고 미래를 상상할 수 있게 되었기 때문이다. 그렇다면 인간의 언어는 언제 그리고 어디서 탄생한 것일까?

현재까지 진행되고 있는 최신 연구물을 종합하면, 10만~5만 년 전 사이에 아프리카 지역에서 동물과는 질적으로 판이하게 다른 의사소통 체계가 출현했다는 것에 대해 대부분의 학자들의 의견이 일치한다. 10만 년 전의 언어는 정교한 음성언어 시스템 수준에 이르지는 못한 채, 자신의 동료들에게 위급한 상황을 알리기 위해 일련의 몸짓들과 모음과 허밍, 으르렁대는 소리 등을 실행하는 정도였다. 그러다 5만~3만 5000년 전에 이르러, 휘황찬란한 선사 미술의 동굴 이미지 제작자였던 호모 사피엔스는 드디어 몇 개의 간단한 문장들로 자신이 사냥한 먹잇감의 특징과 그가 사냥했던 과정을 명료하게 자신의 무리에게 설명하기에 이른다. 마침내 10만 년 전과 3만 5000년 전 사이에 음성언어가 출현한 것이다.

언어학자들과 철학자들 다수는 여전히 언어란 인간이라는 존재에게 고유한 의사소통 체계라는 주장을 마치 철옹성처럼 펼치고 있다. 그런데 이 같은 인간 언어의 고유성에 대해 모든 과학자들이 만장일치를 이루는 것은 아니다. 지난 반세기 기간 넘게, 그리고 지금 이 순간에도 세계적인 연구소에서는 인간 이외의 영장류들의 커뮤니케이션을 연구하고 있다. 사실상 자연언어라는 용어는 오직 인간 종의 언어 커뮤니케이션 방식을 정의하기 위해 사용된 배타적 용어로, 언어학자들을 포함한 인문학자들의 여전한 인식론적 빈곤을 노출한다. 동물들의 세계는 인간 언어의 기원에 대해서 많은 것을 일러줄 수 있다.

인간 언어의 기본적 속성은 어휘, 통사, 의미 체계, 인지적 능력 등의 조합과 배치라는 점을 기억할 필요가 있다. 여기서 말하는 인지적 능력은, 언어를 통해 정보를 분류하고 대화 상대자에게 말을 건네고 물건들을 지칭할 수 있는 다양한 능력들을 말한다. 동물은 물론 인간들조차 깨닫지 못하는 사실이지만, 만 3~5세라는 아주 어린 나이에 언어 능력을 획득할 수 있는 인간은 완결된 언어 체계를 생산하기 위해 이 같은 모든 속성들을 별다른 어려움 없이 능수능란하게 조합할 수 있는 유일한 피조물이다. 그런데 분산적이고 파편적인 방식이기는 하지만 동물의 왕국에서도 인간 언어에 필수불가결한 이 같은 속성들 가운데 적지 않은 것들을 발견할 수 있다. 어쨌거나 호모 사피엔스의 언어가 출현하기 이전에는 오직 '여기' 그리고 '지금' 이외의 것에 대해서는 말할 줄 몰랐다.

19세기 역사비교언어학의 시대부터 무려 20세기 중반기까지 거의 금기시되어온 주제인 언어의 기원에 대한 연구는 언어 연구에서 다시 중앙 무대를 차지하게 되었다. 그 이유는 싱거울 정도로 간단하다. 오늘날 지구상에 존재하는 언어 중 우리에게 알려진 7000개가 넘는 언어 모두는 5만 년 전 탄생한 호모 사피엔스의 언어에 기초하기 때문이다.

그렇다면 도대체 언어는 언제 그리고 어디서 창발한 것인가? 이 문제 제기는 자연과학의 모델을 추구한 촘스키 언어학의 프로그램에서조차 원천적으로 차단되었다. 20대 중반 나이에 미국 언어학계와 심리학계에 혜성처럼 등장한 청년 촘스키는 언어 능력은 문화적 경험과 사회적 환경과 독립된, 생물학적으로 부여된 선천적 능력이라고 주장하면서 언어 생득설을 천명했다. 이와 동시에 그는 언어란 일종의 돌연변이처럼 태곳적 갑작스럽게 인간에게 출현했다는 지극히 사변적 수준의 가정을 내세웠다. 이 같은 가정에서는 언어의 기원에 관심을 갖는 것 자체가 부질없고 쓸모없는 일이다. 그런데 20세기 말까지 엄청난 영향력을 행사해온 이 같은 불연속적이며 순간 발생적인 언어 기원설은 최근 들어와 진화언어학, 뇌과학, 인지과학을 비롯해 다양한 분야에서 크게 그 힘을 잃었다. 요컨대 다양한 경험적 데이터와 학제적 연구 성과에 기초해 이제 언어의 연속적·점증적 출현에 무게 중심을 두게 된 것이다.

인간 언어의 기원에서 자연스럽게 제시되는 시나리오는, 다양한 몸짓들이 먼저 사용되고 모음을 비롯한 발성이 이어서 가능했다는 것이다. 갓난아이의 행동 양식을 관찰하면 쉽게 납득될 수 있다. 몸짓들과 음성 생성의 조합은 일종의 원형 언어proto-language를 형성한다. 앞서 언급한 10만 년 전 이전의 인간 언어의 상태라 할 수 있다. 이 언어의 수준은 매우 초보적 수준이고 결정적으로 단어들의 어순과 결합을 실현할 수 있는 동사를 결여하고 있다. 즉 이 같은 원형 언어는 그때그때의 즉각적인 욕구를 해결하는 데 부응하는 거의 동물적 수준의 언어다.

여기서 필자는 최근의 선사고고학자들과 수화 언어를 관찰한 인지과학 연구의 가설을 수용하면서 몸짓과 말은 동일한 인지 체계의 부분들을 형성한다는 가정에 신빙성이 높다고 판단한다. 소쉬르의 용어를 빌려 설명하자면 몸짓, 말하기, 읽기, 쓰기, 듣기 등은 모두 상이한 인지 능력들을 조정하는 기호학적 능력faculté sémiologique에 속한다고 봐야 할 것이다. 최근에 보고된 영장류 실험 결과를 참조한다면, 원숭이는 먹고자 하는 식량 쪽으로 실험자의 주의를 끌기 위해 자신의 시선 방향과 더불어 몸짓이라는 풍부한 표현 재원을 소유하고 있다. 몸짓은 매우 신축적인 것으로 고치고 꾸미면서 외부 환경에 부합하기 용이하다. 따라서 인간과 원숭이의 공통 선조가 의사소통을 하기 위해 이 같은 신축적인 몸짓을 사용했을 것이라는 가설은 개연성이 높다.

이어서 종들은 분화되는데, 비비류 원숭이의 가지와 인간과 큰원숭이들의 다른 가지가 그것이다. 그런데 최근의 실험 결과가 보여준 바에 의하면 침팬지는 인간과 보다 가까운데, 의도적 커뮤니케이션을 하기 위해 어느 정도의 발성을 조절할 수 있다.

이 같은 현상은 몸짓을 통한 의사소통의 능력과 적성이 발성에 의한 음성 양태성과 결합되었다는 신호다. 인간 역시 이 같은 몸짓과 음성이라는 이원적 양태 시스템bi-modal system을 물려받은 것이다. 이 같은 몸짓과 음성의 이원적 양태 시스템은 700만~500만 년 전에 출현했던 것으로 추정된다.

그렇지만 자연 선택의 관점에서 다른 동물 종들의 커뮤니케이션 체계에 비해 인간 종에게 결정적 장점을 부여한 것은 다름 아닌 통사다. 그렇다면 통사적 능력은 언제 출현한 것인가? 여기서 현대 언어학은 결정적 한계를 노정露呈한다. 아직까지 어떤 언어 이론도 1만 년 전 이상으로 거슬러 올라가면 우리에게 아무것도 말해줄 수 없기 때문이다. 유일한 해결책은 고고학에 의존해 여러 지표들을 찾아내는 정도다. 이 점에서 흥미로운 것은 호모 사피엔스와 네안데르탈인의 갈라진 운명이다.

몇 년 전 이스라엘 케바라Kebara 동굴에서 발견된 네안데르탈인은 지금까지 발견된 네안데르탈인의 골격 가운데 가장 완결된 형태라 할 만큼 보존 상태가 우수한데, 6만 년 전에 이곳에서 생활했던 것으로 추정된다. 특히 이 발견으로 언어 분절에 핵심적인 설골 연구가 가능해져 네안데르탈인도 분절언어 생산이 가능한 신체적 조건을 호모 사피엔스 못지 않게 갖추고 있었다는 점이 입증되었다.

뿐만 아니라 이 두 종들이 사용한 도구들을 비교하면 호모 사피엔스가 그 어떤 기술적 우월성도 갖고 있지 못했다는 점이 드러난다. 따라서 두 종은 상당히 흡사한 원형 언어를 구사했을 것이라고 상상할 수 있다. 그 이유는 프랑스 선사학의 태두泰斗인 앙드레 르루아 구랑의 가설에 있다. 그에 따르면 언어와 도구 제작 능력은 서로 밀접하게 결합되어 있다는 것이다.

2008년 영국과 미국의 고고학과 신경과학 연구팀은 매우 흥미로운 실험을 한 바 있다. 이들은 피실험자들에게 구석기시대의 도구들을 제작하라는 지시를 하고 제작 활동 동안 이들의 두뇌 이미지를 촬영했다. 그들이 수행해야 할 작업은 제반 행동들이 위계화된 상당히 복잡한 과제였다. 그런데 두뇌에서 활성화된 지대는 정확히 언어의 지대와 동일했다. 바로 이 실험을 통해 1964년 앙드레 르루아 구랑의 기념비적 저서인 『몸짓과 말Le Geste et la parole』에서 그가 제시한 가설이 옳았음을 입증한 것이다. 바로 여기서 기술 능력과 언어 능력 공진화共進化의 가설이 힘을 얻게 된 것이다.

그렇다면 여전히 남는 질문은 도대체 언제 원형 언어로부터 완결된 자연언어로 이동한 것인가라는 궁극적 문제다. 앞서 언급했듯 현재까지 축적된 고고학적 흔적들을 종합해본다면, 5만 년 전에 존재했을 것이라는 가설에 힘이 실리고 있다. 예컨대 5만 년 전 아시아를 떠나 오스트레일리아에 도달한 인간은 대양을 가로질러야 했다. 프랑스의 언어학자 장 마리 옹베르Jean-

Marie Hombert에 따르면, 그 같은 여행을 정교하게 성공하기 위해서는 집단의 결속이 필요했고, 해양 환경에 적응할 수 있는 선박을 만들어야 했으며 무엇보다 논쟁 능력, 즉 이미 상당히 진화된 언어 없이는 불가능했을 것이라는 주장이다.

최근 언어의 기원에 대한 연구는 전 세계적으로 다양한 분야의 학자들로부터 새로운 관심을 받으며 활발하게 연구가 이루어지고 있다. 5만 년 전에 최초의 인간들이 발성한 소리들을 파악하기 위해 언어학자, 심리학자, 유전학자, 신경학자, 고고학자들은 진지한 학제적 연구를 진행 중이다.

문자의 발명에 대해서도 몇 가지 보완 설명이 필요하다. 문자 발명의 시간과 공간이 4대 문명 발상지의 장소와 연대기적 시간대와 일치한다는 것은 일반화된 사실이다. 그런데 최근에 들어와 학자들은 새로운 시각에서 최초의 문자 탄생 이유와 기능을 파악하려는 시도를 하고 있다. 그들에 따르면 교통과 커뮤니케이션이 부재했던 기원전 수천 년 동안 지리적으로 동떨어진 세계에서 다분히 독립적인 방식으로 탄생한 문자는 기존의 문자학에서 주장하는 것과는 달리, 단지 이제 막 탄생한 국가들의 행정을 위한 기록 수단 그 이상의 보다 복잡한 필요에 부응하기 위한 것이었다.

최초의 문자는 메소포타미아에서 나타났는데 기원전 3400년경 한 법률가가 두 개인들 사이의 계약서를 작성했고, 왕의 보호를 받은 이집트의 필생筆生은 그보다 1~2세기 이후에 그 같은 계약서를 작성했을 것이다. 그리고 오늘날의 이란 남서부 지역에 있는 수사Susa에서도 기원전 3000년경을 전후로 하여 새로운 문자를 발명했는데, 그것은 아직 해독되지 않은 상태로 남아 있다. 기원전 2500년경에는 인더스 지역에서 문자가 발명되었고, 기원전 1500년경에는 그리스의 크레타 섬에서도 문자가 발명되었다. 동아시아 문명권 경우에는 중국에서 기원전 1300년경에 점성술 의식을 수립하기 위해 거북이 등껍질에 문자를 새겨놓았다. 그리고 잊지 말아야 할 또 다른 문명은 기원전 400년경부터 중앙아메리카에서 높은 수준의 문명을 마야 민족보다 더 앞서 구가한 자포텍Zapotec 민족과 올멕Olmec 민족의 문명이다.

지금까지의 문자학과 고고학에 의하면 문자는 모두 일곱 차례, 상이한 지역에서 자율적인 방식으로 탄생했다. 문자의 7대 기적이 발생한 것이다. 이 일곱 개의 기념비적 문자 발명에 필자는 훈민정음 창제의 과학적 독창성을 환기하면서 당당히 이것을 여덟 번째 인류의 문자 발명의 기적이라고 말하고 싶다.

앞서 언급했듯 과거에는 문자가 단순한 관료적·상업적 필요에 부응하기 위해 발명되었다는 판에 박힌 가설에 갇혀 있었지만, 그래픽 시스템은 그 형태에서 그들 사이에 서로 관계를 갖고 있지 않은 채 각자 독자적으로 발명되었다. 프랑스의 이집트학자 베르뉘Pascal Vernus 교수는 그 같은 문자가 오직 행정적 필요성에서 탄생했다고 간주하는 단순주의적 생각들을 제거할 필요성이 있다고 강조한다. 그는 문자가 사람들과 재화의 통제와 관리 수단으로 사용된 것은 사실이지만 예외적인 사례도 적지 않다는 점을 예리하게 지적하고 있다. 그 가운데 대표적인 사례가 잉카 제국이다. 무려 3000킬로미터의 대영토를 관리한 제국이었으나 잉카 제국은 그 어떤 음성 표기를 실현한 문자도 갖고 있지 않았다. 투아레그Tuareg 족의 문자 사용도 흥미롭다. 이들 부족은 저녁이면 야영지에서 젊은이들이 모여 수수께끼 시합을 한다. 모래 위에 수수께끼를 그리고 곧 지운다. 그것은 순전히 유희적 문자인 것이다.

통설과 달리, 최근에 적지 않은 문자 전문가들은 문자는 결코 진부한 계산과 회계 문제를 해결하기 위해 창조되지 않았다는 점을 힘주어 강조한다. 이를테면 이집트에서 기원전 3200년경 상형문자 체계의 창조를 이끈 것은 이데올로기다. 파라오들의 선구자들은 당시까지 왕궁의 파사드façade를 통해 상징화되었던 그들의 권력을 그래픽 표현을 통해 섬세하게 정제하기로 결정한 것이다. 그들은 엠블럼의 내부에 자신의 이름을 쓰면서 이같은 권력을 소유하는 인물을 지칭하는 데 이르렀다. 최초의 문자 흔적들은 그 결과 팔레트, 꽃병, 암석 등에서 읽혀진다. 마야인들의 경우에서도 그들의 석비는 왕의 승리에 관한 추억과 왕이 신들에게 바친 희생들을 추모하려는 소명을 지녔다.

이 같은 최초의 문자들은 일반적으로 정체가 파악될 수 있는 오브제들을 재현하는 기호들을 결합한다. 이때 문자 기호들은 크게 표의적 가치 또는 표음적 가치를 지닌다. 즉 모든 문자는 뜻글자와 소리글자 둘 가운데 하나이다. 몇몇 문자들은 끝까지 구상적 특징을 간직하는데, 대표적인 것은 3000년 동안 구상성을 잃지 않았던 이집트 상형문자다. 다른 문자들, 이를테면 한자 또는 설형문자는 시간이 흐르면서 초서체가 생겨나고 최초의 메소포타미아 기호들의 이미지와 진화 과정을 닮아가는데, 초기의 그림 형태에서 점차적으로 추상적 기호로 양식화되면서 설형문자라는 새로운 문자 양식을 탄생시켰다.

문자의 발명을 통해 인류는 구체적 사물을 지시하게 됨은 물론, 추상적인 관념을 포함해 모든 가능한 세계를 표현할 수 있는 마술을 발명한 것이라 할 수 있다. 당연하게도 이 같은 문자는 결코 어느 날 하늘에서 떨어진 선물이 아니라 호모 사피엔스가 오브제들 또는 추상적 관념들을 표현하기 위해 고안했으며, 이미 3만 5000년 전에 화려하게 꽃을 피웠던 인류의 그래피즘으로부터 연속적으로 계승되었다는 사실을 상기해야 할 것이다.

언어인간학이라는 새로운 분야의 문을 열기에 앞서 언어와 문자의 기원에 대한 이야기를 잠시 해봤는데, 부디 이 책이 독자 여러분들 삶과 인식의 지평을 넓히는 데 도움이 되기를 바란다.

김성도

1강

호모 사피엔스
Homo sapiens

135억 년 전 물질과 에너지의 창발 이후,
사뭇 맹렬한 기세로 펼쳐지는 인류사에서
언어와 사유의 주체로 당당히 지구를 석권한 '호모 사피엔스'.
200만 년 전 아프리카에서 유라시아로 확산된 인간 종은
20만 년 전 호모 사피엔스로 진화해 7만 년 전 인지혁명을 이루어냈다.
그리고 최초의 가상적이고 허구적인 언어를 사용함으로써
드디어 '미래'를 상상하는 인간으로 도약하기에 이른다.
다양한 인간 종 중에서 유일한 승자로 지구상에 살아남은 호모 사피엔스의 기나긴 여정,
직립보행에서 상징적 사유의 창발까지
'인간', '언어', '문명'의 관계에 대한 학제적 탐구와 성찰,
그 길고도 두터운 발자취를 따라가본다.

Homo sapiens

기원

135억 년을 거슬러 올라가다

인간의 언어는 인간의 본성을 성립하는 핵심 요소다.
언어인간학은 현재 그 연구 범위 지평을 끊임없이 넓혀
인류에 대한 보다 확장된 관심, 선사시대 문명 탐사까지 나아간다.

새로운 성찰의 영역, '언어인간학'

　　'언어인간학Anthropology of Languages'이라는 새로운 영역에 대한 도전, '인간'과 '언어' 그리고 '문명' 간의 관계를 새롭게 조명해보는 길을 떠나보도록 하겠습니다. '언어인간학'이라는 말 자체가 생소한 개념일 텐데, 이것은 사실 제가 명명한 것으로 '호모 사피엔스'에서 '호모 디지털리스'까지 인간, 언어, 문명의 관계에 대한 학제적 탐구와 성찰을 시도하는 학문이라고 할 수 있습니다. 스케일이 상당히 방대하지요. 그래서 세부적 사안들보다는 언어인간학의 근본적 문제들을 종합적으로 조망할 수 있는 청사진을 제시해보고자 하는데, 이는 그야말로 제가 이제까지 연구해왔던 분야의 종합적인 설계도를 설명하는 시간이 될 것입니다.

저는 물론 언어학자이기 때문에 제 관심의 중심적 연구 대상은 언어입니다. 하지만 여기서 제시한 언어인간학에서는 넓은 의미에서의 언어 개념을 채택해서, 즉 제가 지금 말하는 한국어라는 음성언어(자연언어) 혹은 자국어뿐만 아니라 우리가 사용하는 시각언어(시각 이미지), 문자언어, 몸짓언어, 촉각언어를 포함하는 광범위한 의미의 언어를 대상으로 삼게 됩니다.

그런데 이렇게 연구 대상의 범위를 확대하다 보면 여기서 굉장히 근본적인 문제가 하나 제기되는 것을 알 수 있습니다. 무엇이겠습니까? 언어학자들은 이 가운데 음성언어 spoken language 만을 연구 대상으로 삼고 있습니다. 저도 오랜 세월 언어학을 연구했습니다만 언어학자들이 왜 하필이면 수없이 많은 언어의 종류 중에서 음성언어만을 연구하는지에 대해서는 아직도 명확하고 속 시원한 답을 갖고 있지 않습니다. 언어학 교과서에서도 언어학의 기본 대상은 음성언어라고 말합니다. 이 음성언어라는 것은 분명 그 밖의 다른 언어들과 유기적 관련을 맺고 있음에도 불구하고 위에서 열거한 다른 종류의 언어들은 관심의 대상에서 벗어나 있습니다. 음성언어 이외의 언어들이란, 인간 사회에서 생각과 감정을 표현하기 위해서 사용하는 다양한 종류의 언어들로서, 기호 체계 system of signs 또는 언어 매체 media of languages 라고 불러도 무방합니다.

이제 이러한 음성언어 위주의 기존 언어학 연구 범위에서 탈피해 학제 간 연구의 필요성이 어느 때보다 분명하고 절실한 시점이 아닌가 생각합니다. 그러한 인식을 토대로 하는 제 강의의 방법론적 성격은 철저한 학제적 정신과 횡단적 사유를 지향한다고 말할 수 있습니다. 그래서 저는 다섯 차례의 강연에서 언어학, 기호학, 미술사, 선사학, 고인류학, 매체학, 영상문화학 등을 아우르는 다양한 시각들과 자료들을 제시할 계획인데, 이로써 언어학이라는 단일 분과 학문의 테두리를 벗어나 과감하게 다양한 영역들을 가로지르기할 수 있는 개념들을 사유해봄으로써 여러분 각자가 스스로 하나의 큰 그림을 그려볼 수 있도록 할 것입니다.

저는 그러한 큰 그림 안에서 인간 언어에 대한 근본적인 문제 제기가 가능해지도록 하는 데 주안점을 둘 것입니다. 그러니 모두 최대한 자신의 사유 범위를 팽창시켜 상상력의 나래를 한껏 펼침으로써, 그 상상력이라는 비행 물체를 타고 태곳적 시간과 공간으로 지식 여행을 할 수 있기를 바랍니다.

우리는 단순히 지식을 습득하는 수동적 차원을 뛰어넘어 궁극적으로는 문제의 얼개problematics를 늘 스스로 창조할 수 있어야 합니다. 제가 프랑스 유학 시절에 지도교수님으로부터 '너의 문제 틀은 무엇이냐'는 질문을 받고 꽤 당황했던 기억이 있는데, 이렇듯 우리는 대체로 늘 던져진 문제만 풀기 때문에 스스로의 문제를 독자적으로 만들어내지 못하는 한계를 노정합니다. 더 단도

직입적으로 말하면 우리에게는 '문제' 그 자체의 개념에 대한 문제의식이 빈약하다고 할 수 있지요. 그래서 이번 '언어인간학'이라는 강의를 통해 여러분들이 궁극적으로 자신만의 문제를 만들 수 있도록 하는 게 저의 최종적인 목적이라고 할 수 있습니다.

**135억 년
우주의 역사**

오늘날의 언어학자들이 탐구 대상으로 삼는 지구상의 모든 자연언어들의 주인공은 '호모 사피엔스Homo sapiens'입니다. 이제부터 '언어'와 '사유'의 주체로서의 호모 사피엔스의 여정을 살펴볼 텐데, 호모 사피엔스의 등장부터 현재의 디지털 문명까지 언어인간학의 관점에서 보면 이 어마어마한 기간 동안 총 다섯 번의 주요 혁명이 있었습니다. 인지혁명, 신석기혁명, 과학혁명, 산업혁명, 디지털 혁명이 그것입니다.

현재 과학자들이 인식할 수 있는 최대치의 과거 시간의 스케일은 135억 년 전입니다. 이때 물질과 에너지의 창발이 있었고 그 후 물리학의 세계가 시작됩니다. 그리고 우주 생성 후 30만 년이 경과된 후에 원자와 분자가 출현함으로써 화학의 세계가 시작됩니다. 45억 년 전에는 지구가 형성되어 지질학의 시대가 열리고, 38억 년 전에는 유기체의 창발로 생물학의 시대가 시작됩니다. 그리고 600만 년 전에 인간 영장류와 침팬지의 최후 공통 조상이 출현함으로써 드디어 인류학의 시대가 펼쳐지게 됩니다. 250만 년 전에 아프리카에서 호모 속屬*의 진화가 시작되어 최초의 석기 도구를 사용하게 되고요.

확실히 인류는 아프리카에서 탄생했습니다. 만약에 내일 아침 한반도 땅에서 600만 년 전 화석이 발견된다면 지금까지의 모든 진화론이 무너질 수도 있겠지만 그렇지 않는 한 지금까지 나온 화석 수를 보면 분명 현생인류의 조상은 동아프리카에서 탄생했을 개연성이 가장 높습니다.

이곳 아프리카에서 인류는 총 세 번의 여행을 떠납니다. 200만 년 전에 인간은 아프리카에서 유라시아로 확산해 상이한 인간 종들이 진화하기 시작하며, 50만 년 전에는 호모 네안데르탈렌시스Homo neanderthalensis(네안데르탈인)가 유럽과 중동 지역에서 진화해 30만 년 전에는 불의 일상적 사용이 이루어지고, 20만 년 전에 호모 사피엔스가 동아프리카에서 진화하게 됩니다.** 그리고 7만 년 전에 드디어 최초의 인간학적 혁명이라고 할

---

* 현생인류와 그 직계 조상을 포함하는 분류로서, 수백만 년 동안 지구에 출현했다가 사라져간 여러 종의 인간을 뜻한다.
** 최근 호모 사피엔스의 기원이 더 오래되었다는 연구가 발표된 바 있다. 독일의 막스 플랑크 연구소는 아프리카 모로코에서 발견된 호모 사피엔스의 화석이 30만 년 전 것이라는 연구 내용을 발표했는데, 이것이 확실하다면 호모 사피엔스의 기원은 20만 년 전보다 더 오래된 30만 년 전으로 수정될 것으로 보인다.

수 있는 '인지혁명 The Cognitive Revolution'이 일어납니다.

이로써 최초의 가상적이며 허구적인 언어가 탄생하게 되는데, 이때부터 인류는 미래를 예측하고 현실 세계에서 아직 발생하지 않은 상황을 가정할 수 있는 의미를 구축하기 시작합니다. 즉 '내일'이라는 단어를 발명하게 된 것이 바로 이 시점으로 인류사에서 대단히 중요한 분기점이 되는 것이지요. 그래서 언어인류학의 관점에서 볼 때 7만~6만 5000년 전에 인류 역사는 본격적으로 머나먼 항해의 닻을 올렸다고 말할 수 있습니다.

호모 사피엔스가 아프리카를 벗어나 확산하면서 3만 년 전, 정확히는 2만 9000년 전에 네안데르탈인이 소멸하고, 1만 2000년 전에 농업혁명이 시작됩니다. 농업혁명으로 식물 재배와 동물 사육을 하게 되면서 인류는 정착 생활을 하게 되고, 기원전 3000년경에 최초의 왕국들이 탄생하면서 문자와 화폐를 사용하며 다신교의 종교들이 출현합니다. 기원전 2250년경에는 최초의 제국인 아카디아Arkadia 제국이 출현하고, 기원전 500년경에는 동전이 발명되어 보편적 화폐로 사용되고 페르시아 제국이 등장했으며 불교가 탄생했습니다. 그리고 기원전 1세기경에 중국의 한漢 제국, 지중해 지역에서의 로마 제국이 등장하고 기독교가 발현했으며, 600년경에 이슬람교가 창시됩니다.

1500년경에는 과학혁명이 일어나면서 유럽인들의 아메리카 정복과 대항해 시대가 시작되고 자본주의가 부상하기에 이릅니

다. 1800년경에는 산업혁명이 일어나면서 가족과 공동체 개념
이 국가와 시장에 의해서 대체되고 식물과 동물의 파상적 소멸
이 일어납니다.

그리고 현재 우주탐사가 이루어지는 이 세계는 핵무기가 인
류의 생존을 위협하고 있으며 지구온난화로 인한 기후변화 문
제가 심각하게 대두되면서 이른바 인류세anthropocene에 진입한
상태입니다.

어떻습니까? 숨 가쁘지만 우선 간단하게나마 135억 년의 지
구 이력을 정리해봤습니다.[1]

호모 사피엔스의 불편한 진실:
유발 하라리의 통찰과 예언

　　　　　　　　그럼 본격적으로 호모 사피엔스의 기나
긴 여정을 한번 같이 걸어보도록 하겠습니다. 역사가 존재하기
훨씬 이전에 인간들humans은 존재했습니다. 600만 년 전부터 진
화를 거듭하면서 오늘날의 인간들과 매우 흡사한 동물들이 이
지구상에 최초로 250만 년 전에 출현합니다. 하지만 수많은 세
대 동안 그들은 자신들과 서식지를 공유했던 다른 수많은 생명
체들과 견주면 대단한 힘도 없고 지능도 뛰어나지 못해 탁월하
게 부각되지 못했습니다. 그러니까 250만 년 전에 생존했던 모

든 인간들 가운데 그 누구도 그들의 후손이 우주선을 타고 달나라에 착륙하리라는 것을 예상하지 못했습니다. 인간이 역사책을 쓰고 유전자 코드를 변형하며 인터넷을 사용할 것이라는 예측은 더더욱 할 수 없었습니다.

즉 여기서 선사시대pre-history의 인간들에 대해 우리가 유념해야 할 가장 중요한 사실은 그들이 사실상 자신들의 환경에 대해서 나머지 동물들, 즉 고릴라, 불나방, 금붕어에 견주어 별다른 영향력을 미치지 못하는 지극히 미약한 존재였다는 점입니다. 태곳적 선사시대 인간은 그저 여러 동물들 가운데 하나였을 뿐입니다. 그런데 어느 순간 비약적인 발전을 하게 된 것입니다. 이제부터 인류의 기원과 관련된 생물학적 계통의 복잡한 학명 체계가 등장합니다.

생물학자들은 유기체를 종species으로 분류해서 서로 수태가 가능한 자손들을 낳으면서 짝짓기를 하려는 경향을 보여주면 동일한 종에 속하는 것으로 봅니다. 예를 들면 말과 당나귀는 최근의 공통적 조상을 갖고 있으며 신체적 특징을 공유하지만 그들은 서로에게 전혀 성적 관심을 보이지 않고, 만약 교배를 하더라도 그렇게 해서 태어난 새끼인 노새는 수태 능력이 없기에 구별되는 종으로 봅니다. 즉 당나귀 DNA에서의 돌연변이는 결코 말이 될 수 없으며, 그 반대도 마찬가지입니다. 따라서 이 두 개의 동물 유형은 두 개의 구별되는 종들로 간주되며 각기

다른 진화적 경로를 밟게 됩니다. 이와 대조적으로, 불도그와 스패니얼은 매우 상이하나 동일한 DNA 풀pool을 공유하는 동일한 종의 구성원들로 봅니다. 이들은 서로 행복하게 짝짓기를 하고 그들의 새끼는 다시 다른 개들과 짝짓기해서 더 많은 새끼들을 낳을 수 있습니다.

이렇듯 공통의 조상에서 진화한 종들은 다시 속屬이라는 범주 아래 묶입니다. 예컨대 사자, 호랑이, 표범, 재규어 등은 표범 속Panthera이라는 속 안에서 존재하는 상이한 종들입니다. 생물학자들은 생물들에게 라틴어 학명과 더불어 이름을 붙이는데 이름은 크게 종과 류의 두 부분으로 나뉘어 먼저 속명을 적고 그다음에 종명을 적습니다. 예컨대 사자를 지시하는 이름인 'Panthera leo'는 'Panthera'라는 속에 속하는 'leo'라는 종을 말하는 것이고, 호모 사피엔스는 호모 속 가운데 '지혜로운 인간'이라는 종을 말합니다. 여기서 속은 더 큰 범주인 과科로 묶이는데 그래서 고양이 과(사자, 집고양이), 개 과(늑대, 여우 등), 코끼리 과(코끼리, 마스토돈) 등으로 분류됩니다. 모든 고양이들은 가장 작은 집고양이에서 가장 사나운 사자에 이르기까지 2500만 년 동안 살아왔던 공통의 고양이 과 조상을 공유하는 것이지요.

호모 사피엔스 역시 특정 과科에 속합니다. 그런데 이 같은 진부한 사실은 역사상 가장 은밀하게 간직되어온 비밀들 가운데 하나였습니다. 즉 호모 사피엔스는 오랫동안 스스로를 다른 동물들과 동떨어진 존재로 간주하기를 선호해서 마치 스스로를 자신의 형제자매, 사촌을 결여하는 고아처럼, 심지어 부모도 없는 고아처럼 생각하려 했습니다. 소장少壯 역사학자 유발 하라리Yuval Noah Harari*에 의하면 결국 호모 사피엔스는 하나의 불편한 비밀을 감추어왔던 셈이지요.

하지만 호모 사피엔스는 문명화되지 않은 다수의 사촌들을 소유할 뿐만 아니라, 사실은 소수의 형제자매들까지 갖고 있었습니다. 우리는 그저 우리 스스로를 유일한 인간들로 사유하는 습관이 있었을 뿐입니다. 그래서 최소한 최근 1만 년 동안 우리 종들은 사실상 유일한 인간 종들이었지만, 인간이라는 단어의 진정한 의미는 호모 속에 속하는 동물을 뜻합니다. 그렇다면 호모 사피엔스 이외에 이 같은 호모 속에 속하는 다른 종들도 존재했었다는 점을 분명히 인정해야 합니다.

더군다나 유발 하라리는 자신의 저서 『사피엔스』에서 멀지 않은 미래에는 사피엔스가 아닌 인간들non-sapiens의 도래를 맞이할 수도 있다고 예고하고 있습니다. 그래서 '사피엔스'는 호모 사피엔스의 구성원들을 지시하는 데 사용하고 '휴먼(인간, 인

* 1976~ . 이스라엘의 역사학자. 세계적인 베스트셀러 『사피엔스』의 저자로 유명하며 현재 예루살렘 히브리대학 역사학과 교수로 재직 중이다. 2009년과 2012년에 '인문학 분야 창의성과 독창성에 대한 폴론스키 상'을 수상했고 2012년에 '영 이스라엘 아카데미 오브 사이언스'에 선정된 바 있다.

류)'은 호모 속의 소멸된 모든 구성원들을 지시하는 데 사용해야 한다고 주장합니다.

즉 여기서 우리가 생각해야 할 것은 호모 속에 수없이 많은 현생인류들이 있었고, 그중 하나가 호모 사피엔스라는 것입니다. 그리고 어떻게 해서 호모 사피엔스가 그중 유일하게 살아남았는지 하는 것이 제 이야기의 화두가 된다고 하겠습니다.

'발명과 기술'로 본
호모 사피엔스의 여정

인류 역사를 발명과 기술의 역사라는 차원으로 살펴볼 수도 있습니다. 그렇다면 그것은 곧 매체의 역사라고 볼 수 있을 테지요. 선사시대부터 디지털 문명까지 호모 사피엔스가 걸어온 긴 여정에는 약 60여 개의 획기적 발명이 있습니다.

선사시대에는 석기 도구, 불, 그릇, 농업 기술, 맥주가 발명되었고 고대와 중세에는 철기, 관개 기술, 수레바퀴, 돛, 문자, 지도, 기계 시계, 근대에는 인쇄술, 안경, 망원경, 풍선이 발명되었습니다. 19세기에는 증기기계, 철도, 콘크리트, 화학 인공물, 통조림, 모터, 사진술, 영화, 20~21세기에는 로켓 여행, 농업기계, 컨테이너, 반도체, 피임약, 핵무기, 인공위성, 인터넷이 발명되었습니다.

이러한 인류의 발명이 과연 어디까지 이어질 것인지는 우리 중 누구도 모릅니다. 생각의 힘으로 이동할 수 있는 인공 보철, 자기부상열차Maglev, 지능형 도시, 생물 모방, 로봇 등이 현재 구현 단계에 있는 것들인데, 여기서 발명과 관련해서 우리가 꼭 생각해볼 문제들을 열거해보자면 다음과 같습니다. 우리 모두 한 번쯤 이러한 질문에 답해보고자 하는 노력이 필요하다고 생각합니다.[2]

1. 발명과 발견의 근본적인 차이는 무엇인가?
2. 모든 발명은 이론적 지식을 필요로 하는가?
3. 테크닉 차원의 발명과 테크놀로지 차원의 발명 사이에서 가장 큰 변화가 생긴 시점은 언제인가?
4. 발명들이 우리의 삶에 미치는 영향력 차원에서 과거와 현재의 차이는 무엇인가?
5. 오늘날의 발명 개념과 미래의 발명 개념은 동일할 것인가, 전혀 다른 의미를 가질 것인가?
6. 발명은 순전히 개인적 작품인가, 집단적 작업의 결과물인가?
7. 무엇인가를 발명하고자 하는 욕망은 어디서 오는 것인가?
8. 발명들은 세계가 제대로 작동하기 위해서 필수 불가결한 것인가?

9. 발명은 이제 거의 포화 상태에 도달했는가(이후로도 인류는 획기적 발명품을 내놓을 수 있는가)?

먼저 세 번째 질문과 관련된 연대기적 시점은 과학혁명의 발생과 관련된다고 볼 수 있는데, 과학혁명에서 가장 중요한 종목 중 하나가 시각 혁명이었습니다. 이미지가 없었으면 근대 과학혁명은 불가능했다고 할 수 있으니까요. 지식을 압축시킬 수 있는 능력이 굉장히 중요한 기술이거든요.

그 예로 세계적으로 권위 있는 프랑스 일간지 《르 몽드 Le Monde》의 부록으로 발표된 다음 네 개의 그림은 정보의 효율성이라는 측면에서 상당한 성과를 보여준다고 할 수 있습니다.[3] 많은 양의 정보를 압축하여 전달하고 있으니까요. 그림이 담고 있는 다양한 정보 중 몇 가지를 살펴보겠습니다.

먼저 농축산 분야에서는 트랙터를 비롯한 모든 발명들이 유럽과 미국에 포진되어 있고 한국의 농업생산량은 현상 유지 상태로 나타납니다. 세계의 가장 중요한 농축산물로는 쌀, 밀, 보리, 양, 콩, 사탕수수, 옥수수, 감자, 토마토, 메밀, 소, 달걀, 닭 등이 있습니다.

다음 의료와 식품 발명에서 또한 유럽과 미국이 거의 모두 독점하고 있습니다. 미국에서는 인슐린과 인공심장이, 유럽에서는 페니실린과 청진기가 등장합니다. 1913년에는 냉장고가,

농축산의 탄생과 확산

의료와 식품 발명의 역사

전 세계의 산업과 기술 특허 상황

전 세계의 디지털 테크놀로지 발달 현황

1953년에는 압력솥이 발명되었고요. 그리고 중국에서도 발명이 시작되고 서서히 이외의 지역, 심지어 아르헨티나에서까지 냉동 선박을 발명하게 됩니다. 그런데 아쉽게도 아직 우리나라는 근대 과학 발명의 세계사에서 기여한 바가 없습니다. 그러니 앞으로는 우리가 인류 역사의 발명의 란에 무언가를 채워 넣어야 합니다.

그런데 기술 특허 분야에서부터 스토리의 반전이 일어납니다. 기술 특허를 만 개 이상 보유한 것으로 추정되는 국가에 우리나라가 포함되어 있습니다.

특허라는 것은 독창적인 아이디어에 주는 것이기에 실로 대단한 일이라고 하지 않을 수 없습니다. 특히 한국이 고무적인 사례인 이유는 1990년 이후로 이 특허 출원 비율이 10퍼센트가 늘었다는 것입니다. 이는 실로 획기적인 일로 한국인의 뛰어난 발명 능력이 객관적인 수치로 증명되고 있다는 것이지요. 그런데 아직까지도 가장 많은 특허를 받은 나라는 미국과 중국, 일본, 핀란드입니다. 사실상 특허에서 가장 많은 성취를 보인 국가는 일본이고요. 우리나라의 분발이 더욱 독려되어야겠습니다.

하지만 또 디지털 테크놀로지 분야에서는 한국이 현재 세계를 선도하고 있는 것이 객관적인 사실로 드러나 있습니다. 즉 이전의 농업 및 의료 등의 분야에서는 뒤처져 있었지만 디지털 시대가 오면서 한국의 발명이 인류사에 충분히 의미 있는 기여를 할 수 있다는 것입니다.

그리고 첫 번째 질문으로 돌아가보면, 발명과 발견의 근본적인 차이는 무엇이겠습니까? 발견discovery을 프랑스어로는 'découverte'라고 하는데 그 공통적인 어원을 쫓아가면, 숨겨진 상태로 존재하는 것을 보게 만드는 데 방해가 되는 것을 제거한다는 뜻입니다. 'dé'라는 접두어는 '무엇을 없앤다'는 뜻이거든요. 그러니까 못 보도록 덮어놓은 것을 없애는 것이 원래 발견의 어원적 의미라고 볼 수 있습니다.

결국 발견은 이미 존재하는 것이지만 알려지지 않았던 것, 보지 못하던 것을 보게 되는 일입니다. 그리고 발명은 일반적으로 어떤 오브제object, 물체와 관련됩니다. 그래서 인공적입니다. 즉 새로운 현실을 도래하게 만드는 것입니다.

물론 발명은 빈번하게 자연에서 영감을 받긴 합니다만 그 행동 자체는 지극히 인공적이지요. 그리고 또 하나의 차이로, 발견은 과거에 속하는 것이지만 발명은 미래의 일이라고 할 수도 있습니다.

그리고 두 번째 질문과 일곱 번째 질문을 연동해서 보면, 발명의 욕망은 어디로부터 오는 것일까요? 발명의 역사를 보면 의외로 발명을 일으키는 욕망을 대부분의 경우는 꿈에서 찾습니다. 먼저 꿈을 꿔야 한다는 것이 기본적인 발명의 도식입니다. 비행기를 예로 들면 날고 싶다는 욕망에서 새를 모방한 것 아니겠습니까? 보통 필요가 발명의 어머니라고 하는데 필요가 먼저인지 꿈이 더 먼저인지는 사실상 저도 헷갈립니다.

그리고 진보에 대한 믿음도 굉장히 중요한 발명의 덕목이라고 할 수 있습니다. 내가 이것을 발명하면 더 나은 세계가 올 것이라는 믿음이 중요한 발명의 동력이 된다는 것인데, 아무튼 이러한 발명의 동력 또한 이론적 지식이 선행되어야 한다는 것은 분명한 것 같습니다. 그리고 여섯 번째 질문의 경우, 과학 발견에서도 여전히 개인의 창발력이 굉장히 중요한 덕목이라고 저는 생각합니다.

그렇다면 처음으로 돌아가 조금 더 원초적인 이야기를 해보겠습니다. 발명과 발견의 차이를 아는 것이 언어인간학에서 어떤 의미를 지닐까요? 언어는 발명된 것일까요, 발견된 것일까요? 호모 사피엔스의 여정을 살펴보기에 앞서 각자 고민해보기를 바랍니다.

테크놀로지와 자연의 융합 시대

수많은 발명과 발견이 이루어진 현대 문명은 테크놀로지와 자연의 융합 시대라고 할 수 있습니다. 기후 변화, 인구 폭발, 유전자 조작, 디지털 네트워크, 허리케인 제어 등 현재 지구 환경에 미치는 인간의 영향은 결코 과소평가할 수 없는 상태로, 청정무구한 인간의 손길이 닿지 않은 오래된 자연은 지구상 어디에도 존재하지 않습니다. 아마존 밀림, 히말라야 산맥 어디를 가도 우리는 '우리들이 여기에 있었다'는 인간의 외침을 들을 수 있습니다.

현재 우리는 인공과 자연의 혼융 시대를 살고 있지만 이것은 결코 우리가 전지전능한 신이 되었다는 것을 말하지 않으며 우리가 우리 스스로의 운명을 제어할 수 있다는 것을 의미하지 않습니다.

참고로 2014년, 프란체스코 교황님이 발표했던 가톨릭 회칙[4]에는 생태계의 심각한 존립 위기에 대한 명료하고도 진솔한 담론이 들어 있는데 누구든 꼭 한번 구해서 읽어보시면 좋겠습니다. 종교적 이야기가 아닌 현재 모든 과학자들의 연구 업적을 종합해서 생태계 문제에 접근한 글이기 때문에 충분히 일독할 가치가 있습니다.

이 회칙에서도 중요하게 언급한 것이 인간과 자연의 관계인데, 현재 인간이 자연과 맺는 관계의 본질은 근본적으로 변화하고 있다고 할 수 있습니다. 과거에는 테크놀로지와 자연이 전통적으로 서로 대립되었다면 이제는 양자가 병합하고 서로 위치를 교환하는 세계로 진화하고 있는 것입니다. 나무, 풀, 동물, 원자, 기후 등 오래된 자연은 인간에 의해서 점차적으로 제어되어 자연의 범주에서 문화의 범주로 이동한 반면 기술 환경은 너무나 당연한 것으로 받아들여져 오히려 문화의 범주에서 자연의 범주로 이동하게 된 것입니다. 실로 복잡하고 제어 불가능하게 된 기술 환경을 그 자체의 자연으로 보려 하는 것인데, 이로써 자연과 테크놀로지의 역할이 완전히 뒤바뀌었다고 할 수 있습니다.

그렇다면 이제 인간은 자신의 생존 조건을 보다 나은 방향으로 개선시킬 수 있을 것인가 하는 문제에 대한 우리의 고민이 필요합니다. 변화하는 자연에 대한 개념을 파악해야 하는데 이제 자연은 21세기 현재 가장 성공적인 제품들 중 하나가 되었습니다.

그런데 우리가 자연이라고 지각하는 것은 단지 허구 또는 시뮬레이션에 불과합니다. 즉 오랜 세월 동안 인간은 늘 선하고 자연에게 위협받는 존재라는 다분히 낭만화된 관념이 지배적이었습니다.

그러던 것이 시간의 흐름에 따라 더욱 진화해 테크놀로지는 전통적으로 우리를 자연의 힘으로부터 보호해주는 구원자이며 자연은 야생적이고 잔인무도하고 예측 불가능하며 위협적인 것이라는 관념을 만들어냅니다.

결국 인간은 테크놀로지와 더불어 진화한 것인데, 인간이 자연과 어떤 관계를 맺어야 하는지 다시 한번 진지하게 생각해봐야 합니다. 앞서 말씀드린 교황 회칙에서도 현재 생태계의 심각한 문제를 인간과 자연의 '불화divorce'로 분명하게 표명하고 있습니다. 그 불화로부터 현재 지속 가능성의 한계에 봉착했다는 것을 교황 회칙은 정확한 키워드로 뽑고 있습니다. 그리고 인간과 자연이 다시 화해해야 한다는 이야기를 전하고 있는데 그것이 단순히 철학적이거나 당위적인 명령이 아니라 과학적 인식을 바탕으로 나온 공적 발언이라는 데 큰 의미가 있는 것입니다.

인간 언어는 자연과 문화를 아우르는
총체적 결과물

　　　　　　　　　지구의 생성 이후로 생명의 형식이 나타
나기까지, 즉 지권地圈*에서 생물권**으로 이동하기까지는 10억
년이 소요됩니다. 그리고 600만 년 전에 인류가 탄생한 이후에
신석기혁명, 농업혁명이 일어나고 문명과 문자가 탄생하며 철
학과 기하학이 인간 지식의 새로운 혁신으로 출현하게 됩니다.
이것이 바로 일반적인 시각입니다. 즉 지질계, 생명계 그리고
정신계 순으로 진화가 이루어졌다고 보는 것이지요.

　그런데 러시아의 광물학자이자 지질학자인 블라디미르 베르
나드스키Vladimir Ivanovich Vernadsky에 따르면, "정신계는 지구의 발
달 단계에서 지구계, 생물계에 이은 세 번째 단계로, 생명의 창
발은 지리계를 변형시키고 인간 인지의 창발은 근본적으로 생
물계를 변형시켰다"고 합니다. 맨 마지막에 태어난 정신계가
지리계를 변형시키고 인간의 인지 창발이 근본적으로 생물계마
저 변형시킨다는 것입니다.

　자연에 대한 개념들을 역사를 통해서 고려해보면, 그 같은 개
념들이 역사의 추이에 따라서 변화해왔다는 것이 분명해집니

---

* 지구를 구성하는 암석권, 수권(水圈), 기권(氣圈) 등을 모두 통틀어 일컫는 용어다.
** 지구상의 생물 전체를 뜻하기도 하고 생물이 살 수 있는 영역 전체를 의미하기도
한다.

다. 자연이라는 단어는 라틴어 단어 'natura'에서 왔으며, 이것은 그리스 단어 'physis'에서 왔습니다. 사실상 지난 수 세기 동안 자연에 대한 우리의 개념은 로마 시대의 해석에 머물렀던 것으로, 즉 자연은 탄생하는 것이고 문화는 '인간이 만든 모든 것'이라고 간주했던 것입니다.

하지만 이제 인간은 유전자 변형과 기후를 제어할 수 있는 시대에 살고 있어, '만들어진 것'과 '태어난 것' 사이의 이 같은 구별은 과거에 비해서 흐릿해졌습니다. 동시에 인간이 만든 시스템들은 너무나 복잡하고 자율적이어서 우리는 그것들을 대단히 익숙하고 자연스러운 것, 즉 하나의 고유한 자연으로서 지각하기 시작했습니다.

따라서 자연과 문화에 대한 우리의 개념들은 탄생한 것과 만들어진 것 사이의 구별로부터 제어 가능한 것과 제어 불가능한 것 사이의 구별로 이동합니다. 예를 들면 후쿠시마 원전 사태*는 인간이 만든 모든 것을 인간이 모두 다 제어할 수 없다는 사실을 아주 명명백백하게 보여준 극명한 사례입니다. 사실상 지금은 어떠한 개념을 규정하는 것 자체가 상당히 어렵고 복잡한 시대이지요.

이러한 개념 혼돈의 시대를 맞아 우리가 이제껏 하나의 단일

---

* 2011년 3월 11일 일본 동북부 지역을 강타한 대규모 지진과 쓰나미로 후쿠시마 현의 원자력 발전소에서 발생한 방사능 누출 사고를 말한다.

영역으로 접근했던 각각의 학문 분과들은 결국 그 단일성을 상실하기에 이르렀습니다. 언어학 역시 그 연구 범위의 지평을 끊임없이 넓혀가고 있는 추세입니다. 선사시대로부터 비롯된 문명 탐사와 인류에 대한 보다 확장된 관심이 요구된다 하겠습니다.

인간의 언어는 자연에서 수백만 년 동안 진행된 진화의 창발적 산물임과 동시에 최초의 인간 사회와 문화에서 시작해 오늘날까지 축적된 인간 문화의 소산이라는 점에서 자연과 문화를 아우르는 총체적 결과물이기에 그렇습니다.

Homo sapiens

아프리카를 세 번 떠나다

'아웃 오브 아프리카'는 현재까지 발굴된 화석만으로 퍼즐을 맞춘,

인류가 떠난 세 번의 여행을 뜻한다.

과연 인류는 어디를 향해 발을 내딛었을까?

인류의 시작,
호미니드의 여명기

　　　　　　동아프리카 지구대에서 인류의 역사는
시작됐습니다. 인류의 기원을 연구하는 선사학과 고인류학을
비롯한 연구는 지난 30년 동안 비약적 발전을 이루었는데, 이에
따르면 1천만 년 전에 약 6000킬로미터의 지질학적 장벽이 형
성되어 초원과 사바나savanna*가 생겨나고, 600만 년 전에 직립
보행을 한 최초의 호미니드hominid**가 등장하는 것으로부터 인류
의 이야기는 시작됩니다. 양다리 직립보행은 전혀 예상하지 못
한 부수적 효과들을 야기했는데, 즉 정교한 해부학적 조직 구조

---

* 　나무가 없는 평야. 사막과 열대 우림 중간에 위치한 드넓은 초원 지대를 가리킨다.
** 고릴라, 침팬지, 오랑우탄 등의 대형 유인원을 포함한 영장류의 한 과(科). 사람과
관련된 모든 영장류를 지칭한다.

를 갖게 되었고, 생명과 직결된 신체 기관이 노출되었으며, 출산 과정이 더 복잡해졌습니다. 그러니까 호모 사피엔스 히스토리에서 가장 중요한 사건을 뽑으라고 한다면 역시 직립보행이라고 할 수 있습니다. 직립보행에서 인간의 역사가 비로소 시작되었다고 할 수 있는 것이지요.

직립보행은 장거리를 달릴 수 있게 해주었고 무엇보다 '손'의 자유로운 사용을 가능하게 했습니다. 특히 엄지손가락의 발달로 물건을 더 정확히 잡을 수 있게 되었고 이로써 도구 제작이 가능해졌습니다. 이는 사실상 해부학적인 혁명이라고도 할 수 있는 것으로 지구 탐험자로서의 인류 성공의 뿌리는 이러한 해부학적 신체 혁명에서 찾을 수 있습니다.

사실상 인간의 언어 분절 능력을 정확히 파악하려면 정밀한 해부학적 지식이 필요한데 저 또한 언어학자로서 그러한 다방면의 학습이 이루어지지 못하고 있는 현실을 반성합니다. 아무튼 동아프리카에서 최초의 호미니드가 발생하는데, 다시 설명하겠지만 인류 최초의 기원과 진화의 역사는 결코 단일한 직선형의 전진이 아니라 다수 종들의 공존과 동거의 역사였습니다.

최초의 인류가 생존한 곳은 동아프리카 지구대와 고원으로서 오늘날의 차드Chad*에서 남아프리카 지역까지를 아우르는 곳

* 아프리카 대륙 중앙의 북쪽에 있는 내륙국으로 정식 명칭은 차드 공화국이다.

입니다. 지금까지 이 지역에서 여러 가지 화석이 나왔고 지금도 계속해서 발굴이 이루어지고 있으며, 현재 그 화석의 수는 20여 개를 웃돕니다. 그런데 사실 너무 적은 수이지요. 600만 년이라는 인류 역사에서 고작 서른 개도 넘지 않는 화석을 갖고 연구하고 있는 셈이니, 어떻게 보면 인류 과학은 고도의 퍼즐 게임을 하고 있다고도 볼 수 있습니다. 이들 종들 가운데 가장 오래된 흔적은 440~430만 년 전 현재의 에티오피아에서 생존했던 것으로 추정되는 '아르디피테쿠스 라미두스Ardipithecus ramidus'라는 근본적인 종의 흔적입니다.

아르디피테쿠스 라미두스의 복원 이미지

그리고 남아프리카는 최초의 호미니드들이 살았던 두 번째 요람이라고 할 수 있는데, 1924년에 이곳에서 '오스트랄로피테쿠스 아프리카누스Australopithecus africanus'의 화석이 발견됨으로써 350만 년 전에 살았을 것으로 추정되는 이들이 진화의 중심부에 놓이게 됩니다. 그 후손으로서 직립보행했던 '오스트랄로피테쿠스 세디바Australopithecus sediba'가 2008년 남아프리카 말라파 동굴에서 발견되어 호모 속이 남아프리카에서 탄생했을 것이라는 가설에 힘을 실어주게 되고요.

그리고 최초의 인간들은 250만 년 전 동아프리카에서 오스트랄로피테쿠스라고 불리는 초기 속屬의 진화로 추정되고 있습니다. 오스트랄로피테쿠스라는 학명은 '남쪽의 원숭이'를 의미하

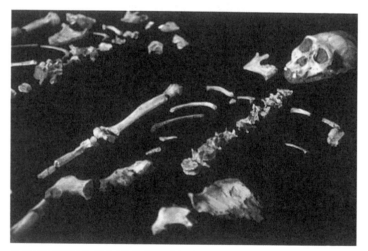

오스트랄로피테쿠스 세디바의 유골 두 개를 복제한 주조물5

는 것으로, 200만 년 전에 이 같은 태곳적 남자와 여자들이 그들의 고향을 떠나서 여행을 하기 시작해 북아프리카, 유럽, 아시아의 방대한 지역으로 퍼져나가게 됩니다. 이것이 인류 최초의 여행입니다.

그런데 북유럽의 냉대기후의 숲들에서 생존한다는 것은 인도네시아의 정글에서 살아남는 것과는 다른 생물학적·신체적 특징들을 요구합니다. 따라서 인류는 상이한 방향에서 진화하게 되었고 그 결과로 몇 개의 상이한 종들로 분화된 것이라고 할 수 있습니다. 그리고 비교적 최근에 발견된 화석의 주인공인 '오스트랄로피테쿠스 아파렌시스Australopithecus afarensis'는 아프리카 탄자니아 지역에 두 명의 발자국 흔적을 남겨놓았는데, 이들은 375만 년 전에 활동했던 것으로 추정됩니다. 이들 두 명은 사디만Sadiman 화산의 폭발을 피해 도망가고 있었던 것으로 파악되는데, 이동 방식은 분명히 직립보행이었습니다. 인류 최초의 걸음걸이와 행진을 보여준 이들 두 명은 1974년 발견된, 320만 년 전에 생존했던 그 유명한 루시Lucy*와 동일한 종에 속하는 것으로 알려져 있습니다.

700~600만 년 전, 인류 공통 조상과 침팬지의 분리 이후에 출현한 호미니드 종들은 현재 최소한 20여 종으로 추정됩니다. 그

* 오스트랄로피테쿠스에 속하는 화석인류. 루시의 발견은 인류가 직립보행을 하게 된 요인이 두뇌 발달이 아니라 도구 제작 능력이라는 주장에 힘을 실어주었다.

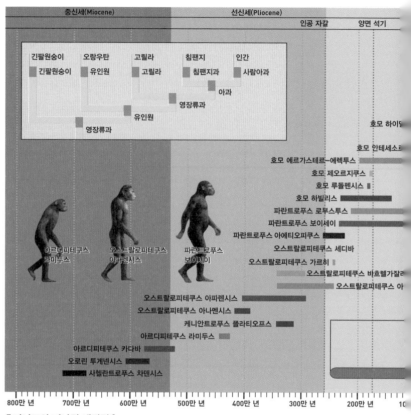

중신세(Miocene)	선신세(Pliocene)		
		인공 자갈	양면 석기

긴팔원숭이　긴팔원숭이
오랑우탄　유인원
고릴라　고릴라
침팬지　침팬지과
인간　사람아과
아과
영장류과
유인원
영장류과

호모 하이더
호모 안테세소르
호모 에르가스테르–에렉투스
호모 제오르지쿠스
호모 루돌펜시스
호모 하빌리스
파란트로푸스 로부스투스
파란트로푸스 보이세이
파란트로푸스 아에티오푸스
오스트랄로피테쿠스 세디바
오스트랄로피테쿠스 가르히
오스트랄로피테쿠스 바흐렐가잘리
오스트랄로피테쿠스 아
오스트랄로피테쿠스 아파렌시스
오스트랄로피테쿠스 아나멘시스
케니안트로푸스 플라티오프스
아르디피테쿠스 라미두스
아르디피테쿠스 카다바
오로린 투게넨시스
사헬란트로푸스 차덴시스

아르디피테쿠스 라미두스
오스트랄로피테쿠스 아파렌시스
파란트로푸스 보이세이

800만 년　700만 년　600만 년　500만 년　400만 년　300만 년　200만 년　10

호미니드의 기나긴 대장정[6]

런데 호미니드의 기나긴 대장정을 나타낸 위의 그림을 보면 그 각각의 인류 종들 간의 관계는 직선적인 형태가 아님을 알 수 있습니다. 과학자들은 하나의 종과 다른 종 사이의 관계를 퍼즐 맞추듯 맞춰나가는데 현재도 아프리카에서는 계속해서 화석이 발견되고 있기 때문에 끊임없이 새로운 가설이 등장하고 있습니다.

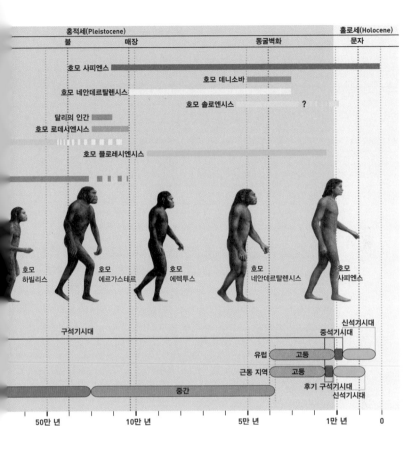

를 보면, 그림 안에 다음과 같은 라벨이 있습니다:

홍적세(Pleistocene) | 홀로세(Holocene)

불 | 매장 | 동굴벽화 | 문자

호모 사피엔스
호모 데니소바
호모 네안데르탈렌시스
호모 솔로엔시스 ?
달리의 인간
호모 로데시엔시스
호모 플로레시엔시스

호모 하빌리스 / 호모 에르가스테르 / 호모 에렉투스 / 호모 네안데르탈렌시스 / 호모 사피엔스

구석기시대
신석기시대
중석기시대
유럽 — 고동
근동 지역 — 고동
후기 구석기시대
신석기시대
중간

50만 년 / 10만 년 / 5만 년 / 1만 년 / 0

이 그림에서 가장 중요한 지점이 200만 년 전으로, 이때가 이들 종들이 가장 다양하게 활동했던 시기로 추정되며 이때 호모 속의 최초의 형태들이 출현하게 됩니다. 당시는 아프리카 기후의 불안정성으로 아프리카 생태계가 변화되어갈 때였던 것으로 추정되고 있습니다. 이것만 봐도 인류 진화의 역사에서 단 하나

의 종만이 존재했던 적은 단 한 번도 없었던 것을 알 수 있습니다.

사실상 결정적인 분기점으로서 인간 종 최초의 대표자들이 아프리카에서 250만 년 전에 출현한 것인데, 이를 증명하는 것으로 '호모 하빌리스Homo habilis'라고 명명된 에티오피아의 몇몇 화석들이 발견되었고, 또 다른 종으로 케냐에서 생존했던 '호모 루돌펜시스Homo rudolfensis'가 발견되었습니다. 그리고 190만 년 전에 호미니드의 전혀 다른 모델인 '호모 에르가스테르Homo ergaster'가 출현했던 사실이 밝혀졌는데, 이들은 더 가벼운 골격으로 완전 직립했으며 뇌용량이 600~800cc로 두개골의 능력이 발달했으며 또한 돌 다루는 기술이 발달했던 것으로 추정됩니다.

그리고 고기후古氣候*가 발생하면서 지난 200만 년 동안 호모속은 최소한 스무 번의 빙하 형성기를 겪게 됩니다. 고기후의 원인으로는 지구 대기 순환으로 인한 히말라야 산맥의 융기 및 대서양 조류의 변화 등을 들 수 있습니다. 그리고 1만 2000년 전에 온난화 현상이 일어나면서 지구에 온화한 기후를 가져오고 이로써 농업이 가능해집니다. 사실상 빙하기는 대륙에서 인구 분산을 만들어낸 세계적 현상으로 기후, 해수면, 식물군에 영향을 미칩니다. 빙하기의 혹한기에서 호모 속 인간들은 동서 아프리카의 작은 연안 지역에서 겨우 생존할 수 있었으니까요.

---

* 역사시대 이전, 즉 기상 관측망이 확립되기 이전이나 지질시대의 기후를 말한다.

'아웃 오브 아프리카'의
시작

새로운 호미니드인 호모 에르가스테르가 아프리카에서 활동하던 시기는 최초로 발견된 화석들의 생존 추정 시기와 일치합니다. 이들이 아프리카에서 생활 반경을 팽창해가면서 '잡식성', '조직화된 캠핑', '불의 제어' 등의 다양한 사회 문화적 양상이 만들어지는데, 이들은 차츰 20~25명 단위로 이동을 시작하게 됩니다. 최근 발견된 160만 년 전 호모 에르가스테르로 추정되는 9세 남아의 화석은 현대인의 골격과 매우 흡사한 모양을 하고 있기도 합니다. 이들이 200만 년 전에 최초로 아프리카를 벗어나 코카서스 지역, 중동 지역, 파키스탄 지역까지 진출하게 되는 '아웃 오브 아프리카Out of Africa'의 행렬을 시작하게 되는 것입니다.

이들은 150만 년 전에는 중국 본토와 인도네시아 자바Java 섬에까지 도착하기에 이르고, 이때 호모 속의 또 다른 가지가 탄생하는데 이들을 오늘날 '곧바로 선 인간'을 뜻하는 호모 에렉투스Homo erectus라고 부르는 것입니다. 즉 아시아의 보다 동쪽 지역에서는 호모 에렉투스가 살았던 것으로, 이들은 그곳에서 200만 년 동안 생존했던, 현생인류 중에서 가장 오래 지속됐던 인간 종으로 기록되고 있습니다. 이 같은 기록은 아직 호모 사피엔스 종이 깨지 못한 기록인데, 아마도 영원히 깨지 못할 것입니다. 호모 사피엔스가 현재부터 200만 년을 더 생존할 확률은 매우 낮다고 보기에 그렇습니다.

아무튼 호미니드는 아프리카에서 총 세 번의 여행을 떠났다는 것이 학계의 공인된 사실로서, 그 첫 번째 '아웃 오브 아프리카'의 결과 호모 에렉투스가 탄생했으며, 이후 78만~13만 5000년 전까지 아프리카를 벗어난 두 번째 '아웃 오브 아프리카'의 결과 탄생한 새로운 종이 '호모 하이델베르겐시스Homo heidelbergensis(하이델베르크인)'입니다. 1907년 독일 하이델베르크 시 교외의 마우에르Mauer에서 발견된 이들 화석을 연구한 결과, 이들은 뇌용량이 1200cc에 달하며 최초로 양날의 도구를 제작한 것으로 밝혀졌습니다. 60만 년 전 아프리카에서 생존했고 35만 년 전에 호모 사피엔스에 근접하는 몇몇 특징들을 갖게 된 하이델베르크인은 20만 년 전, 동아시아 지역에서 지리적으로 호모 에렉투스와 가까워지게 됩니다. 이로써 두 개의 다른 이동 물결에서 온 두 종 즉 호모 에렉투스와 하이델베르크인은 같은 지역에서 공존했을 것으로 추정합니다.

'아웃 오브 아프리카'의 결과 유럽에는 호모 속 인구의 최초 분산의 후손들이 120만 년 전에 도착하는데, 가장 오래된 인간 주거지로 호모 에르가스테르의 한 종으로 추정되는 화석의 일종이 스페인 북부에서 발견되었습니다. 그리고 영국 노펙Norfolk에서는 5명의 발자국 화석이 발견되었는데 이 발자국의 주인공은 85만 년 전 아프리카를 벗어나 유럽에 처음으로 도착한 선구자들인 호모 안테세소르Homo antecessor입니다. 호모 안테세소르는 유럽에 살았던 호미니드 중에서 제일 오래된 종 가운데 하나로 추정됩니다. 또한 이탈리아 남부 캄파니아Campania에서도 발자국 화석이 발견된 바 있습니다.[7]

근본적 새로움,
유형성숙

바야흐로 호모 속의 상이한 종들은 근본적인 새로움을 공유하기에 이릅니다. 여기서 '유형성숙neoteny'이라는 개념이 사용되는데, 이 말인즉 다른 오스트랄로피테쿠스 속과 비교해서 호모 속은 유아기와 청년기를 연장하면서 성인 나이에 이르는 과정을 엄청나게 지연시킨다는 것입니다. 왜 그럴까요? 이로써 얻을 수 있는 이점이 상당히 많습니다. 발달과정의 조절에서 나타난 이 같은 변형은 중요한 유전적 재조직화의 결과물이라고 할 수 있는데 그것은 두뇌 질량의 증가를 비롯해 엄청난 파급효과를 가져옵니다.

물론 그 반대급부로 부모의 보살핌을 더 오랜 기간 필요로 하게 되었지만 사회적 학습을 위해 더 긴 시기를 보장받음으로써 충분한 가르침을 받게 됩니다. 성인들을 모방하고, 놀이를 하고, 의사를 교환하기 위한 유리한 조건을 제공받게 되는 것이지요. 이때 엄마와 아기들 사이의 구술 접촉은 언어로 나아가는데 큰 이점을 취하게 되고요. 이 같은 유형성숙의 특징 덕분에 우리는 말을 하고 지속적으로 문화적 진화를 이루는 직립보행의 유인원이 될 수 있었던 것입니다.

그리고 이때 호모 속이 전 세계를 지배할 수 있도록 해준 결정적 혁신들이 일어나게 되는데, 우선 50만 년 전 호모 속의 주거지에서는 가사에서 불을 사용한 흔적들이 빈번하게 나타납니다. 하이델베르크인은 40만 년 전 나뭇가지를 짠 타원형 모양의 오두막집을 세우고 내부에서는 조직화된 사회생활의 흔적을 남깁니다. 동물을 자르거나 동물의 가죽을 벗기는 작업을 하기 위해 화로 중심에 모였다거나 하는 일정한 형식의 공동체 생활을 공유했던 흔적들이지요.

그리고 드디어 호모 사피엔스가 등장하게 되는데, 20만 년 전에 현생인류, 즉 호모 사피엔스의 최초의 대표자들이 사하라 사막 남쪽에서 건조기 때 출현합니다. 호모 사피엔스 종은 다른 종과 달리 몇 가지 중요한 새로운 특징들을 보여줍니다. 우선 몸매가 날씬해졌고 두개골의 용량이 현저하게 증가해서 1200~1400cc에 도달했으며 돌을 다루는 작업 기술이 한층 발전했습니다. 참고로 현재 인류의 평균 뇌용량이 1350cc라고 하니 이들의 특징이 얼마나 획기적인 발전인지 알 수 있습니다.

하지만 뇌의 용량이나 신장과 언어 능력과의 상관관계는 아직 밝혀져 있지 않습니다.

에티오피아의 오모Omo 계곡 등지에서 19만 5000년 전 호모 사피엔스의 다양한 변종들이 발굴되었는데, 이들을 연구한 결과 종의 발전을 지속시키는 유전자 구조에서도 변화가 발생했으며 유형성숙 역시 이들 호모 사피엔스에게서 최고 절정에 도달한 것으로 밝혀졌습니다.

마지막
'아웃 오브 아프리카'

이제 세 번째 '아웃 오브 아프리카'입니다. '아웃 오브 아프리카'라는 것은 현재까지 발굴된 화석으로 인류 여행의 퍼즐을 맞추면서 그 경로를 재구성해 세 번의 여행을 추론한 것입니다. 물론 네 번째, 다섯 번째 여행에 대한 질문을 가질 수도 있습니다만 아직까지는 세 번의 여행으로 끝을 맺습니다.

아프리카를 벗어나 호모 사피엔스가 전 세계로 퍼져나가기 시작한 그 시작점은 아프리카의 압두르Abdur 지역입니다. 이곳에서 12만 5000년 전에 호모 속에 속하는 종의 세 번째 확산이 시작되는데, 먼저 아라비아 반도로 이동하고 이어서 홍해, 나일 강을 거쳐 지중해 방향으로 진출합니다. 그 결과 6만~5만 년 전에 이르면 오늘날의 유럽에서의 확산은 완료가 됩니다. 중국과 아시아 내륙 스텝steppe 지역에까지는 6만 7000년 전에 도달하고요. 쇼베 동굴Grotte de Chauvet* 또는 라스코 동굴Grotte de Lascaux** 에서 발견된 화려한 선사시대의 이미지는 결코 우주인이나 외계인이 와서 그런 게 아니라 이러한 기나긴 호모 사피엔스의 여정에서 만개한 것입니다.

그리고 2010년에 호모 속의 또 다른 형제자매가 망각 속에서 구출됩니다. 즉 시베리아 지역에 있는 데니소바 동굴Denisova Cave에서 화석화된 손가락뼈를 발굴했는데 유전자 분석 결과 그 손가락이 지금까지 알려지지 않은 인간 종들에 속한다는 것이 증명됩니다. 이 손가락의 주인공은 호모 데니소바Homo denisova라고 불립니다. 아마도 앞으로 다른 동굴들, 다른 섬들, 다른 기후의 지역에서도 잃어버린 인류의 조상들이 발견될 수 있을 터인데, 사실상 선사학의 미래는 그 누구도 예측하지 못하는 방향으로 흘러갈 수도 있는 것이지요.***

아프리카를 벗어난 호모 사피엔스 종들의 몇몇 구성원들은 체

---

* 현존하는 가장 오래된 선사시대 장식 동굴. 프랑스 남쪽 론알프스 아르데슈의 콤브 다르크(Combe d'Ark)에 위치해 있다.
** 프랑스 도르도뉴에 있는 동굴벽화. 1940년 네 명의 청소년에 의해 발견된 구석기시대의 유적이다.
*** 2013년에 처음 발견된 '호모 날레디(Homo Naledi)'는 남아프리카공화국 요하네스버그 인근 라이징스타 동굴에서 발견됐으며, 화석 연대는 250만 년 전부터 최고 300만 년 전으로 추정된다.

격이 육중했던 반면, 또 다른 종들 중에는 키가 고작 1미터 20센티밖에 안 되는 난쟁이들도 있었습니다. 몇몇은 가공할 사냥꾼이기도 했지만 다른 종들은 식물을 채집해서 살았고 어떤 종들은 단일 섬에서 생존한 반면 다른 종들은 대륙을 누비기도 했고요. 하지만 이러한 차이에도 불구하고 중요한 것은 이들 모두는 호모 속에 속하며 이들 모두는 인간들humans이었다는 것입니다.[8]

따라서 앞서 언급했듯 그동안 이들 종들을 순차적 직선으로 배열했던 것은 우리가 빈번하게 저질렀던 오류라고 할 수 있습니다. 이 같은 직선적 모델은 특별한 순간에 오직 한 가지 유형의 인간만이 지구에서 살았다는 잘못된 인상을 심어줍니다. 200만~1만 년 전까지 세계는 동시기에 다수의 인간 종들의 삶의 터전이었다는 사실을 왜곡하기 쉬운 것이지요. 지금까지의 연구 결과로 볼 때 10만 년 전의 지구에는 최소 여섯 종의 인간들이 활보하고 다녔음을 알 수 있습니다.

우리의 또 다른 에고,
'네안데르탈인'

　　　　　　　　호모 사피엔스와 함께 지구를 활보했던 또 하나의 종, 네안데르탈인 이야기를 하겠습니다. 네안데르탈인은 일 년에 서너 번씩은 해외토픽 뉴스에 등장해서 우리에게도 친숙한 명칭이지요. 지금까지 연구 결과를 보면, 네안데르탈인들은 호모 사피엔스보다 육중하고 더 근육질이었으며 서유라시아의 차가운 빙하기 기후에 잘 적응했다고 합니다. 호모 사피엔스가 유라시아에 도달했을 때, 유라시아에서는 이미 네안데르탈인이 살고 있어서 함께 동거했다고 하는데, 정확하게 동시에 살았던 것인지 아니면 네안데르탈인이 떠난 다음에 호모 사피엔스가 들어간 것인지에 대해서는 학자들 간에 의견이 충돌해 아직까지도 결론을 내리지 못하고 있습니다. 네안데르탈인의 정확한 학명은 '호모 네안데르탈렌시스Homo neanderthalensis'입니다.

누군가는 이렇게도 표현합니다. "네안데르탈인은 현생인류의 진화에서 호모 사피엔스의 또 다른 에고Ego"라고요. 이 말인즉 우리들 자아 속에는 네안데르탈인이라는 또 다른 에고가 있다는 것입니다.

네안데르탈인에 대해서는 현재 200여 개의 화석이 연구되었습니다. 네안데르탈인은 우리의 가장 가까운 호미니드 사촌으로 유럽의 호모 하이델베르겐시스에서 분화되었는데 이들은 방대한 영토로 확산해서 활동 영역이 스페인에서 발칸반도, 러시아, 근동近東, 오늘날의 카자흐스탄에까지 이릅니다. 네안데르탈인은 매우 건장한 체격에 상이한 기후변화에 잘 적응했으며 수렵에 탁월했고 잡식성으로 엄청난 두개골 용량을 갖고 있었던 것으로 추정됩니다. 25만 년~20만 년 전에 생존했던 화석들 속에서 그 독특한 형태를 찾아볼 수 있는데 두개골 부피는 현대 인간과 거의 동일한 크기이며 때로는 더 큰 경우도 있지만 형태는 달랐다고 합니다.

현재의 인간들은 호모 사피엔스와 네안데르탈인의 오랜 동거 기간에서 생존한 것으로 볼 수 있습니다. 아시아의 스텝에서 남유럽에 이르기까지 수만 년 동안 동일한 환경을 부분적으로 공유하며 상이한 시기에 서로 돌아가면서 동일한 주거지를 사용한 것이지요. 매우 오랜 기간 동안 양자는 돌과 관련된 동일한 인공물을 사용하고 동일한 먹잇감을 사냥한 것으로 보입니다. 그 같은 공존이 동일한 지역에서 지속되었는지를 확실하게 단정할 수는 없으나, 현생인류가 비교적 가까운 최근까지 지구 위에서 인류의 또 다른 자아라고 할 만한 인종과 공존했다는 사실에 대해서 성찰하는 것이 중요하다고 하겠습니다.

그렇다면 네안데르탈인은 인공물을 만드는 제작 실력도 호모 사피엔스와 거의 동등했고 상징 능력도 있었던 것 같은데 왜 소멸했을까요? 네안데르탈인에 대한 저서를 쓴 어느 학자 또한 우리보다 강했고 우리만큼 똑똑했던 그들이 왜 사라졌는지 궁금증을 표현했습니다.

5만~4만 년 전에 유럽에서 넓게 확산된 네안데르탈인들은 왜 3만 2000년 전부터 더 작은 고립된 영토들로 물러났을까요? 그리고 어떻게 해서 이베리아 반도에서 완전히 사라지게 되었을까요?

마지막으로 살아남은 네안데르탈인의 화석은 코카서스와 지브롤터Gibraltar 해협에서 발견되었는데, 2만 9000년 전 이후로는 아무것도 남은 것이 없습니다. 네안데르탈인의 소멸은 갑자기 일어난 일이 아닐 것입니다. 그 원인은 다양한 시각에서 제기됩니다. 오랜 기간 동안 호모 사피엔스와 동일한 영토에서 공존했다는 점에서 물리적 절멸이나 전염병 기원의 시나리오는 개연성이 낮고 아무래도 환경 적응의 문제가 도래했을 것으로 추정합니다. 오랜 생존으로 인한 특정 종의 인구학적 임종이라고도 할 수도 있습니다.

그중에서도 이들의 절멸을 설명하는 것으로 가장 개연성이 높은 것은 호모 사피엔스의 인구가 획기적으로 늘어났을 것이며 이로써 호모 사피엔스가 더 침략적인 행태를 보여주었을 것이라는 설명입니다. 자신의 고유한 영토에서 기만적인 경쟁자, 즉 호모 사피엔스의 도래로 인한 피해를 경험했다는 것입니다. 그러니까 호모 사피엔스는 굉장히 침략적인데다 기만적인 종으로 진화했다는 것이지요.

Homo sapiens

03. 본질

네안데르탈인과 동거하다

네안데르탈인을 물리친 호모 사피엔스의 생존 비밀은 무엇이었을까?

왜 신체적으로 더 강했던 네안데르탈인은 순순히 사라진 것일까?

호모 사피엔스가 세계를 정복한 유일무이한 무기는 바로 '언어'였다.

네안데르탈인은
말을 했을까?

호모 사피엔스와 동거하던 시절, 네안데르탈인은 과연 말을 했을까요? 몇몇 학자들에 따르면, 인구 규모의 차이와 사회적 조직의 결정적 변화를 가져온 것은 호모 사피엔스와 네안데르탈인 두 종 사이에 존재하는 완전히 상이한 언어적 의사소통 능력이라고 합니다.

뇌 구조를 비롯한 신체 구조의 정교한 형성의 결과물이라 할 수 있는 언어 능력은 아쉽게도 현재 남겨진 화석만으로는 정확히 알 수 없습니다. 다만 화석으로 알 수 있는 것은 네안데르탈인은 분절언어의 기초적 형태를 제시할 수 있었다는 것인데 유전자 구조와 설골舌骨이 그 점을 입증합니다. 발성할 때 대단히 중요한 부위 중 하나가 설골인데 그것이 네안데르탈인 목에도

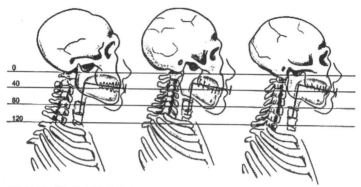

**7만 년 전 네안데르탈인의 성대, 10만 년 전 호모 사피엔스의 성대,
2만 6000년 전 호모 사피엔스의 성대(왼쪽부터)**

존재합니다. 즉 소리들을 삼키고 조절하는 데 필수적인 근육들
이 존재했다는 것이지요.

네안데르탈인 이전 종에서 네안데르탈인과 호모 사피엔스로
넘어오면서 인류에게는 중요한 신체 조건이 완성됩니다. 그것
이 바로 '소리'를 생산하는 기관으로, 10만~5만 년 전에 오직
호모 사피엔스만이 전형적으로 직각을 이루는 완결된 성대 특
징을 갖게 됩니다. 이마에서 입술까지의 수직 형성, 후두, 성대,
인두의 해부학적 조건이 완성된 것이지요. 이 같은 특이한 해부
학적 형태가 인간을 다른 동물과 구별시켜주는 것으로, 다양한
소리들을 생산하고 모든 모음들과 자음들의 다양한 변화와 조
절을 가능하게 합니다.

반면 호모 사피엔스의 진화 과정에서의 또 다른 예고라고 할
수 있는 네안데르탈인의 해부학적 형성을 보면 호모 사피엔스

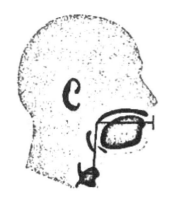

네안데르탈인과 호모 사피엔스의 성대 진화 모형

보다 두개골의 크기가 작달막합니다. 두개골의 형태는 더 평평하고 이마가 뒤로 젖혀졌으며 인지 과정에서 매우 중요한 뇌의 전두엽이 덜 발달했습니다. 추상적인 사유 능력을 갖기에 불리한 조건이라는 것이지요. 반면 시각과 결부된 기능들이 자리 잡는 후두부는 더 두툼합니다. 또한 혹독한 기후에 적응하기 위해서는 자신의 목을 보호해야 했기에 두개골의 수평적 확장에 견주어서 너무 짧은 목을 갖고 있었습니다.

소규모 무리를 지어서 채집 생활을 하는 유목민이었던 네안데르탈인은 불을 다루고 주거지를 관리할 수 있었으며 사유 능력은 떨어지지만 호모 사피엔스와 동일한 기술들을 가졌습니다. 중동에서 발견된 네안데르탈인이 돌로 제작한 물건들을 보면 호모 사피엔스가 제작한 것과 매우 유사한데, 3만 6000~3만 2000년 전 것으로 추정되는 돌과 관련된 기술들을 보면 호모

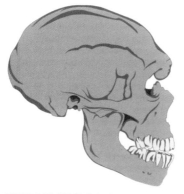

전두엽이 발달한 형태의 네안데르탈인의 두개골

사피엔스보다도 더 정교한 것을 알 수 있습니다.

　결론적으로 호모 사피엔스가 네안데르탈인을 몰아낼 수 있었던 가장 근본적인 이유는, 비밀 병기라고 할 수 있는 상징의 언어 시스템으로서 완전한 이중분절二重分節 시스템을 갖고 있었던 덕분이라고 볼 수 있습니다. 이중분절이란 언어의 최소 단위인 유한한 음소를 결합해서 무한한 기호를 구성하는 것으로, 호모 사피엔스 성공의 가장 큰 일등 공신이 '언어'라는 것입니다.

상징적 지능의 문턱에 선
네안데르탈인

　　　　　　이라크의 쿠르디스탄Kurdistan 지역에서 발굴된 네안데르탈인의 시신은 생존 연대가 8만~6만 년 전으로 거슬러 올라가는데 이것은 보다 진전된 사회적 복잡성을 보여줍니다. 예를 들어 발굴된 40~50세 된 개인의 뼈를 보면 네안데르탈인들은 그들 사이에 발생한 환자들과 더 나이 든 사람들을 도왔음을 알 수 있습니다. '보살핌'의 개입이 이루어졌다는 뜻이지요. 그리고 최초의 의례 역시 출현해서 죽은 시신에는 꽃들과 약초 씨앗들을 놓았습니다.

다음 그림은 이를 복원한 장면인데 분명 이들은 죽은 자들을 의식했고, 심지어 어떤 화석의 경우 타인의 죽음으로 인해 고통스러워했던 모습까지 추론이 가능했습니다. 이로써 볼 때 네안데르탈인은 비록 상징적 지능의 문을 넘지는 못했지만 그 문

이라크에서 발견된 네안데르탈인 시신의 복원 이미지

턱에 서 있었다고 할 수 있는데 여기서 이 '문턱'의 의미가 매우 중요하다고 하겠습니다.

네안데르탈인은 조가비에 일정한 장식을 그리기도 했습니다. 프랑스 카르타헤나carthagène에서 발견된, 5만~4만 5000년 전 장신구들을 보면 다양한 색채의 광물들을 사용했는데 이것으로 판단해볼 때 이들이 매우 잠시나마 미적 감수성을 지녔음을 알 수 있습니다. 또한 네안데르탈인은 자신의 몸과 얼굴에 그림을 그렸으며 새 깃털들을 장식으로 사용한 것으로 보아 아마도 미적 상징적 지능 역시 갖고 있었다고 하겠습니다. 심지어 네안데르탈인이 사용한 것으로 추정되는 플루트까지도 발굴되었는데 현대인이 들어도 상당히 부드러운 음색을 띠는 악기였다고 합니다. 네안데르탈인에 대한 이와 같은 발견은 지금까지 호모 사피엔스의 전유물로 생각해왔던 미적 상징적 감수성의 발현이

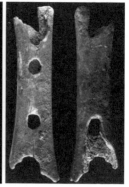

그림과 구멍의 흔적이 있는 조가비(왼쪽), 플루트(오른쪽)

훨씬 더 오래전에 이미 네안데르탈인에 의해서 이루어졌음을 말해주는 것이지요.[9]

사실 저는 개인적으로 3만 6000년 전에 그려진 동굴벽화가 1만 8000년 전의 동굴벽화보다 더 화려하고 미학적으로 완벽하다고 생각합니다. 그러니까 어떤 의미에서는 진화론도 맹점이 있는 것이지요. 분명히 시간의 흐름과 함께 인류는 여러 가지 측면에서 훨씬 더 발전했지만 어느 부분에서는 오히려 더 퇴보한 면도 있다고 볼 때 진화론도 완전한 사유 체계는 아니지 않는가 하는 생각을 하게 됩니다.

호모 사피엔스는
네안데르탈인과 짝을 이루었을까?

유전자 구조에서 보면 네안데르탈인은 현생인류의 조상 가운데 하나도 아니며 호모 사피엔스의 변이종도 아닌, 우리와는 전적으로 다른 사촌입니다. 그렇다면 두 종 사이에는 성공적인 짝짓기가 가능했을까요? 그렇습니다. 가능했습니다. 네안데르탈인의 완결된 게놈 구조는 현생인류와 99.84퍼센트 동일합니다. 얼마 전까지는 불가능했다고 봤는데 최근 연구에 의해 호모 사피엔스에게 네안데르탈인 DNA의 흔적이 1~4퍼센트 존재한다는 것이 증명된 후 학설이 뒤바뀌었습니다. 단 이것은 비아프리카 지역에서의 호모 사피엔스 경우로 국한됩니다. 따라서 아마도 중동 지역에서 두 종 사이의 혼종 교배가 12만 년 전에 이루어졌을 것으로 추정합니다.

네안데르탈인과 호모 사피엔스 두 종 사이의 짝짓기 가능성은 덜 건강한 모습을 갖고 있던 몇몇 네안데르탈인이 두 종 사이의 교배에서 비롯된 것이라는 가설을 제시하게 만들었습니다. 그 가설을 뒷받침하는 유명한 사례가 포르투갈에서 발견된, 2만 5000~2만 4000년 전에 생존했던 것으로 추정되는 라가 벨로 Lagar-velho의 아이입니다.

호모 사피엔스가 아라비아 지역에 착륙했을 때, 대부분의 유

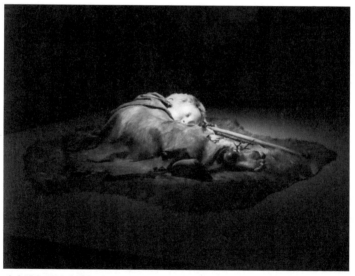

라가 벨로 아이의 복원 이미지

라시아에서는 이미 다른 종들의 인간, 즉 네안데르탈인 및 호모 에렉투스가 살고 있었습니다. 이때 이들에게서 벌어진 일에 대해서는 두 개의 이론 즉 '이종교배 이론intercross theory'과 '교체 이론replacement theory'이 존재합니다. 먼저 이종교배 이론은 이성 간의 상호 끌림을 이야기합니다. 예컨대 호모 사피엔스가 중동과 유럽에 도착해 네안데르탈인을 만났을 때, 자신들보다 더 근육질에 뇌도 크고 추운 날씨에 더 잘 적응하는 이들에게서 매력을 느꼈다는 것이지요. 그래서 이종교배 이론에 따르면, 호모 사피엔스는 네안데르탈인과 교배해서 두 개의 인종이 하나로 합쳐져 호모 사피엔스와 네안데르탈인의 혼합체가 태어났다고 봅니다.

그리고 유사하게 호모 사피엔스가 동아시아에 도착했을 때는 그 지역의 호모 에렉투스와 이종교배를 했다는 것인데, 그렇다면 결과적으로 중국인과 한국인은 호모 사피엔스와 호모 에렉투스의 혼혈이라고 하겠습니다. 앞서 말한 아웃 오브 아프리카의 세 번의 여정에서 첫 번째 여행을 떠난 종이 호모 에렉투스이고 세 번째 여행을 떠난 종이 호모 사피엔스인데 호모 사피엔스가 150만 년 전에 먼저 떠나 정착해 있던 호모 에렉투스와 이종교배를 했을 것이라는 추정인 것이지요.

이와 대립되는 교체 이론은 앞서 언급했듯 호모 사피엔스가 일방적으로 네안데르탈인을 몰아냈을 것이라고 보는 것인데,

이 이론에 따르면 호모 사피엔스와 다른 종은 상이한 해부 구조를 갖고 있었고 상이한 짝짓기 습관들과 신체 냄새를 갖고 있어서 서로 성적 관심을 보이지 않았다고 합니다. 심지어 설령 호모 사피엔스가 네안데르탈인과 사랑에 빠져서 짝짓기를 해도 수태가 가능한 아이를 생산하지 못했을 것이라고 봅니다. 두 인종 사이의 유전적 간극이 이미 건널 수 없을 정도로 커졌기 때문이라는 것인데, 이 이론에 따르면 호모 사피엔스는 기존에 존재하던 모든 인간 종들과 혼합되지 않은 채 대체된 종이라고 하겠습니다.

호모 사피엔스, '내일'을 발명하다

교체 이론에 따르면 현대의 모든 인간들의 계보는 배타적으로 7만 년 전 동아프리카로 거슬러 올라가 우리는 순수한 호모 사피엔스가 됩니다. 그런데 사실상 진화론의 시각에서 봤을 때 7만 년이라는 기간은 상대적으로 짧은 간극이라서 만약 이 교체 이론이 정확하다면 모든 생명체는 거의 동일한 유전적 구조를 갖고 있을 것이며 인종 간 차이는 무시해도 될 만큼 미미해집니다. 그렇다면 이는 수많은 논쟁거리를 낳는 이론이 되지 않을 수 없습니다. 반대로 이종교배 이론이 맞는다면 아프리카인들, 유럽인들, 아시아인들 사이에는 분명한 유전적 차이가 존재할 것이기에 이것은 차별적인 인종 이론을 위한 자료의 빌미를 제공하게 됩니다. 그렇다면 이 또한 하나의 정치적 다이너마이트가 되지 않을 수 없습니다.[10] 따라서 최근에는 이 중 그나마 논란의 여지가 적은 교체 이론이 이 분야의 슬기로운 해결책으로 제시되고 있습니다.

물론 앞서 언급했듯 2010년 학계에서 4년 동안의 연구 끝에 작성한 네안데르탈인의 유전자 지도에 따르면 현재 중동과 유럽 지역 인구 DNA의 1~4퍼센트가 네안데르탈인의 DNA로 판명되었고 그로부터 몇 달 후 두 번째 충격적 사실이 밝혀지기도 했습니다. 바로 호모 데니소바 화석에서 추출된 DNA의 지도 작성 결과, 현재 말레이시아인과 원주민 오스트레일리아인들 DNA의 6퍼센트가 호모 데니소바의 DNA였다는 것입니다. 인종 차이가 차별로 갈 수 있어 선뜻 발표하기도 상당히 조심스러운 내용이 아닐 수 없습니다.

아무튼 결과적으로는 호모 사피엔스 이외의 다른 종의 인류는 모두 소멸하게 됩니다. 호모 솔로엔시스Homo soloensis*와 호모 데니소바는 모두 5만 년 전에 소멸하고 네안데르탈인도 2만 9000년 전에 소멸하며 마지막 남은 플로레스Flores 섬의 난쟁이

* 5~2만 년 전에 생존했던 가장 원시적인 네안데르탈인으로 추정되는 화석인류. 1931년 인도네시아 자바 섬의 솔로 강 유역에서 발견되었다.

들까지도 1만 2000년 전에 모두 소멸하고요.

그렇다면 호모 사피엔스의 생존 비밀은 무엇이었을까요? 어떻게 그들은 상이한 서식지에서 그토록 신속하게 정착할 수 있었을까요? 왜 더 강하고, 뇌가 크고, 맹추위에도 살아남은 네안데르탈인은 호모 사피엔스의 습격에서 살아남지 못했을까요? 그렇습니다. 앞서 언급했듯 호모 사피엔스는 무엇보다 유일무이한 그들만의 언어에 힘입어 세계를 정복한 것입니다.

호모 사피엔스만이 갖고 있던 완벽한 분절언어는 정확한 사물을 지칭하는 단어를 꾸릴 수 있었습니다. 그래서 물을 보면서 물을 말할 수 있을 뿐더러 물이 없을 때에도 물을 가져오라고 말할 수 있게 됩니다. 그리고 '내일'을 발명했습니다. '만약if'을 말할 수 있게 되었고 단어와 단어를 조합했습니다. 이때까지도 단어와 단어를 완벽하게 조합할 수 있는 영장류는 없었습니다.

호모 사피엔스, 창조성을 부화하다

호모 사피엔스 종은 아프리카에서 20만 년 전에 탄생했지만 10만 년을 더 기다려야 비로소 우리가 갖고 있는 전형적인 지능 형식과 결부된 행동 양식들을 나타내게 됩니다. 호모 사피엔스에게서 최초로 발현된 이러한 상징적 지능은 호모 사피엔스의 진정한 탄생을 가져왔다고도 할 수 있습니다.

남아프리카공화국 서던케이프Southern Cape 남쪽에 있는 블롬보스Blombos 동굴에서 발견된, 7만 5000년 전에 생산된 것으로 추정되는 몇몇 황토 조각들에는 규칙적으로 새겨진 기호들이 나타나는데 이것은 인류 최초의 의도적 기호들로 보이지만 아직 그 의미는 알 수 없습니다. 아프리카의 다른 지역에서도 역시 비슷한 시기의 것으로 추정되는 황토 진흙과 장식된 조가비가 발굴되었습니다. 그리고 유럽에서는 4만 5000~4만 년 전에 크로마뇽인Cro-Magnon man*과 호모 사피엔스가 탄생함으로써 실로 혁명적이라고 간주될 정도의 행동 양식을 보여주었는데 이로써 우리 인간은 해부학적으로뿐만 아니라 정신적으로도 근대적modern이 되었다고 표현할 수 있습니다. 여기서의 '근대적', 즉 모던하다는 것은 현생인류인 지금의 우리와 머릿속에서 나올 수 있는 모든 상상계의 구조 및 욕망의 체계가 똑같다는 것을 의미하기 위해 선사학에서 사용하는 용어입니다.

인간을 인간답게 만드는 고유성이 무엇인가 물었을 때, 확실한 것은 언어와 정교한 도구 제작 능력 이 두 가지입니다. 그런데 이 두 가지를 모두 가능하게 했던 것이 인지혁명이라고도 불

* 1868년 프랑스 남서부의 크로마뇽 동굴에서 맨 처음 발견된 화석인류. 해부학적으로 현생인류인 호모 사피엔스 사피엔스로 분류된다.

리는 상징적 사유이지요.[11] 드디어 호모 사피엔스에 와서 인류는 최초로 사유 능력과 창조의 다양한 수완 능력들을 나타냄으로써 상징적 지능의 꽃을 피우게 된 것입니다. 이들의 추상화 능력이 만개한 결과물인 놀라운 바위 그림들을 보게 되면 사실주의적 장면들이 양식화되고 상징적인 형상들이 나타나는 것을 알 수 있습니다. 쉽게 말하면 머릿속에서 하나의 가상 세계를 만들어냈다는 것이지요.

팔찌와 장신구, 뼈로 조각된 정교한 미술 작품들과 매우 정교한 의례적 시신들을 보면서 우리는 상상력을 발휘하는 종의 발전을 목격하게 됩니다. 또한 변화하는 계절들, 밀물과 썰물, 달의 주기, 혹성들의 리듬들을 관찰함으로써 환경과 더불어 상이한 방식으로 상호작용하는 종, 환경의 본질에 대해서 스스로에게 물어보는 종의 발달을 목격하게 됩니다. 이는 호모 사피엔스와 동시대에 존재했던 다른 어떤 종들에게서도 찾아볼 수 없는 능력, 즉 창조성의 부화라고 할 수 있습니다. 수동적으로 있는 그대로의 혹독한 자연 현실을 수용하는 대신, 자신의 머릿속에서 가능한 세계를 발명하는 법을 배우게 된 것이지요. 인간 종의 유일무이성이 나타난 것입니다.

Homo   sapiens

04.   논의

상징의 문턱을 넘어서다

호모 사피엔스는 보지 않은 것, 만져보지 않은 것,

냄새 맡아보지 않은 것을 말할 수 있었다.

존재하지 않는 허구에 대해 말할 수 있는 능력은 인간 언어만의 창조적 특질이다.

호모 사피엔스의
인지적 탄생

　　　　　호모 사피엔스의 창조성이 부화되는 장면을 지켜보면서 우리는 영원히 끝나지 않을 물음을 다시 제기하게 됩니다. 그것은 바로 '우리를 인간적이게 만드는 것은 무엇인가?'라는 질문입니다. 이에 대한 대답으로 우리가 갖고 있는 몇 가지 지표를 활용할 수 있습니다. 20만~15만 년 전에 아프리카를 빛낸 호모 사피엔스 종의 여명기에서, 인류를 다른 종과 구별시켰던 것은 날씬하고 날렵한 해부학적 구조, 즉 평평한 얼굴, 높은 이마와 정교한 돌의 제작 기술이었습니다. 그리고 15만~5만 년 전에 생존의 본질적 욕구의 예속에서 해방되어 사유의 영역이 우리에게 개방된 것인데, 아마도 '성대'가 완성되었다는 것, 이것이야말로 호모 사피엔스의 특수성이라 하겠습니다.

분절언어를 통해서 무한한 상징적 조합이 가능해진 것이지요.

한정된 유한한 수의 단어로 무한한 문장을 만들어낼 수 있는 언어의 창조성은 다른 어떤 동물도, 다른 어떤 기계도 따라할 수 없는 인간만의 것입니다. 그래서 유명한 언어학자인 촘스키Noam Chomsky*는 인지과학과 현대 산업이 인간처럼 창조적으로 언어를 구사할 수 있는 기계인 인공지능 등에 투자하는 것에 대해 굉장히 회의적입니다. 촘스키 언어학의 기본 전제 조건은 인간 언어는 인간만이 할 수 있다는 것입니다. 그래서 만약에 인간처럼 똑같이 말할 수 있는 기계가 나온다면 촘스키의 이론은 무너지게 되는데, 물론 우리가 촘스키의 가설을 절대시할 필요는 없지만 현대 언어학은 자연언어를 인간만의 절대적인 고유성으로 믿고 있다는 것입니다.

그런데 여기서 한 가지 촘스키에 대해 아쉽게 생각하는 점은 인간의 언어를 목소리, 즉 '성대'를 통해 발성되는 음성 중심적인 것으로 보는 것입니다. 우리는 보통 상대방이 입으로 말하는 것을 귀로 듣고 문자로 환원해냅니다. 사실상 이것은 굉장히 특수한 기능인데 우리가 잘 깨닫지 못하고 있습니다. 만약 말을 못하는 실어증에 걸린다면 말을 한다는 게 얼마나 위대한 것인지 알 수 있을 테지요. 그런데 실어증 환자나 자폐증 환자의 경

---

* 1928~ . 미국의 언어학자. 변형생성문법 이론의 창시자로 언어학에 큰 영향을 끼쳤으며, 미국을 대표하는 비판적 지식인으로 현재까지도 왕성한 사회 활동을 하고 있다.

우에도 분명 표현하고자 하는 것, 머릿속의 상징 능력은 똑같이 완벽하게 존재합니다. 다만 표현이 안 되는 것일 뿐입니다. 실서증失書症이라고 해서 글을 못 쓰는 질병도 있고, 글을 읽지 못하는 난독증難讀症도 있습니다. 그런데 이들 증상은 인지 능력과는 무관한 것으로, 난독증에 걸린 사람 중에서 세계적인 건축가가 종종 나온 것을 보면 시각적 정보 처리 능력에 기초한 시각적 사유와 문자 해독 능력과는 분명히 다른 것입니다. 그러니까 음성언어와 시각언어 그리고 몸짓언어까지 모두가 유기적으로 연결되어 있다는 것이지요.

여러 가지 상이한 인지 능력은 서로 유기적으로 연결되어 있는데 왜 언어학에서는 음성 하나만 따로 분리해서 보느냐 하는 것이 저의 문제의식이고 도전 과제입니다. 아무튼 음성언어를 포함한 '언어'야말로 인류 역사에서 가장 중요한 문화적 혁신으로서 문자 해독 능력은 인간 행동 양식의 탄생을 가능하게 했다고 보겠습니다.

인간은 관념을 만들어내는 완벽한 기계

사유 능력을 갖춘 인간의 흔적은 선사시대의 동굴벽화에서 분명하게 드러납니다. 그런데 사실 이러한 동굴벽화가 처음 발견됐을 때는 아무도 믿지 않았습니다. 방사성 탄소연대 측정법과 같은 과학적 도구가 나온 다음에야 서서히 믿기 시작했지요. 가장 최근 시기인 1990년대 초반 프랑스 남부에서 발견된 쇼베 동굴벽화를 비롯해 1940년에 역시 프랑스에서 발견된 라스코 동굴벽화, 19세기 말 스페인에서 발견된 알타미라Altamira 동굴벽화 등의 장식 동굴들은 수 세대에 걸쳐 많은 연구자들을 매료시켰습니다.

그곳을 가득 채운 벽화들은 오늘날 우리의 온전한 이해의 한계를 벗어나는 것들입니다. 그곳에 그려진 회화들과 새겨놓은 다양한 기호들의 의미 또한 정확히 알 수 없습니다. 그림에서 가장 많이 재현된 동물들이 반드시 그 지역에서 가장 많이 사냥된 동물들도 아니었습니다. 그러니까 아마도 당시에 특수하게 고려된 몇몇 동물들이 상징적이고 신화적 의미를 획득하지 않았나 싶습니다.

그런데 이러한 벽화와 언어 능력은 구체적으로 어떠한 관계에 있는 것일까요? 실은 너무도 간단한 원리입니다. 이제 막 말을 배우는 세 살 된 아이에게 색연필을 주면 특별하게 예외적인 경우가 아닌 한 모든 아이들이 무언가를 그리기 시작합니다. 하지만 고양이에게 주면 어떨까요? 당연히 아무 반응이 없겠지요.

인간 이외에 그림을 그리는 동물은 없습니다. 그러니까 인간에게는 말하는 능력과 그리는 능력이 동시에 작동한다는 것인데, 공교롭게도 호모 사피엔스 여정에서도 완벽하게 언어 체계를 갖추기 시작한 것과 구석기시대 최초로 표현된 풍부한 그래피즘graphism을 생산한 것이 같은 시기입니다.

그렇다면 '이 모든 것의 공통적인 인지적 메커니즘은 무엇인가' 하는 것이 오늘날 인지과학의 화두인데 아직까지 답은 없습니다. 다만 그중 강력한 가설은 이렇습니다. 언어, 예술, 의례 등의 모든 상징적인 사유를 가능하게 했던 뿌리는 '인간이 관념을 만들어내는 하나의 완벽한 기계'이기 때문이라는 것입니다. 그런데 언어학자들은 이 가설에 동의하지 않습니다. 인간의 사유가 가능한 것은 언어 덕분이라고 보니까요. 그래도 지금은 인간의 사유를 가능하게 한 보다 원초적인 정신적 스키마schema*가 있다는 데 많은 학자들이 동의하고 있기는 합니다. 언어보다 사유를 더 가능하게 하는 보다 근원적인 인지적 메커니즘이 있다는 것이지요.

인류가 최초로 그린 이미지가 구상이 아닌 추상이라는 점에도 주목해야 합니다. 인간은 눈에 보이는 사물을 모방해서 그리는 구상적인 그림이 아니라 인간 신체의 성적 부위라든가 그 밖에 삼각형 등의 다양한 기하학적 모양의 추상적인 기호를 먼저

* 기억 속에 저장된 지식, 즉 지식의 추상적 구조를 일컫는 개념. 아동기부터 경험한 모든 것이 각자의 스키마를 형성한다.

그렸습니다. 그래서 앙드레 르루아 구랑André Leroi-Gourhan*에 의하면 "인간이 최초로 표현한 것은 사물의 모사가 아니라 리듬의 형상화"였다고 합니다. 따라서 20세기에 새로운 흐름으로 등장한 '추상'은 너무나 자연적인 현상이라고 보고 있습니다. 인간의 원초적인 능력 중 하나가 추상이기 때문에 다시 추상으로 돌아간 것이라고 보는 것이지요.

쇼베 동굴벽화와 라스코 동굴벽화를 보게 되면 그 두 개가 1만 8000년의 시간 차를 두고 만들어졌음에도 불구하고 양식, 스타일이 놀라울 정도로 똑같습니다. 그 이미지의 제작자가 호모 사피엔스 단일 종이기에 그렇습니다. 즉 호모 사피엔스의 상상계가 거의 동일하게 축조화된 것이라고 할 수 있습니다. 그리고 이들 벽화들이 그려진 장소를 보면 접근이 쉽지 않은 곳으로, 넓은 공간이 아니라 한 사람이 비좁게 들어갈 수 있을 정도의 갤러리가 많습니다. 이것은 선사시대 이미지의 제작자들이 결코 이미지를 심심풀이로 그린 것이 아니라 보다 심오한 동기를 갖고 작심하고 들어가서 그렸다는 것을 뜻합니다.

그리고 이미지 제작을 위해서는 그 안에서 누군가는 횃불을 비춰줘야 했고 천연 안료를 만들어야 했기에 반드시 협업과 분업을 필요로 했습니다. 그리고 그곳에서 묵묵히 명상만 하지 않

---

* 1911~1986. 프랑스의 선사학자이자 민족학자. '남녀양성신화설'을 주장해 동굴벽화에 나타난 동물상과 기호를 모두 남성과 여성의 상징으로 해석했다.

고 일종의 샤먼들이 종교 의례를 함으로써 음향적·청각적 공간을 생산했을 것입니다. 즉 노래와 합창 그리고 웅성거림이 함께했을 것이라는 게 오늘날 가장 많이 수용되는 가설입니다. 그림이 그려진 이 동굴들이 인류 최초의 성소였다는 것이지요.

그리고 호모 사피엔스는 드디어 다양한 형태의 조각을 만들기 시작합니다. 이는 자신이 실현하고자 하는 것 즉 정신적 모델을 창조하기 위해서 반드시 필요한 조건이라 하겠습니다. 돌을 다루는 기술들이 능수능란해지면서 아름다운 동물 조각들이 제작되는데 이것이 사실상 물질적 생존을 위한 어떤 직접적이고도 즉각적인 유용성을 갖지는 않지만 이로써 인류는 미학적 오브제들을 실현하기 위해서 많은 시간을 보낼 준비가 되어 있었다고도 볼 수 있습니다. 이에 관한 또 다른 예로 음악 활동을 들 수 있는데, 호모 사피엔스의 역사에서 발견된 가장 오래된 악기로 독일 남서부의 바덴뷔르템베르크Baden-Württemberg 지역에서 발굴된 악기는 독일 연구자들이 원형 주물을 이용해 그 악기의 본래 음색을 재현하는 데 성공했는데 매우 기분 좋은 부드러운 멜로디를 연주할 수 있었다고 합니다.

그리고 이들은 최초의 의례적 매장을 행했습니다. 족장 등 중요한 존재를 매장했는데, 그가 지상에서 소유하던 것을 함께 매장한 것은 완전히 새로운 지능의 존재를 알려주는 새로운 기호로 볼 수 있습니다. 추상화 능력을 나타내는 것이지요. 한 번도

보지 않았던 것, 즉 저 너머의 세계를 향하는 여행을 상상하게 된 것입니다. 그리고 감정을 나눌 수 있는 동감, 아울러 감정의 전이 능력을 가지게 되어 '그것은 우리 모두에게 일어날 수 있는 일'이라는 사유를 하게 된 것입니다.

사유의 비상을 위한 조건들

모든 인간 종들은 많은 차이에도 불구하고 몇 가지 결정적인 공식을 공유하는데, 여기서 가장 주목할 사실은 인간들은 다른 동물들에 비해서 놀라운 뇌 용량을 갖고 있다는 점입니다. 평균 60킬로그램 나가는 포유동물의 평균 뇌 용량은 200cc인데 250만 년 전 최초의 인간 뇌 용량이 이미 600cc였고 현생인류의 직계인 호모 사피엔스는 평균 1200~1400cc입니다. 그러니까 기본적으로 1200cc 이하인 뇌 용량으로는 사유 능력을 갖기 힘들다는 것입니다.

그리고 이 뇌는 에너지 소비량이 상당해서 호모 사피엔스에게서 뇌는 전체 몸무게의 2~3퍼센트에 불과하지만 신체가 쉬고 있을 때도 신체 에너지의 25퍼센트를 소비합니다. 반면 다른 원숭이들의 뇌는 휴식 시간에 전체 에너지의 8퍼센트만을 요구하고요. 그렇다 보니 태곳적 인간들은 그들의 큰 뇌에 에너지를 충당하기 위해 먹을거리를 찾는 데 더 많은 시간을 소비하게 되며 그 과정에서 뇌 용량 또한 점점 커져갑니다.

인간은 자연에서 연약한 존재입니다. 침팬지는 호모 사피엔스와 논쟁에서 승리할 수는 없지만 인간을 넝마 인형처럼 찢어놓을 수 있습니다. 현재 인간은 큰 두뇌로 차와 총을 갖게 되면서 침팬지보다 더 신속하게 이동하고 안전한 거리에서 그들을 사격할 수 있게 되었지만 200만 년 전, 인간의 신경망은 성장 중이었으며 무기라고는 몇몇 부싯돌과 날카로운 막대기 정도만 있을 뿐 이렇다 할 것이 없었습니다. 그렇다면 무엇이 인간의 육중한 뇌 용량의 진화를 200만 년 동안 유도했을까요? 이에 대해서는 아무도 답을 모릅니다.

그리고 인류를 성립하는 또 다른 중요한 조건은 직립보행입니다. 600만 년 전 인간이 처음으로 두 발로 땅을 딛고 일어섰을 때를 생각해보면 짜릿하지 않습니까? 직립보행으로 손이 자유로워진 인간은 이제 많은 것들을 할 수 있게 됩니다. 손바닥과 손가락 근육이 한층 세련되게 진화하면서 손에 의한 많은 작업들이 이루어지는데, 여기서 중요한 점은 결코 손이 뇌의 노예가 아니라는 점입니다. 손만이 갖고 있는 손의 역사가 있습니다. 손에는 정말 많은 인문학적 사유가 있다고 생각합니다.[12]

아무튼 인류는 큰 용량의 뇌, 도구 사용, 우월한 학습 능력, 사회적 유대 등의 엄청난 이점을 갖고 진화하게 되는데 200만 년 동안 이 같은 장점들을 누리면서도 여전히 연약하고 주변적인 피조물로 남아 여전히 포식자를 두려워하는 존재였습니다. 그런데 여기서 인간 선조에 관한 불편한 진실이 하나 등장합니다. 바로 '골수 추출'에 관한 것입니다. 초기 돌 도구들은 기본적으로 뼈를 잘라서 골수를 얻기 위해 사용된 것으로 최초의 인간들은 뼈에서 골수를 추출하는 데 솜씨를 발휘했습니다. 왜 골수일까요? 사바나에서 야생동물들이 먹다 남긴 사냥감에서 마지막 먹을거리로 식용 가능한 것이 골수밖에 없었던 것이지요.

호모 속은 생태계 먹이사슬에서 최근까지도 중간 수준에 있었다고 합니다. 수백만 년 동안 작은 피조물을 사냥하거나 다른 포식자들이 사냥하고 남은 것을 취했는데 그러다 40만 년 전부터 규칙적으로 대규모 사냥을 시작했습니다. 그리고 10만 년 전부터 호모 사피엔스의 부상과 더불어 인간은 먹이사슬에서 맨 꼭대기에 오르게 됩니다. 그런데 인류는 너무나 신속하게 갑자기 먹이사슬 꼭대기에 올랐고 그 결과 생태계가 적응할 시간을 주지 않았고 아울러 인간 자신들 역시 생태계에 적응하는 데 실패했다고 보는 가설도 있습니다.

그리고 마지막 인간 사유의 비상 조건으로는 '조리와 음식'을 들 수 있습니다. 몇몇 종들은 80만 년 전부터 이따금씩 불을 사용했고, 30만 년 전에는 호모 에렉투스, 네안데르탈인과 호모 사피엔스의 선조들이 일상적으로 불을 사용했습니다. 인간은 이제 조명과 따스함의 근원을 갖고 맹수에 맞선 무기를 지니게 된 것인데 불이 수행한 최상의 것은 바로 '조리'입니다. 인간들이 자연적 형태로 소화할 수 없었던 음식들, 즉 밀, 쌀, 감자 등이 조리 덕분에 식단에 오르게 되고 조리 과정에서 병균과 기생충이 사라지게 됩니다. 그리고 소화를 용이하게 해줘 침팬지가 날음식을 씹는 데 5시간 걸린다면 인간이 조리 음식을 먹는 데는 한 시간이면 족하게 됩니다. 음식 조리는 인간들로 하여금 더 많은 종류의 음식을 먹게 해주고 먹는 데 드는 시간을 줄여 더 작은 치아로, 더 짧은 창자의 길이로 식생활을 가능하게 해줍니다.

유발 하라리를 비롯하여 몇몇 학자들은 조리의 도래와 인간 창자의 길이, 인간 두뇌 사이에 직접적 연관성이 있다고 보는데 긴 창자 길이와 큰 두뇌는 모두 엄청난 에너지 소비체이기 때문에 둘 다를 갖는다는 것은 어려운 일이기에 그렇습니다. 그러니까 뇌의 에너지 소비를 보완하기 위해 창자 길이가 짧아졌다는 것이지요.

언어는 호모 사피엔스의 전유물일까

사유 능력을 갖게 된 호모 사피엔스를 지금 현재로 호출해낼 수 있다면, 그들에게 영어나 한국어를 가르치는 것이 가능할까요? 그들이 불교의 원리를 이해할 수 있을까요? 모두 어려울 것입니다. 하지만 7만 년 전부터 호모 사피엔스는 특별한 일들을 수행하기 시작해서 7만~3만 년 전에 배, 기름 램프, 화살, 바늘을 발명하기에 이릅니다. 선례가 없는 이 모든 성취들은 호모 사피엔스의 인지 능력에서 혁명적 산물이라고 볼 수 있는 것들입니다.

그런데 세계를 정복하게 만든 새로운 호모 사피엔스의 언어는 왜 그렇게 특별한 것일까요? 호모 사피엔스의 언어는 최초의 언어가 아닙니다. 모든 동물은 일종의 언어를 가지고 있어서 심지어 곤충이나 벌 등도 정교한 방식으로 서로 간에 식량의 소재를 알려주는 등의 의사소통을 하는 것으로 알려져 있습니다.

호모 사피엔스 언어는 최초의 성대 언어도 아닙니다. 원숭이 종들 역시 성대 언어를 갖고 있습니다. 예컨대 녹색 원숭이들은 의사소통하기 위해서 다양한 종류의 '호출call'을 사용하는데 연구자들은 이들 사이에서 '조심할 것'이라는 의미를 갖는 호출을 파악한 바 있습니다. 고래와 코끼리 역시 신호 발송 능력이 있으며 앵무새는 인간의 모든 말을 발화할 수 있어 칸트의 철학 강의를 따라 말할 수도 있습니다.

오스트리아의 동물학자 카를 폰 프리슈Karl von Frisch는 총 3000회의 꿀벌 비행을 연구해서 꿀벌이 먹이를 찾을 때 보이는 독특한 행동 패턴인 '8자 춤waggle dance'이 동료에게 꿀이 있는 꽃의 위치를 알려주기 위한 행동임을 밝혀냈으며 이로써 1973년 노벨 생리의학상을 받았습니다. 그렇다면 반경 10킬로 이내에 있는 꿀의 장소를 정확히 '퀄리티'까지 포함해서 알려주는 벌의 행동을 언어로 볼 수 있을까요?

이에 대해서는 언어학자들 간에 많은 논의가 있는데 우선 과연 인간이 성대에서 입술 또는 콧구멍에 이르는 통로인 성도聲道를 사용하는 것이 의사소통에서 필수적인 요인이었는가 하는 문제 제기가 있습니다. 사실상 언어학에서는 지금까지 성도 사용을 필수적인 요인으로 전제했던 것인데 현재 적지 않은 학자들은 필수적인 요인이 아니라고 말하고 있습니다.

한번 상상해볼까요? 우리보다 대략 열 배는 진화된 외계인이 우주 여행 중에 우연히 지구에 불시착했다고 해봅시다. 그런데 이 외계인들은 성도를 사용하는 음성언어가 아니라 손가락에서 온갖 빛깔의 가시광선이 나오는 것으로 소통을 합니다. 그래서 우리가 한 시간 동안 할 말을 휘황한 가시광선을 분사하는 것으로 10초에 끝내버립니다. 그렇다면 이 외계인들 입장에서는 지구인의 음성언어가 얼마나 신기하고 이상하겠습니까? 처음으로 전혀 상상하지 않았던 '목소리spoken language'의 세계를 접한 외계인의 그 놀라운 경험을 상상해보자는 것이지요.

즉 학자에 따라서는 인간이 성도를 사용한 음성언어를 채택한 것은 필연이 아닌 우연이며 인간 언어의 특징은 '음성vocal'이 아니라고 주장하는 학자도 있다는 것입니다. 물론 이에 대해서 결론은 없습니다만 대부분의 언어학자들은 음성언어가 인간에게 필수적인 요소라고 생각합니다.

인간에게만 존재하는
'내일'

호모 사피엔스의 언어가 특별한 이유에 대한 가장 통상적인 대답은 우리의 언어는 놀라울 정도로 경제적이고 탄력적이라는 사실입니다. 우리는 한정된 수의 사운드를 갖고 무한한 수의 문장들을 생산할 수 있습니다. 우리는 언어를 통해 주변 세계에 대한 엄청난 양의 정보를 소화하고 저장하고 소통할 수 있습니다. 그리고 우리의 유일한 언어는 세계에 대한 정보를 공유하는 수단으로서 진화했지만, 이때 가장 중요한 정보는 사자나 들소가 아닌 인간에 대한 것입니다. 즉 우리의 언어는 주변 세계와 우리 자신들에 대한 수다, 시시콜콜한 대화에서 진화했다고 볼 수 있는 것이지요.

그리고 더 중요한 인간 언어의 특징은 사람들과 동물에 관한 정보를 전달할 수 있는 능력이 아닌 전혀 존재하지 않는 사물들에 대해서 정보를 전달할 수 있다는 사실입니다. 호모 사피엔스는 그들이 보지 않은 것, 만져보지 않은 것, 냄새를 맡아보지 않았던 것들에 대해서 말할 수 있습니다. 전설, 신화, 신과 종교는 인지혁명과 더불어 처음으로 나타났으며 허구에 대해 말할 수 있는 이 같은 능력은 호모 사피엔스 언어의 유일무이한 특질이라고 하겠습니다.

우리는 결코 원숭이에게 '내일 바나나를 열 개 줄 테니 지금 하나를 나에게 달라'고 설득할 수 없습니다. 원숭이에게는 결코 보이스피싱이 먹혀들어가지 않습니다. 허구의 세계가 표상될 수 없기 때문이지요. 우리는 개와 고양이에게 천국에 가고 싶으면 더 착하게 살라고 설교할 수 없습니다. 하지만 인간은 지금 당장의 것이 아닌 '허구'를 각자가 상상할 수 있을 뿐 아니라 그러한 상상을 집단적으로도 할 수 있습니다. 그래서 우리 모두는 공통의 신화들을 축조할 수 있는 것입니다. 늑대와 침팬지는 개미보다 더 신축적으로 협조할 수 있지만 그들은 오직 한정된 수의 개체들과 더불어 협조하는 반면 호모 사피엔스는 수많은 이방인들과 더불어 신축적인 방식으로 협조함으로써 진화해온 것입니다.

지금껏 호모 사피엔스의 기나긴 여정을 살펴보았는데 결론적으로 호모 사피엔스만이 인지혁명의 벽을 넘은 인간 종이었다는 것이 저의 모험적인 '언어인간학'의 기초적 지식이라고 하겠습니다.

2강

호모 그라피쿠스
Homo graphicus

선사시대 동굴벽화에 호모 사피엔스가 남긴 휘황찬란한 이미지들,
이 풍요로운 이미지는 인류가 문자를 발명하기 이전에
자신의 고유한 역사를 기록한 것으로
현재 인류가 소장하고 있는 가장 찬란한 영상 아카이브라 할 만하다.
오늘날 우리는 이미지의 대량 생산·유포·소비 시대에 살고 있으면서도
이미지를 경시하는 사유 방식에 익숙해 있다.
이제 우리는 그러한 모순에서 탈피해 시각 이미지의 인간학적 차원에 대한 이해,
이미지에 매료당하는 인간의 본성을 돌아볼 필요가 있다.
인류는 애초에 이미지를 사랑하는 '호모 그라피쿠스'로 진화했기 때문이다.
디지털 문명 시대를 맞아 새롭게 주목받는 호모 그라피쿠스로서의 인간,
시각언어와 인간의 사유 간 관계를 고찰해보자.

Homo graphicus

상상하다

선사시대의 휘황찬란한 이미지는
호모 그라피쿠스로의 진화를 증명한다.
호모 사피엔스의 가장 중요한 본성 중 하나는 '이미지에 대한 사랑'이다.

21세기,
이미지 속에서 춤을 추다

인간이 생산한 여러 가지 언어 가운데서 통상적으로 이미지라고 지칭되는 시각언어에 대해 살펴보겠습니다. 호모 그라피쿠스Homo graphicus, 즉 이미지를 사랑한 인간에 대한 이야기입니다. 여기에서 우리가 우선적으로 가져야 할 질문은 이렇습니다.

왜 시각언어인가? 왜 이미지인가?

이것은 상당히 교과서적인 대답을 요구하는 질문이지만 한번 되짚어봐야 할 대목입니다. 일단 21세기 현재 디지털 정보화 시대에 영상 이미지가 폭발했다는 것, 현대 사회가 시각 이미지들의 홍수와 범람에 직면해 있다는 것은 대부분의 전문가들이 진단하는 사실입니다. 디지털 기술로 인해 그야말로 전대미문의 문명사적 변동이 일어나고 있다고도 할 수 있습니다.

이미지에 경도된 인간을 지칭해서 호모 포토그라피쿠스Homo photographicus, 호모 디지털리쿠스Homo digitalicus, 호모 스펙타토르 Homo spectator 등 별의별 학명이 다 나오고 있습니다. 디지털 기술의 발달에 힘입어 시각 이미지들의 신속한 대량 생산, 유포가 가능해지면서 다양한 매체들, 즉 영화, TV, 만화, 인터넷, 광고, 비디오 등을 통해 도처에서 우리는 이미지를 접할 수 있습니다. 오늘날 이미지는 모든 사람들이 접근할 수 있는 소비재가 되었으며 심지어는 공적 장소에서 모든 사람에게 부과된 볼거리 자체가 되어버렸습니다. 유럽의 경우 TV 채널 수가 6000개 정도라고 하니 우리의 매체 환경은 지금 거의 포화 상태를 넘어서 과잉 상태에 진입한 것이 아닌가 생각합니다. 할리우드가 연간 500여 편을, 인도의 발리우드Bollywood가 연간 800~1000여 편의 영화를 제작한다고 하니 그 두 곳에서만도 엄청난 영화 영상물을 쏟아내고 있는 상황입니다.

이와 관련해서 프랑스의 비판적 지성인 레지스 드브레Régis Debray는 자신의 저서 『이미지의 삶과 죽음』에서 이렇게 말했습니다.

과거에 우리는 이미지 앞에 서 있었다. 하지만 지금 우리는 비주얼 속에 존재한다.[13]

그의 진술은 이미지가 더 이상 외부 세계의 존재를 지시하지 않고 스스로가 존재로서 처신하는 지금, 이미지와의 거리두기가 불가능하다는 상황을 말해주고 있습니다. 『피로사회』라는 저서로 유명한 재독학자 한병철 교수 역시 디지털 문명의 늪에 빠진 현대인의 모습을 일러 '익사溺死'라고 표현하고 있습니다. 그 속에 빠져 허우적거리는 인간들에 대한 비판적 시선이 아닐 수 없는데, 그렇다면 새로운 디지털 제너레이션digital generation, 이른바 태어날 때부터 디지털 환경에 노출된 세대들은 유전자 변형이 일어나서 기존과는 전혀 다른 새로운 감수성과 사유 양식을 갖는 완전히 다른 종이냐 하는 문제가 대두됩니다.[14]

이렇듯 현재 이미지에 대한 여러 논의들이 끝없이 이어지고 있는데, 그에 대한 논의에 앞서 먼저 우리들 인간의 본성에 각인되어 있는 그 이미지에 대한 사랑에 관해 살펴보도록 하겠습니다.

이미지의 시원,
그 미지의 휘황찬란한 우주

앞에서 살펴본 대로 호모 사피엔스는 600만 년의 오랜 여정 끝에 3만 5000년 전을 기점으로 화려한 이미지들을 많이 만들어냈습니다. 유럽의 구석기시대 미술, 벽화가 그려진 동굴의 95퍼센트는 프랑스 혹은 스페인, 포르투갈 지역에 위치해 있는데, 쇼베와 라스코 지역을 직접 방문해보니 동굴 벽화를 3D로 복제하여 문화 상품으로 만들고, 복제된 이미지를 또다시 이미지화하는 것을 알 수 있었습니다. 이미지가 갖고 있는 속성 중 하나가 끊임없이 복제된다는 것 아니겠습니까? 일부 학자들 중에는 동굴벽화야말로 최초의 애니메이션이라고 평하는 사람들도 있습니다. 그래서 세계에서 유명한 애니메이션 아티스트들이 직접 동굴을 방문해서 영감을 받아 작품으로 만든 것도 있고요.

선사시대 이미지를 보면 정말 휘황찬란합니다. 이를 보면 인류는 명명백백하게 호모 그라피쿠스로서 이미지를 좋아하도록 생물학적으로 설계된 존재라는 것을 알 수 있습니다. 현재 160여 개 나라에 걸쳐 7만여 곳에서 다양한 질료로 만들어진 7500만 점의 회화와 함께 파거나 새겨진 흔적의 자국들이 발굴되었는데, 이 풍요로운 이미지들은 인류가 문자를 발명하기 이전에 자신의 고유한 역사에 대해서 소장하고 있는 가장 찬란한 영상 아카이브라고 하겠습니다. 하지만 이 같은 최초의 그래픽 상징과 기호들은 결코 그 자체로 고립적인 것으로 파악되어서는 안 되고 그것이 이루어진 환경과 생태학적 맥락에 대한 이해가 필요합니다.

이에 대해서는 여러 가지 학설이 있는데 그중 하나로는 '선사 이미지에 대해서는 어떤 해석도 하면 안 된다. 우리는 영원히 알 수 없으니 그냥 객관적으로 통계적 접근만 해야 한다'는 과학적 객관성을 절대시하는 순혈주의가 있습니다. 그런데 학문이라는 것은 결코 완전하게 객관적일 수 없습니다. 객관적인 태도를 갖는다는 것이 이미 하나의 해석이 됩니다. 따라서 현재 주류 선사학자들은 이미지의 해석을 금기시하는 그 같은 텅 빈 객관주의를 학문을 포기한 것이라 보고, 설사 추후에 새로운 학설이 나와 지금의 학설을 뒤집는다 하더라도 일단 지금 상태에서 과감하게 해석해야 한다고 보고 있습니다.

그래서 '동굴 미술cave art' 등에서 보이는 선사 이미지에 대한 현재까지의 가장 강력한 가설은 앞서 언급했듯 이미지가 구현된 장소에서 일종의 포괄적인 의미에서의 종교적 의례가 있었다는 것입니다. 이 같은 시각 기호들은 우리가 알지 못하는 구체적 상황들 속에서 이루어진 특별한 의례에 따라서 수행된 기호이며 흔적이라는 것입니다. 샤먼적 측면이 강하지만 그렇다고 단순히 주술적으로 사냥과 다산 등을 바라는 차원은 아닌 것이, 그러기엔 너무나 많은 추상적인 기호들, 복잡한 기호들이 나옵니다. 분명히 인류 최초의 시각적 증언으로서 하나의 가상 세계가 만들어진 것입니다. 이러한 선사 이미지의 정확한 의미에 대한 연구는 지금도 계속 이루어지고 있고 새로운 가설 역시 계속 쏟아지고 있습니다.

라스코 동굴벽화가 1940년대에 발견됐을 때 프랑스의 유명한 비평가 조르주 바타유Georges Bataille*는 그 수많은 이미지 가운데 사람의 얼굴을 그린 이미지를 단 한 점도 찾아볼 수 없다는 점에 주목해서 그 이유에 대한 가설을 발표하기도 했습니다. 동물들을 그토록 잘 그렸으면서도 인간들은 기껏해야 실루엣 정도로만 처리한 것에 대해 그는 인간이 스스로에 대해 부끄러워했기 때문이라고 했습니다. 인간이 동물에 비해서 오히려 열등하다고 생각해서 감히 인간이 인간을 그린다는 생각을 못했다는 것입니다.

조금은 황당한 가설이 아닐 수 없는데 이유야 어쨌든 실제 동굴 미술에는 동물만이 생생하게 그려졌을 뿐 정작 인간의 세밀한 형상화는 보이지 않고, 심지어 식물도 광물도 거의 나타나지 않습니다. 동물을 사냥해야 생존할 수 있는 때라서 자연스럽게 시각적 대상으로서 동물에게 관심이 집중되었을 것으로 추정되는데 그에 비해 인간은 이미지의 대상으로 여겨지지 않은 것입니다. 물론 그 이후에 독립적인 인간의 손 모양이 등장하게 되지만 그것은 부분적인 이미지일 뿐이었습니다. 아무튼 이렇게 '호모 그라피쿠스'에 대한 새로운 가설은 지금까지도 계속 이어지고 있습니다.

---

* 1897~1962. 프랑스의 작가이자 사상가. 현대 에로티시즘 논의에서 빠짐없이 등장하는 사상가로 평생을 무신론 입장에서 인간 구원 원리에 대해 고심했다.

호모 사피엔스의 동일한 정신성,
'멘탈리즘'

이미지의 시원을 선사시대에서 시작하는 이유는 그것이 인류 최초의 시각적 증언이라는 사실과 더불어 그 이미지들의 경이로움 때문입니다. 동굴 미술에서의 이러한 이미지의 특성은 지리적·시간적 간극을 뛰어넘어, 그리고 사회적 다양성의 차이를 초월해서 놀랄 정도로 동질적이고 획일적으로 나타납니다. 그러니까 3만 6000년 전의 쇼베 동굴벽화와 1만 8000년 전의 라스코 동굴벽화 양식이 거의 비슷한데 그 이유는 분명합니다. 앞서 말한 대로 이미지 제작의 주인공이 모두 호모 사피엔스이기 때문입니다.

시각언어의 이러한 유사성을 흥미롭게 설명할 수 있는 방식은 촘스키의 보편문법universal grammar 이론과 견주어보는 것입니다. 촘스키는 자연언어들의 다양성에 대해 이렇게 표현한 바 있습니다. 만약에 외계인이 와서 지구상에 있는 7000개 언어를 보고 듣더라도 외계인은 그 무수한 언어를 단 하나의 언어로 이해할 것이라고요. 우리에게는 한국어, 영어, 프랑스어 등이 다른 것 같지만 외계인이 보기에는 어순이나 어휘만 다를 뿐이지 기본 원리에서는 똑같아 보인다는 것입니다. 수학에 비유하자면 고작해야 이차방정식 수준에 불과한 하나의 원리로 설명이 된다는 것인데 이것이 촘스키가 말하는 보편문법입니다.

촘스키는 이러한 보편문법에서 모든 언어가 갈래지어 나왔다고 보고 있습니다. 예컨대 언어라는 보편문법의 코드가 100개 있다고 치면 영어는 그중 1, 8, 10, 89를 쓰고 한글은 2, 7, 37, 90을 쓰는 등의 매개변인들parameters이 다를 뿐이지 결국 모든 언어는 한정된 통사적 원리들의 집합이라는 일정한 임계 안에 있다는 것, 언어 구성 원리의 한계는 정해져 있다는 것이지요.

촘스키가 내놓는 또 다른 가설은 언어는 정신적 실재entity라고 간주하는 멘탈리즘mentalism, 정신주의입니다. 또한 모든 인간들의 동일한 생물학적 조건에 기초한 이 같은 보편적 정신주의에 의하면 한국인과 프랑스인, 인도 사람이 똑같은 정신 형태를 가지고 있다는 것입니다. 상상하는 바의 한계가 정해져 있다는 것이지요.

레비스트로스Claude Lévi-Strauss* 역시 같은 주장을 펼쳤습니다. 그 역시 아메리카 전역에서 채집된 2000개가 넘는 신화를 분석했는데 세계 각지의 그 많은 신화의 구조가 모두 비슷한 것을 보고 결국 인간의 똑같은 정신 구조가 똑같은 양상의 신화를 만들 수밖에 없었다고 결론지었습니다.

호모 사피엔스는 자신의 기억에 따르거나 상상력에 기초해서

---

* 1908~2009. 프랑스의 인류학자이자 사회학자. 인간 사회 및 문화를 이해하는 방법으로 구조주의를 개척하고 문화상대주의를 발전시킴으로써 현대 문화인류학에 지대한 영향을 끼친 학자로 평가받는다.

또는 당시의 사회의식과 의례의 규칙들을 따르면서 다양한 흔적을 다양한 매체에 새겨 넣은 것인데, 예술적 차원에서 보았을 때 사회적·문화적·상징적 행동 양식들의 참신성은 호모 사피엔스의 두뇌에서 확인되는 근대성modernity으로부터 직접적으로 도출되었다고 할 수 있습니다. 여기서 근대성이라고 하는 것은 앞서 언급했듯 18~19세기의 근대성이 아니라 현대인과 똑같은 정신적 구조를 가지고 있다는 멘탈리즘을 뜻하는 것으로서, 영어로 'The Modern Man'은 다름 아닌 호모 사피엔스를 지칭한다고 봐도 크게 무리가 없습니다.

불멸하는 이미지

　　　　　주로 동굴과 암반 위에 그려진 시각 기호들은 그 복잡성과 조직화 면에서 최고 수준에 도달했다고 말할 수 있을 정도로 예사롭지 않은데, 물론 이들 시각 기호들의 배열 모습과 요소들 사이의 근접성은 문자처럼 직선적이지는 않습니다만 어떤 메시지, 정보를 표상한다는 점에서 넓은 의미에서의 문자라고 할 수 있습니다.

선사시대의 조형적·시각적 형태들은 세 개의 범주로 볼 수 있습니다. 동물, 인간, 그리고 추상적 기호. 이 중 동물에 대한

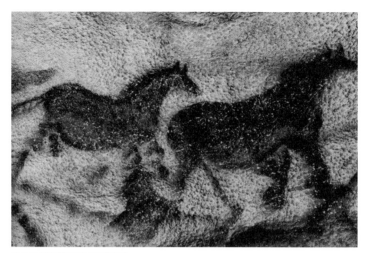

라스코 동굴벽화에 그려진 말

것이 압도적으로 많다는 것은 앞서 말씀드렸지요. 그중에서도 선사시대 동굴벽화에는 들소보다 말의 숫자가 더 많은데요. 그 이유를 설명하는 것은 어렵습니다. 아마 선사시대의 사람들이 말을 식용으로 사용하고 가죽으로는 옷을, 뼈로는 무기를 제작 했어도 말을 힘과 신성한 권력의 상징으로 여겼거나, 자신들을 보호해주는 동물이라 하여 물신숭배했던 것 같습니다.

그리고 선사 미술에서 생산된 추상적 기호를 보게 되면 먼저 우리는 오늘날의 추상과 구상이라는 이분법에 대해서 다시 한 번 생각해봐야 합니다. 미술사에서 추상이라는 것은 20세기 초 에 등장하는데 시간을 거슬러 올라가면 추상은 구상과 최소한 같이 병존했거나, 상당한 설득력을 지닌 학설에 의하면 추상이 먼저 탄생했다는 것입니다.

동굴벽화 이전에 인간이 그린 최초의 이미지로 아프리카 지역에서 7만 5000년 전 것으로 추정되는 추상적 기호들이 발굴된 것이 있는데 이로써 연대적인 순서로 보면 앞서 언급했듯 인간은 구상보다도 추상적 기호를 먼저 사용했을 개연성이 높습니다. 앙드레 르루아 구랑이 말했듯 추상적 기호라는 것은 일종의 리듬 아니겠습니까? 그러니까 인류가 표현한 최초의 이미지는 리듬이라는 것이 아직까지의 정설입니다.

선사시대 동굴벽화 이미지를 본 사람들은 거의 예외 없이 예술적 감동의 희열을 만끽하게 됩니다. 그 이유는 선사시대부터 디지털 시대에 이르기까지 이미지와 미술의 기본 구조가 불변하는 요소들로 형성되어 현대인은 그 작품의 언어를 즉각 알아볼 수 있기 때문입니다. 이제 우리는 관심의 폭을 팽창시켜서 역사시대 이전의 선사시대를 향한 호기심과 열정을 가질 필요가 있습니다. 선사시대라는 것이 분명히 유령이나 허상은 아니지 않습니까?

이제껏 우리는 문명 이후 문자의 시대에만 인문학적 관심을 가졌는데 그 폭을 넓힐 필요가 있습니다. 불멸성의 이미지로서 선사시대 이미지를 향한 관심, 즉 그 이미지의 탄생 이유, 그에 대한 '왜?'라는 탐구가 이어져야 하는 것이지요.

앞으로 선사학이 어떤 방향으로 나아가고 어떤 새로운 학설이 나오게 될지 그 누구도 예측할 수 없습니다. 무한한 가능성의 영역인 것이죠. 학자에 따라서는 이러한 추상적 기호의 의미에 대해서 우리가 영원히 알 수 없을 것이라는 말을 하기도 하지만, 우리는 그것을 무한한 잠재성의 긍정성으로 치환할 필요가 있습니다.

Homo graphicus

이미지, 문자와 공존하다

근대 문화의 경로를 요약하는 대립은 사진술과 인쇄술, 이미지와 텍스트다.
중세 1000년 동안 이미지와 텍스트는 행복한 결혼 생활을 하다가
인쇄술의 탄생과 함께 결별하였고 텍스트는 배타적 폭군이 되었다.

문맹자를 위한 문자,
스테인드글라스

21세기는 분명 이미지의 시대입니다. 그렇다면 책의 문명이 가고 나시 영상 문명이 도래한 것일까요? 사실상 이 질문은 2000년대 이전부터 나왔던 것으로 이미 1960년대부터 책의 시대가 종말을 고했다는 식의 이야기가 횡행했습니다. 자크 데리다Jacques Derrida*가 쓴 『그라마톨로지』를 읽어 보면 그러한 상황에 관한 진술로, 책이 임종의 발작을 고하고 있다는 표현이 나옵니다.

그럼에도 불구하고 완전히 상반된 역설적인 현상이 일어나 현재까지도 책은 엄청나게 많이 쏟아지고 있습니다. 책은 섬점 너

* 1930~2004. 해체주의를 대표하는 프랑스의 철학자. '해체'의 방법으로 언어를 분석함으로써 서양 철학의 기본 개념을 재검토하고자 했다.

읽지 않는다고 하는데 책의 종수는 끊임없이 늘어나고 문학은 위기라고 하는데 문학상은 늘어나는 아이러니한 현상이 벌어지고 있습니다. 세계 각국에서는 지금도 아날로그 도서관 짓기 열풍이 불고 있습니다. 왜 이러한 현상이 벌어지는 것일까요? 책과 영상, 이미지와 텍스트의 관계를 살펴볼 필요가 있습니다.

이를 위해 중세 시대로 거슬러 가보면 중세는 결코 우리가 보통 생각하듯 암흑의 시대가 아니었습니다. 고딕 양식이 가장 번창했던 곳이 프랑스와 영국인데 몇 년 전에 제가 그곳 아미앵 대성당Amiens Cathedral과 샤르트르 대성당Chartres Cathedral을

샤르트르 대성당의 스테인드글라스 창

방문했을 때 아름다운 성당의 과거 모습을 복원한 성당의 내부 장식 일부를 볼 기회가 있었습니다. 중세 때 성당은 모노크롬monochrome이 아닌 폴리크롬polychrome 양식으로 한 가지 색채가 아닌 다양한 색채로 장식되었는데 지금에 와서 색이 바랜 것을 전부 완벽하게 재구성해서 문화 상품화한 것을 관광객들에게 스펙터클 쇼로 보여주고 있었습니다.

이때 어둠의 중세와는 거리가 먼, 정말 휘황찬란한 중세의 아름다움에 시간 가는 줄도 모르고 빨려든 경험을 했는데, 그 아름다움의 절정이라고 할 스테인드글라스는 바로 중세의 문맹자들을 위한 문자이자 그림책이었으며 한 편의 영화이기도 했습니다. 당시에는 99퍼센트 사람들이 문맹이었기 때문에 성서의 말씀을 일러줄 수 있는 유일한 길이 이미지를 사용·하는 것이었습니다. 그러니 그토록 화려할 수밖에 없었던 것이지요.

이미지와 텍스트가 함께 결합했던 '중세'

구텐베르크Johannes Gutenberg가 금속활자를 발명하기 이전까지 책은 철저하게 수공예로 만들어졌습니다. 성서 한 권은 300마리의 양가죽을 벗겨 만들어진 것으로 책은 완전한 장인정신에서 나온 것이라 할 수 있습니다. 그리고 이때 무엇보다 중요한 것은 이미지와 텍스트, 즉 글과 그림이 완벽하게 조합됐다는 것입니다. 하나의 공정에서 분리가 안 되고 완벽한 결합이 이루어졌습니다. 그러니까 중세 때 나온 이른바 채색술의 도서illuminated book를 보게 되면 오늘날의 공장에서 대량 찍어낸 책과는 거리가 멉니다.

그리고 우리나라 조선 시대에 나온 책은 전 세계 책의 역사에서 볼 때 심미적인 관점에서는 최고 절정에 도달한 책이라고 할 수 있습니다. 특히 제본술에 있어서는 압도적인 성취를 이뤘었는데 그래서 19세기 중반 병인양요 때 프랑스 군들이 전쟁 와중에도 잠시 강화도에 착륙해서 제일 좋은 도서 200권을 약탈해가지 않았습니까? 물론 현재 영구 임대의 형식으로 반환되어 돌아왔습니다만 책의 미학적 가치가 그 정도로 최고 절정에 이르렀던 것은 우리나라의 자랑스런 역사인 것이지요.

이렇게 본다면 영상 문명이 21세기에 디지털과 더불어 새롭게 태어났다는 가설은 조금 과도한 게 아닌가 생각합니다. 보는 관점에 따라서 다른 해석이 가능하다는 것입니다. 아무튼 현대 문화의 경로를 요약하는 두 개의 대립이 사진술과 인쇄술, 이미지와 텍스트입니다. 중세 1000년 동안 이미지와 텍스트는 행복한 결혼 생활을 하다가 인쇄술의 탄생 때부터 그 둘은 결별을 고하고 활자가 배타적 폭군처럼 행동한 것이라 할 수 있습니다.

다음은 현존하는 가장 아름다운 책으로 불리는 켈스 복음서

The Book of Kells 의 삽화본입니다. 채색된 라틴어 복음집으로 800년경에 스코틀랜드의 한 수도원에서 제작되었으며, 현재는 더블린의 트리니티대학교 Trinity College 의 도서관에서 소장 및 보관 중이며, 일반인들에게도 전시되고 있습니다.

세계적인 도서관을 평가하는 기준은 장서의 수도 중요하지만 얼마나 많은 필사본을 갖고 있느냐 하는 것입니다. 이에 비춰 볼 때 한국 도서관은 거의 전무합니다. 근데 다행히 몇 년 전엔 가 어느 독지가의 기부로 서울대 중앙도서관에서 25권이 넘는 프랑스 백과사전 원본을 구입했다는 이야기를 듣고 뿌듯했습

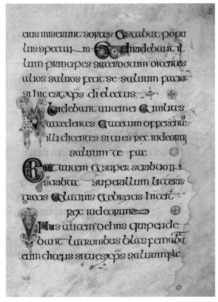

켈스 복음서의 삽화본

니다. 디지털 시대라고 해서 책을 다 없애려는데 이러한 가치를 알고 있는 사람이 있구나 해서요. 반면 매년 우리나라 대학 도서관에서는 책을 몇 천 권씩 태우는 화형식을 한다는 신문 기사를 읽은 적이 있는데 지금 우리 사회에서는 엄청난 현상들이 동시에 벌어지고 있는 것입니다.

아리스토텔레스, 이미지를 새로 보다

15세기부터 이미지는 여행기나 전문 서적들, 인체 해부학 교과서에서 자료적 성격으로 나타나고 18세기에는 세계에 대한 백과사전 지식을 성립시켜주는 수단으로서 식물학, 동물학, 광물학, 기술학, 지리학, 천문학 등에서 삽화적 기능을 수행했는데, 최근에 와서 인정된 하나의 사실은 이미지는 과학 지식의 장식 또는 들러리가 아니라 이미지 그 자체로 본질적이라는 것입니다.

건축의 설계 도면이나 영상의학에서의 초음파, 인공위성 사진 등 모든 것이 이미지입니다. 그런데 이러한 이미지는 실제 자체는 아니기 때문에 물리적 화학적 데이터로 번역되어야 합니다. 이미지가 아무리 사실적이라 해도 실재 세계의 복사본은 아니니까요. 아마도 실재 자체는 영원히 알 수 없을 것입니다.

철학이 아무리 사람에 대해서 정의를 내린다 해도 사람 자체에 대해서는 완전하게 알 수 없는 것이고 사람에 대한 일정한 모델을 우리가 인식할 수 있을 뿐이며, 언어학자가 아무리 오랜 세월 언어를 연구한다 해도 언어의 본질 자체를 완벽하게 알 수는 없습니다. 언어라는 것은 너무나 많은 모습을 갖고 있기 때문에 우리는 단지 '이럴 것이다'라는 모델을 인식하게 될 뿐이지요.

하지만 우리가 어떤 지식을 얻기 위해서 이미지는 반드시 필요합니다. 이러한 이미지의 인지적 역할에 처음 주목했던 인물이 바로 플라톤의 제자인 아리스토텔레스Aristoteles입니다.

플라톤은 이미지의 기만적인 측면을 강조하며 이미지를 굉장히 위험하다고 본 반면 아리스토텔레스는 정반대의 입장을 취했는데, 자신의 저서 『시학』에서 다음과 같이 적고 있습니다.

우리의 천성 속에 깊게 뿌리내리고 있는 모방의 본능은 인간에게 어린 시절부터 심어져 있다. 인간과 다른 동물들 간의 한 가지 차이점은 인간은 살아 있는 피조물 사이에서 가장 모방적이라는 사실이다. 또한 모방을 통하여 인간은 최초의 교훈을 학습한다는 것이다. 모방된 것들 사이에서 느끼는 쾌락 역시 보편적이다.[15]

아리스토텔레스는 플라톤의 문제 설정을 완전히 전복시켜 이미지의 기만적 차원을 특권시하기보다는 정반대로 지식에 대한 접근 가능성을 파악했습니다. 이미지에 대한 명상은 지식과 이해를 겨냥하는 능동적 활동이라는 것입니다.

그런데 시간을 건너 20세기에 와서 영미권에서 가장 주목할 만한 철학자인 넬슨 굿맨Nelson Goodman* 또한 똑같은 주장을 하고 있습니다. 심미적 경험과 인지적 경험은 동전의 앞뒤 면과 같아서 예술과 과학은 정면에서 대립하지 않는다는 것입니다. 따라서 이미지는 과학에서 굉장히 중요하며 이미지 없이 성립할 수 있는 과학은 거의 없다는 것입니다. 실제 과학사를 보면 이미지가 얼마나 중요한 역할을 담당했는지를 알 수 있는데, 그 첫 번째 사례가 바로 18세기 프랑스의 대표적 계몽주의 사상가 드니 디드로Denis Diderot가 편찬한 총 28권의 『백과전서 Encyclopédie』입니다.

디드로는 이미지가 지식에 기여할 수 있는 엄청난 잠재력을 파악한 인물로, 그의 주도하에 편찬된 백과전서에서 사용된 도판의 수가 3129개에 이릅니다. 만약 이미지가 없었다면 백과전서는 만들어질 수 없었던 것입니다. 1750년에 발표한 일종의 백과전서 기획 안내서Prospectus에서는 글보다는 이미지 형상을 통해서 전문 테크닉들을 보다 더 잘 이해할 수 있다는 점을 설명하고 있습니다.

* 1906~1998. 미국의 탁월한 언어철학자이자 과학철학자. 예술은 과학처럼 상징체계를 갖는 언어로 이해되어야 한다고 주장했다.

예를 들어 실을 뽑아내는 면사 기술을 생각해보면 이것을 언어로 기술하는 것보다 이미지로 처리하는 것이 훨씬 효율적이라는 사실, 이미지는 단숨에 기계의 구조를 파악하게 해주고 장문의 설명문보다 더 효과적이라는 사실을 누구보다 먼저 각성한 인물이 디드로입니다. 최근 철학자들의 설명에 따르면 이미지는 새로운 판독 가능성, 새로운 설명 능력, 지성을 획득했다고도 합니다.

이미지의 힘에 의탁했던 두 명의 근대 과학자, 베살리우스와 갈릴레이

두 번째 사례는 베살리우스Andreas Vesalius* 입니다. 그는 16세기 유럽의 시각 혁명을 일으킨 인물로, 파리의 의과대학에 있으면서 교수가 스스로 집도하지 않을 뿐 아니라 학생들에게 해부를 시키지 않는 풍토에서는 해부학 교육이 이루어질 수 없다고 통감하고 한 학기 수업 내용을 단 5일 만에 끝내고 이탈리아 파도바대학에 가서 약관 28세에 근대 해부학의 기념비적 저서인 인체 구조에 관한 7권의 책『파브리카 *Fabrica*』를 발간합니다. 이 책은 700페이지에 이르는 해부학과

* 1514~1564. 벨기에의 의학자. 인체에 대한 세밀한 해부학적 묘사로 생물학과 의학 연구에 지대한 공헌을 함으로써 '근대 해부학의 아버지'로 불린다.

생리학 분야의 최고 수작인데 이 책이 절대적 영향력을 발휘한 결정적 이유는 탁월한 도판 덕분입니다. 그 자신이 도판이 지니는 의의를 인식하고 도판에 커다란 역할을 부여해서 책 서문에서 이렇게 적고 있습니다.

> 그림이 이들 사실을 이해하는 데 무척 큰 도움을 준다는 것, 그리고 그림이 명쾌한 언어보다 더 정확하게 사실을 눈앞에 펼쳐 보여 준다는 것은 기하학과 다른 수학적 과학을 배우면서 누구나 경험하는 일이다.[16]

베살리우스와 더불어 협업했던, 도판의 삽화를 맡았던 화가는 정확히 밝혀진 바 없으나 당대 최고의 화가인 티치아노Vecellio Tiziano의 제자라는 설이 있는데, 그만큼 『파브리카』는 이미지에 승부수를 두고 도판을 사용한 책으로 양의 측면에서뿐만 아니라 사용된 도판의 목판화 기술 또한 최고 수준이어서 미술사와 기술사에서 위대한 기념비로 각인되고 있습니다.

그다음 세 번째 사례는 갈릴레이Galileo Galilei입니다. 갈릴레이는 하늘을 향해 천체 망원경을 사용한 최초의 사람은 아니지만 망원경이라는 도구를 갖고 전적으로 새로운 물체를 본 최초의 사람입니다. 그는 자신의 망원경으로 달의 형태가 지구의 형태와 흡사하며 목성에 세 개의 작은 혹성들이 동반된다는 사실을

베살리우스(왼쪽), 『파브리카』 책 표지(오른쪽)

관찰하고 이 위성들이 지구 주위를 돌고 있다는 사실을 발표합니다.

하지만 당시 학자들은 격렬한 이의를 제기하면서 자신의 두 눈으로 직접 보지 않은 것을 승인할 수 없다고 합니다. 오직 눈만이 세계의 실재에 접근할 수 있다고 주장한 것이지요.

그런데 흥미로운 것은, 이때 갈릴레이가 자신의 망원경을 동료 과학자들에게 빌려줘서 보게 하면 됐을 텐데 그는 자신의 망원경 도구들을 결코 빌려주지 않았다는 것입니다. 지식의 독점욕, 발견의 선행성을 수립하려는 욕망에서 말이지요. 이것이 과학계에서는 굉장히 유명한 일화입니다. 아마 보여줬으면 갈릴레이의 학설이 정설로 빨리 승인되었을 것입니다.

망원경은 빌려주지 않은 상태에서 답답한 나머지 갈릴레이는
이렇게 말합니다.

우리의 눈을 모든 빛들의 팽창의 척도로 삼자고 주장하자는 것인
가? 그 결과 빛나는 물체들의 이미지들이 우리에게 지각되지 않는
곳에서, 우리는 그 빛의 광선이 도달하지 않는다고 주장해야 할 것
이다. 독수리와 살쾡이는 우리의 연약한 시각에서 감춰진 상태로
있는 별들을 볼 수 있다.

몇몇 동물들이 인간보다 더 잘 볼 수 있는 것처럼 광학 도구
가 인간이 보지 못하는 것을 보게 할 수 있다는 것은 자명한 이
치인데 당시 사람들은 망원경을 믿지 않았던 것입니다. 물론 당
시의 종교적 이념도 있었지만요. 그래서 결국 이 세 인물의 사
례를 보게 되면 이미지는 이제 과학사에서도 새로운 주목을 받
게 되었다는 것입니다.

**이미지와
기억**

근대 서양의 모든 학문의 기초 중 하나가
수사학입니다. 수사학이라는 것은 타인을 설득하는 커뮤니케이

션 기술로서 정의될 수 있는데, 특히 웅변가는 연설 내용을 완벽하게 암기해야 했습니다. 이 암기가 구텐베르크 이전까지 모든 서양의 지식인들이 갖고 있었던 부담이었습니다. 대체로 한 시간 내의 분량을 암송해야 하는데, 말을 어떻게 배열해야 가장 효과적인지, 또 어떤 표현을 사용해야 하는지에 대한 고민거리 이상으로 내용의 암기에 대한 압박이 대단했습니다. 1960년대의 여성 역사학자 프랜시스 예이츠Frances Yates는 '기억술의 고고학'이라고 해서 기억의 기술에 대해 완전히 새로운 학설을 제시하기도 했는데, 기억이란 무엇보다도 공간화될 때 오래 지속되는 것이라고 했습니다.

기억의 방법론이란 것은 이렇습니다. 머릿속에 가상의 집을 하나 짓고, 예컨대 5층짜리 집을 지으면 거기에 방을 다섯 개 배열한다고 했을 때 가장 중요한 기억은 안방에 두고 덜 중요한 기억은 거실 또는 주방에 두는 식으로 배치해서 공간적으로 연상해서 기억하는 것입니다. 건축이라는 이미지는 인간의 기억에서 가장 오래 남기에 기억에 그러한 공간감을 입혀서 재구성하는 것이지요.

그런데 이렇듯 중요했던 기억술은 구텐베르크가 인쇄술을 발명하면서 연금술이나 비의적인 범주로 완전히 사라집니다. 문자의 등장이 인간을 기억의 부담에서 오롯이 해방시킨 것입니다. 중세 때는 많은 것들을 평생 동안 계속 기억하고 또 기억해야 했는데 그 기억에서 해방되니까 이제 남는 시간에 사람들이 무엇을 하겠습니까? 바로 관찰을 하게 됩니다. 그래서 그러한 관찰이 근대 과학으로 이어지는 것입니다. 여기서 갈릴레이의 망원경이 등장하는 것이고요.

인간의 눈으로 확인할 수 없는 가상의 세계에 대해서 나름대로의 진실을 말할 수 있는 이미지들의 힘, 과학적 지식을 실현시키는 이미지의 힘은 오늘날 자명한 것입니다. 19세기에 특히 발달한 사진술은 이러한 이미지의 힘을 극대화해서 1879년 천문학자 피에르 장센Pierre Jules César Janssen은 다음과 같은 유명한 말을 남기기도 했습니다.

사진술은 과학자의 진정한 각막이다.

Homo graphicus

본질

현실을 해석하다

기억의 연상 작용을 만들어내는 모든 것이 이미지다.
이러한 메커니즘에서 중요한 사실은 세계에 대한 우리의 시각과 비전,
우리가 지각하는 이미지는 현실의 복제가 아니라 하나의 해석이라는 점이다.

이미지의
소란과 충돌

그림, 인상주의 회화, 낙서, 포스터, 심상, 책 표지 이미지까지 매우 상이한 종류의 의미로 사용되는 이미지는 단일하게 정의 내리기가 불가능합니다. 하지만 절대 껍데기나 단순한 들러리가 아님은, 우리들의 인지 능력에서 굉장히 중요한 도구임은 분명합니다.

이미지와 문자는 떼려야 뗄 수 없는 관계에 있으며 이미지는 문자의 어머니입니다. 애초에 이미지는 크게 두 가지 축으로 나뉘졌습니다. 하나는 유추, 닮음의 세계를 추구한 것이고 또 다른 하나는 약호의 세계를 추구함으로써 추상화 전략을 취한 것인데 그것이 알파벳 문자입니다. 두 가지 축은 전혀 다른 속성을 갖고 있습니다.

제가 만약 칠판에 빨간 사과를 그리고 사과라는 뜻의 프랑스 단어 'pomme'를 쓴다면 사과 그림은 누구나 알아보겠지만 프랑스어를 모르면 'pomme'는 문자가 아니라 의미 없는 낙서에 불과한 것입니다.

몇 년 전 여름에 일본 하라미술관에서 사이 톰블리Cy Twombly*라는 미국 추상화가의 작품전을 본 일이 있습니다. 그런데 전시된 그의 100여 편의 작품 중 절반은 거의 제 눈에는 낙서라고밖에 볼 수 없는 것들이었습니다. 대단한 아티스트라는데 그의 그림을 접한 대부분의 사람들의 반응이 '아니, 우리집 아이 그림이 왜 여기에 있지?' 하는 것일 정도로 그의 그림은 영락없는 낙서로 보입니다. 그의 작품을 두고 그것이 진짜 낙서인지 예술인지를 판단하는 능력이 제게는 없습니다만 어쨌든 이러한 이미지를 소구하는 사람들이 분명 존재하는 것입니다.

그런데 사실상 이것 역시 그래피티graffiti**의 일종 아니겠습니까? 우리나라에서는 아직까지 가시화되지 않았지만 유럽에서는 파리나 런던 같은 대도시를 중심으로 소위 반달리즘vandalism***

---

* 1928~2011. 미국의 추상표현주의 화가. 휘갈겨 쓴 낙서 같은 캘리그래픽적인 양식, 그림과 낙서, 드로잉을 유머러스하게 결합하는 독창적인 양식을 선보임으로써 서정적인 아름다움과 함께 강렬하고도 신선한 시각적 경험을 제공한다.
** 건축물의 벽이나 그 밖의 화면에 스프레이 페인트를 이용해 거대한 그림을 그리는 행위. 제2차 세계대전 이후부터 예술로서 등장했다.
***무지로 인해 문화유산이나 예술, 공공시설, 자연경관 등을 파괴·훼손하는 행위를 가리킨다.

에 가까운 엄청난 그래피티 작업이 이루어지고 있습니다. 불법으로 행해지는 그래피티로 인해 그것을 청소하는 데만도 천문학적인 비용이 지출된다고 합니다.

한마디로 이미지라고 하는 것은 전 영역에 걸쳐 있는 것으로 이미지를 제일 자신 있게 말할 수 있는 특정 분야가 존재하지 않습니다. 파리 한복판에서 벌어진 비극적인 사건, 주간지《샤를리 에브도*Charlie Hebdo*》의 만화가들을 테러한 사건*을 보면 그 발생 원인은 어떻게 보면 하급 예술이라고 할 수 있는 낙서, 캐리커처입니다. 이슬람을 풍자한 캐리커처 몇 장 때문에 그렇게 끔찍한 사건이 발생한 것인데 문제는 이후로도 계속 이와 같은 사건이 일어날 가능성이 늘 잠복되어 있다는 것입니다.

너무나 안타까운 현실은, 유럽 중심주의 사고와 아랍 사람들의 양보할 줄 모르는 세계관은 그야말로 마주보고 달리는 기관차와도 같다는 것입니다. 전혀 화해가 되지 않는다는 것이지요.《샤를리 에브도》편집장이 추구한 가치는 공화국 정신, '라이시테 laïcité'입니다. 라이시테는 일종의 정교분리 원칙으로 종교를 국가 등 공적인 영역으로부터 철저히 분리시킨 프랑스혁명의 산물이자 공화국 프랑스의 정체성을 구성하는 중요한 요소 중 하나입니다. 샤를리 에브도 사건은 프랑스적 가치와 이슬람 종교

---

* 2015년 1월, 파리의 시사만평 주간지《샤를리 에브도》사무실에 이슬람 극단주의자들이 침입해 저지른 테러를 말한다.

가 충돌한 것으로, 이것은 곧 문명 충돌로 볼 수 있습니다. 문명 충돌은 곧 이미지 충돌인 것이고요.

다양하고 다채로운 이미지 유형

이미지 연구와 관련된 학문 분야는 매우 다양합니다. 미술사, 기호학, 언어학, 인류학, 심리학, 수사학, 인식론, 형이상학, 신학, 정신분석학. 그 밖에 천문학, 물리학, 화학, 지질학 등의 자연과학 역시 영상 이미지가 필수적인 도구라는 점에서 과학사에서 새롭게 부상하고 있는 연구 분야입니다. 실로 이미지와 무관한 학문은 없습니다. 예컨대 문학은 어마어마한 이미지의 저장고입니다. 문학의 생명은 은유이고 시적 표현은 모두 다 강력한 이미지니까요.

이미지의 어원인 '에이콘eikon'은 닮음을 의미하는데 실제 현실을 닮은꼴로 재생해내는 것뿐만 아니라 꿈속의 이미지 등 정신적 재현을 표현하는 데도 사용됩니다. 이미지는 초상화, 조각상 등 물리적 현실의 물질적 표현에도 사용되고요. 그리고 특히 이미지의 어원에서 중요한 것 중 하나가 '이마고imago'라는 단어입니다. 이마고는 고대 로마에서 사용했던 데드 마스크, 장례식에서 쓰던 고인의 가면을 말합니다. 이미지는 죽음, 장례 의식의 역사와 밀접한 연관이 있다는 것이지요. 여기에 착안해서 레지스 드브레는 이미지가 죽음에서 시작됐다고 말했는데 저는 이에 대해서는 동의하지 않습니다. 쇼베 동굴벽화만 보더라도 이미지는 팔딱거리는 에너지, 생명에서 시작됐다고 봅니다.

그 밖에 이미지의 유형은 대단히 다양합니다. 상식적으로 사람들이 제일 많이 생각하는 이미지는 TV이고 TV 광고입니다. 영상 이미지가 텔레비전 광고와 거의 동의어로 사용될 정도로 광고 이미지의 영향력은 대단한데, TV가 이미지를 사용하는 것은 분명하지만 이 같은 혼용 즉 '이미지=텔레비전=광고'로 보는 현상은 이미지 자체를 훼손하고 그 쓰임새를 왜곡하며 이미지의 진정한 이해를 방해할 수 있습니다.

이미지의 또 다른 의미는 신학적 의미로 절대적 완벽성의 닮음으로서의 이미지입니다. 성서에 보면 '신이 자신의 이미지로 인간을 창조하셨다'는 말이 나오지 않습니까? 이와 같은 창조의 이미지는 단순한 시각적 표상이 아니라 유사성이나 닮음을 나타내는 것입니다. 그리고 추억도 이미지로 이해할 수 있습니다. 우리들 마음속 깊이 각인되어 있는 심리, 마음 상태도 이미지로 볼 수 있다는 것이지요.

언어 또한 이미지입니다. 언어도 정신적 이미지에서 시작되는 것이니까요. 예컨대 '당신은 용맹스럽고 늠름한 사자입니다'라고 했을 때 비유를 통해서 특정인에게 동물의 왕인 사자의 늠

름한 풍채와 고귀함을 부여하는 것이니까요. 그리고 X선을 이용한 방사선 촬영 기술 등에서의 과학적 영상도 모두 이미지입니다. 시뮬레이션 이미지 없이 과학은 성공할 수 없습니다.

그리고 지도도 아주 훌륭한 이미지입니다. 지도는 이미지 자료 가운데 가장 복잡한 유형으로 그래픽과 데생 사이에 놓여서 글과 그림을 결합시키는 독특한 이미지라고 할 수 있습니다. 과거 역사를 보면 결국 지도를 잘 만드는 나라가 제국이 된 것을 알 수 있습니다. 따라서 한국이 어떤 분야에서건 세계화의 진정한 승자가 되기 위해서는 지도를 잘 만들어야 합니다. 여기서 제가 말하는 지도는 액면 그대로의 지도뿐만 아니라 은유적인 의미에서의 지도도 포함하는 것입니다. 어디에 무엇이 있는지를 알고 어디로 나아가야 하는지를 알 수 있는 지도, 즉 지식의 지도라는 정신적 나침반이 필요하다는 것이지요.

그리고 새롭게 부상하는 뉴 이미지로는 컴퓨터로 합성된 영상 이미지가 있습니다. 고감도의 대형 스크린에서 볼 수 있는 상호작용적 영상은 관객을 360도 회전시키는 입체감을 선사하며 완전히 가상 세계 속에 빠뜨리는 수준에까지 도달했습니다.

그 밖의 이미지 유형에 포함되어야 할 것이 감각 이미지로서 시각, 청각, 후각, 미각, 촉각 등 오감 전체가 이미지 형성에 참여합니다. 이미지의 다양함은 우리 몸의 감각이 다양한 것에서 기인하는 것이라 할 수 있는데 사실상 오감 자체가 이미지라고 할 수 있지요. 특히 후각과 미각의 경우 추억을 자극하는 이미지 기능을 하는데, 예컨대 외국 유학 시절 한국 음식 맛이 그리워질 때 어머니가 끓여주던 동태찌개는 생생한 미각과 후각 이미지로 떠오릅니다.

그 밖에 시각 이미지는 유추적 사유이고 청각 이미지는 분석적인 것으로, 외국에 갔을 때 길을 물어보면 특히 이탈리아 사람들은 손짓발짓을 많이 사용해서 가르쳐줍니다. 그래서 오히려 길을 잃게도 만들지 않습니까? 언어의 속성이 일차원 직선이라서 그렇습니다. '나는 학교에 간다' 식으로 단어를 배열하는 것입니다. 반면 지도는 2차원이고 공간은 3차원입니다. 3차원을 2차원으로 표현하면 그래도 어느 정도 구현이 가능하지만 3차원 공간을 1차원 언어로 전달하는 것은 매우 난해한 일이 되는 것이지요. 그리고 대상을 직접적으로 경험하는 시각 이미지가 회화적 표현으로 나타나는 반면 청각 이미지는 언어와 음악으로 표현됩니다. 특히 언어적 이미지는 학습과 수련을 필요로 합니다. 그래서 현재 이러한 학습의 경계, 문화의 장벽을 뛰어넘어 지구의 70억 인구 모두가 이해할 수 있는 새로운 언어로 픽토그램pictogram*을 제안하는 중국인도 있는데, 이러한 제안의 밑바탕

* 사물, 시설, 행태, 개념 등을 일반 대중들이 한눈에 쉽게 알아볼 수 있도록 상징적으로 나타낸 그림문자. '그림(picture)'과 '전보(telegram)'의 합성어로 빠르고 쉬운 공감이 콘셉트다.

에는 한자 문명에 대한 자부심이 있는 것 같습니다. 중국에서는 이미 수천 년 전부터 한자를 통해서 몇 억의 인구가 소통해왔으니 이러한 한자의 보편성을 픽토그램에 적용해보자는 것이지요.

이미지의
세 가지 속성

정신분석학자 프로이트는 인간의 모든 욕망, 꿈이 전부 이미지로 발현된다고 했습니다. 우리들 꿈속의 이미지는 시각적 이미지로 이루어집니다. 그래서 이미지를 한마디로 프로테우스Proteus라고 합니다.

프로테우스는 바다의 신 가운데 하나로 자신이 원하는 모든 형태로 변할 수 있는 권능의 소유자인데, 예언하는 힘을 지님으로써 특히 질문자로부터 벗어나는 데 자신의 능력을 사용합니다. 이미지라는 것이 그렇지 않습니까? 쏙쏙 빠져나가면서 상대를 현기증 나게 만드는 측면이 있지요. 누구도 이미지를 한 단어로, 몇 마디로, 한 권의 책으로 정의 내리지 못합니다. 그만큼 광범위한 게 이미지입니다.

실로 이미지가 모든 것이 될 수 있고, 모든 것이 이미지가 될 수 있는 것처럼 보입니다. 이렇듯 이미지는 완전히 상반된 어휘들을 다 포함할 수 있습니다. 실재하는 이미지와 가상적 이미지부터 허구적 이미지와 사실적 이미지, 물질적 이미지 혹은 인공적 이미지와 자연적 이미지, 건설적이고 유익한 이미지와 파괴적 이미지까지.

이미지의 세 가지 속성을 말해본다면 우선 물질성을 들 수 있습니다. 주변에 있는 아무 책이나 한 권 펼쳐서 질감을 느껴보세요. 말랑말랑한 촉감을 느낄 수 있습니다. 종이의 촉감은 디지털로 구현이 안 되는 것이지요. 그리고 이 같은 물질성을 아우르는 보다 추상적인 상위의 개념으로 이미지의 매체성을 제시할 수 있습니다.

둘째, 이미지의 의미성입니다. 이것은 모든 이미지에는 의미가 있다는 것인데 그 의미가 복잡다단합니다. 하지만 오랜 문화적 전통에서 관습화된 상징이나 은유의 경우는 그 의미가 한정되어 있기도 합니다. 예컨대 서양 미술사의 경우 300개 정도의 알레고리와 상징만 알면 우리가 박물관에 가서 그곳에 전시된 모든 이미지들의 의미를 살필 수 있습니다. 동물을 예로 들면 미술관에 가기 전에 학습을 하면 토끼는 무엇을 의미하고 사자는 무엇을 의미하는지 파악하는 데 커다란 문제가 없습니다.

그 밖에 우리는 숨은그림찾기처럼 이미지의 의미를 추적해야 하기도 합니다. 16~17세기 서양의 '바니타스Vanitas*'에는 전부

* 바니타스는 공허, 거짓 등 삶의 무상을 의미하는 라틴어로, 서양 미술에서 덧없음, 죽음 등을 상징하는 소재들을 정물화로 표현한 그림을 일컫는다.

해골이 그려져 있는데 이것은 삶에서 늘 죽음을 기억하라는 하나의 상징입니다. 이러한 상징과 함께 우리는 그 이미지가 갖고 있는 서사를 읽을 수 있어야 하는 것이지요.

그리고 이미지의 세 번째 속성으로 들 수 있는 것이 조형성으로, 여기에도 문법이 있어서 15~20개 정도의 조형적 지식만 가지면 우리는 대부분의 이미지를 이해할 수 있습니다.

예를 들어 모네Claude Monet가 그린 화려한 색의 그림을 보면서 마음이 불안한 사람은 없을 것입니다. 어떻게 구성되어 있는지, 힘의 움직임을 보면 그것이 말하고자 하는 바를 알 수 있는 것이지요.

모든 이미지에는 디노테이션denotation(명시적 의미)과 코노테이션connotation(함축된 의미)이 있습니다. 생수 한 병을 예로 들어 보겠습니다. '삼다수'라는 브랜드는 하나의 디노테이션이고 코노테이션은 '삼다수'라는 이름의 주관적, 문화적 연상 작용을 말합니다.

그렇다면 한 사람의 디노테이션이 주민등록증에 나와 있는 출생 기록이라면 그 사람의 코노테이션은 무엇이겠습니까? 그것은 문화적 함축으로서 고정되지 않고 무한히 열려져 있는 것입니다. 사회적이고 주관적인 것이지요. 이미지의 심층적 의미를 파악하기 위해서는 이러한 코노테이션을 우리가 읽어내야 하는 것입니다.

이미지는
현실의 해석이다

관찰 가능하고 기억의 연상 작용을 만들 어낼 수 있는 것이라면 모두 이미지가 될 수 있습니다. 즉 모든 형태는 다 이미지가 될 수 있는데 다만 우리가 거기에서 강력하고 다양한 연상 작용을 일으켜야 합니다. 하나의 이미지를 볼 때 그것은 먼저 각막을 통과하고 보는 사람의 뇌를 통과하면서 비로소 의식적 체험에 놓이게 됩니다.

그렇다면 이미지가 각막과 뇌를 통과하면서 우리에게는 어떤 일이 진행될까요? 이러한 지각의 메커니즘을 이야기할 때 우리는 중요한 사실을 발견하게 됩니다. 즉 세계에 대한 우리의 시각과 비전, 우리가 지각하는 이미지는 현실의 복제가 아니라 하나의 해석이라는 점입니다.

한 예로 착시 현상은 우리에게 늘 일어나는 일입니다. 우리는 그 이미지가 나타나는 맥락에 따라서 해석을 하는 것이니까요. 다양한 환영들의 존재는 우리에게 지각이 결코 현실의 순수한 복사물이 아니라는 것을 보여줍니다. 지각은 늘 헷갈리거나 속임을 당할 수 있기에 오브제들 사이의 관계, 시각적 장면에 의해서 형성된 맥락의 집합을 참작해야 합니다. 한마디로 말해 이미지는 각막 이미지 속에 즉각적으로 현존하는 것을 넘어서 존재한다고 하겠습니다.

도쿄의 모리미술관에서 베트남 출신의 딘큐레Dinh Q. Lê라는 사진작가의 작품을 접하고 굉장히 신선한 경험을 한 일이 있습니다. 그의 작품 화두는 베트남 전쟁을 베트남 사람의 목소리로 기억해볼 필요가 있다는 것입니다. 사실상 우리가 알고 있는 베트남에 대한 모든 기억은 미국 사람들의 것이거든요. 하나의 전쟁을 기억하는 데도 분명히 프레임이 있어서 누가 기억하느냐에 따라서 전혀 다른 스토리가 나올 수 있습니다. 베트남 전쟁은 베트남이 승리하고 미국이 패한 전쟁임에도 승자의 목소리는 들리지 않고 패자의 목소리만 우렁찬 것이 지금까지의 현실이었습니다. 그 프레임을 깨자는 것이지요.

작품 중에서 인상적이었던 것이 〈농부와 헬리콥터The Farmers and the Helicopters〉라는 영상 작품이었는데 이것은 베트남 전쟁 때 사용된 군사용 헬리콥터가 이제는 농사용으로 활용되는 현실을 전쟁을 경험한 농부의 증언으로 드러냄으로써 헬리콥터에 대한 이미지가 어떻게 바뀌었는지를 보여준 것입니다. 전쟁의 무차별한 살상 도구였던 헬리콥터로 인한 베트남 사람들의 트라우마를 그들의 주체적인 시선에서 당당히 극복한, '화해'의 작품이 아닐 수 없습니다. 비슷한 맥락에서 사회적 약자인 노인이나 여성의 문제에서도 여전히 우리 사회는 타인의 시선으로 만들어진 이미지가 소비되는 사회인데, 그 틀을 깨고 그들 사회적 약자의 시선으로 만들어진 이미지가 필요하지 않나 생각합니다.

Homo graphicus

이미지를 바라보다

일상에서 우리를 둘러싼 채 끊임없이 유혹하고 매혹시키는 수많은 이미지들.
그 모든 이미지들을 그저 바라보고 소비하는 데 그치지 않고
이제 거기에 나만의 독창적인 '사유'를 접목시켜보는 일이 필요하지 않을까?

새로운 문명과
새로운 인간들

디지털 문명의 속도를 보게 되면 17세기 과학혁명부터 시작해서 인류는 조급하게, 매우 빠르게 달려왔습니다. 균형을 추구하는 것과는 거리가 멀어지면서 삶은 제어하기 어려운 속도에 의해 압도되고 있습니다. 그래서 이렇게도 그 현상을 표현합니다. 인간은 다른 목적을 추구하는 게 아니라 '우리가 우리 자신을 추격하는 것'이라고요. 우리의 모든 욕망의 토대에는 이 같은 강렬함이 자리 잡고 있는 것입니다.

다음 그림은 윌리엄 터너Joseph Mallord William Turner의 〈비, 증기, 속도- 그레이트 웨스턴 철도Rain, Steam, and Speed - The Great Western Railway〉라는 작품인데, 이 속에서 우리는 두 개의 속도를 보게 됩니다. 오른쪽에는 증기기관차가 달리고 있고 아래쪽에는 강

윌리엄 터너, 〈비, 증기, 속도— 그레이트 웨스턴 철도〉, 1844년.

에서 뱃사공이 한가하게 배를 젓고 있습니다. 느림과 빠름의 공존을 보여준다고 할 텐데, 그러던 것이 19세기 산업혁명과 더불어 균형을 잃고 '빠름' 쪽으로 방향을 선회한 것이지요.

미래주의 운동의 창시자로 속도를 예찬한 이탈리아의 소설가이자 시인인 마리네티Filippo Tommaso Marinetti는 다음과 같이 말했습니다.

짧은 순간 없이 강렬함은 없다. 강한 감각은 가장 짧은 것들이다.

그가 이 말을 했던 때가 1933년인데 이때부터 속도와 강렬함의 예찬이 시작된 것입니다. 강렬함과 신속함은 새로운 신의 두 얼굴이라고도 할 수 있으니 이제 행동의 시간을 줄여야 한다는 강박에서 최대한의 효율성을 추구하게 된 것이지요. 사실 효율성이라고 했을 때 이미지만 한 것이 없지 않습니까? 예컨대 이미지에 관한 강의 역시 이미지 없이는 불가능합니다. 이미지를 사용하지 않고 확연하게 이미지를 이해할 수 있게 하려면 바둑으로 치면 10단 이상의 도사의 경지에 이르러야 하는데 저는 물론 불가능합니다.

지금은 모든 사람이, 소위 지성인이라 하는 사람들까지도 유아적으로 이모티콘을 교환하며 의사소통하는 시대입니다. 재미있는 사례로 얼마 전 출간된 쉬빙徐冰이라는 중국 아티스트의 저서 『지서地書』는 전체가 100퍼센트 그림문자로만 구성되어 있습니다.

쉬빙이 7년간 전 세계를 돌며 수집한 수백만 개의 이모티콘과 픽토그램, 아이콘 가운데 선별한 2500여 개만으로 이루어진 이 책은 평범한 직장인 미스터 블랙이 24시간을 분주히 사는 모

아이폰의 다양한 이모티콘

습을 그린 120쪽짜리 소설입니다. 그런데 이것을 과연 누가 읽을 수 있을까요? 여러분은 이처럼 이모티콘으로만 이루어진 문장의 정확한 의미를 어렵지 않게 짚어낼 수 있나요? 저는 읽기 힘들었는데 역시 나이가 어린 청소년일수록 더 빨리 읽어가더군요.

여기서 중요한 것은 이미지로 단순히 단어나 콘셉트를 표현한 게 아니라 이야기를 끌고 간다는 것입니다. 이미지가 서사 기능을 수행할 수 있는 하나의 가능성을 시도했다는 것이지요. 저자는 오직 픽토그램만 가지고도 일반인들이 보편적 커뮤니케이션을 할 수 있다고 주장하는 것인데 아직은 그것이 사회적이고 문화적 맥락을 형성하기에는 시기상조라고 봅니다. 하지만 이러한 시도들은 계속 진행될 텐데, 이미지의 커뮤니케이션 측면에서 볼 때 지금 우리 시각 환경에서 중요한 것 중 하나가 바로 '로고logo'라고 할 수 있습니다.

우리는 기업 브랜드 로고에 에워싸여 있어서 누구나 머릿속에서 강력한 로고 하나쯤은 기억하고 있습니다. 로고의 발전사란 강력한 자기들만의 시각적 아이덴티티를 구축하기 위한 기업의 몸부림이라고 할 수 있습니다. 우리나라 기업 삼성의 경우도 현재 우리가 알고 있는 타원형 로고로 바뀌면서 엄청난 에너지와 돈이 투자되었다고 합니다. 물론 투자된 그 이상의 효과를 얻었다고 하지요.

이미지의
진실과 환영

현재 시각 이미지에 둘러싸인 환경에 대한 비판적 시각은 팽배해 있습니다. 대부분의 비판이 인간의 눈을 현혹시키고 이성을 마비시키며 욕망을 자극한다는 것입니다. 특히 정치적 선전 이미지와 상업 광고 이미지의 범람이 인간을 세뇌시키고 유혹한다는 것인데 이러한 이미지의 폭력성을 언급하면서 지적되는 것이 폭력적인 이미지에 노출된 아이들이 더 폭력적으로 성장한다는 것입니다. 하지만 이에 대해서는 오랜 세월의 논쟁에도 불구하고 결론을 못 내리고 있는 실정입니다. 폭력적인 이미지에 노출되지 않은 아이들이 더 폭력적인 경우도 많고 반대로 폭력적인 이미지에 노출된 아이들 중에도 아주 온순한 아이가 많이 있다는 것입니다. 영상 이미지에 대한 지식인들의 태도는 대부분 부정적이지만 이렇듯 이미지와 폭력성의 상관성에 대해서는 아직 뚜렷하게 밝혀진 바가 없습니다.

하지만 이미지가 말보다 훨씬 더 강력한 정서적인 자극을 준다는 것 하나만큼은 확실합니다. 자극적이고 감성적인 사진들은 언어보다 훨씬 더 강력한 영향을 줄 수 있고 그것은 분명히 이미지가 갖고 있는 특징 중 하나입니다. 그럼에도 많은 지식인들이 이미지를 비판하는 이유는 이미지가 사색의 빈곤화, 가치의 혼란, 내면성의 결핍을 가져올 수 있다는 것인데, 그중 대표적인 인물이 프랑스 사회학자 장 보드리야르Jean Baudrillard*입니다. 그는 이러한 현실을 두고 "현실 자체가 사라진 현실"이라고 했습니다. 현실보다 더 현실다운 하이퍼미디어 시대를 맞아 가짜 현실이 도래했다고 비판한 것이지요. 사실상 서양 철학사 전통에서 플라톤 이후로 대부분의 철학자들은 이미지에 대해서 적대적 태도를 보였습니다. 이미지의 실체는 부재한다고 본 것입니다.

이미지를 비난한 플라톤

이미지에 대한 플라톤의 경계와 무시는 '동굴의 비유'를 통해 익히 알려져 있습니다. 플라톤에 따르면 쇠사슬로 묶인 인간들은 동굴 벽에 투사된 그림자를 보고 있으며 그 그림자가 단지 미끼에 불과하다는 것을 모른 채 실재 세계라고 믿습니다. 이것은 하나의 알레고리로, 즉 감각적 가짜 현실에서 벗어나 지성적 실재의 세계로 자신의 시선을 돌릴 것을 권장하는 것이 플라톤의 철학입니다. 그런데 왜 플라톤은 이

* 1929~2007. 20세기 프랑스를 대표하는 철학자이자 사회 이론가. 대중과 대중문화, 미디어와 소비사회 이론으로 잘 알려져 있으며, 모사된 이미지가 현실을 대체한다는 시뮬라시옹(Simulation) 이론을 주창했다.

미지를 비판했을까요? 플라톤의 『국가Politeia』에서는 세 가지 종류의 침대를 구별하는데, 그것은 신이 생산한 침대, 목수가 실현한 침대, 화가에 의해서 재현된 침대입니다. 이것이 무엇을 말하겠습니까?

목수는 신이 생산한 침대라는 이데아 또는 관념에서 자신의 시선을 돌려 구체적이면서 특이한 하나의 침대를 제작합니다. 그리고 화가가 재현한 침대는 목수가 만든 침대의 모방mimesis으로 이미지의 이미지가 됩니다. 이러한 플라톤의 분석은 단지 이미지의 진정한 본질을 조명하는 데 그치는 것이 아닙니다. 그의 분석은 도덕적이면서 동시에 정치적인 데로 나아갑니다. 즉 이미지들은 위험하다는 것입니다. 시뮬라크르simulacre, 즉 모사물에 불과한 것을 실재하는 것으로 간주하게 만드는 경향을 띠고 있기 때문이지요. 바로 그러한 이유에서 플라톤은 도시 공동체에서 예술가들을 면밀하게 감독할 것을 권장하기도 했습니다.

그의 저서 『소피스트Sophistes』에서 플라톤은 두 가지 모방 형식을 구별했는데 모델을 존중하는 모방 '에이콘eikon'과 진리보다는 환영을 선호하는 모방 형식인 '이돌레idole'가 그것입니다. 에이콘은 특히 비례와 색채 면에서 모방 대상을 그대로 구현함으로써 직접적으로 그 이데아를 환기시키거나 그 이데아까지 의미가 연장되는 이미지인 반면 이돌레는 스스로 하나의 진리인 양 가장한 이미지로서 그것이 모방하는 것을 왜곡시킨다고 했습니다. 우리를 속이고 착각을 불러일으키게 하는 이미지는 위험하다는 것이지요.

알려진 바에 따르면 플라톤은 기념비적 작품들을 생산한다면서 진리를 희생시키는 데 주저하지 않는 사람들에 대해 분개했고, 환영주의와 원근법에 반대함으로써 오히려 눈속임과 원근법을 배제한 이집트 미술의 상형적 양상을 선호했다고 합니다.

우리를 기만하는 이미지

이미지가 비판받는 이유 중 하나는 이미지의 조작 가능성 때문입니다. 진실이 아닌 것이 진실인 양 보여 보는 이를 속게 만들거나 이미지가 지닌 매력으로 우리를 유혹하고 놀라게 해서 우리의 사고를 교란시킨다는 것입니다.

자크 루이 다비드Jacques-Louis David의 그림 〈나폴레옹 대관식 The Coronation of Napoleon retail〉에는 왕비 조세핀의 어머니가 그려져 있습니다. 원래 이 그림을 그릴 때 실제로 참석하지 않았으나 화가가 따로 그려 넣었다고 합니다. 요즘도 가족사진 찍을 때 참석하지 않은 가족 구성원은 따로 넣어주는 서비스를 한다고도 하는데 이렇듯 현실을 희망대로 조작할 수 있다는 것이지요.

이렇게 이미지는 우리를 기만할 뿐만 아니라 주체를 소외시

자크 루이 다비드, 〈나폴레옹 대관식〉, 1804년.

키기도 합니다. 이미지는 지나치게 감수성과 감각을 자극해서 정신에 불균형과 교란을 가져온다는 것인데 이로써 자아의 성찰적 기능이 마비됨으로써 현실에 대한 객관적 인식 능력을 떨어뜨린다는 것입니다.

이상으로 호모 그라피쿠스, 이미지를 사랑한 인간에 대한 고찰과 논의를 해봤습니다. 현대 문명인들에게 이미지는 각별한 관심의 영역이 아닐 수 없는데, 우리 주변에서 흔하게 볼 수 있는 그 모든 이미지들을 그저 소비하는 데 그치지 않고 이제 거기에 나만의 독창적인 '사유'를 접목시켜보는 일이 필요하지 않나 생각합니다.

3강

호모 스크립토르
Homo scriptor

새로운 정신계와 문명을 창조한 인간의 '문자',
이러한 문자는 인간의 지적 혁명과 필연적 관계를 맺는 것일까?
인류학자 레비스트로스는 문자의 발명을 인간에 의한 인간의 착취가 시작된 지점,
인간 폭력의 시작으로 보고 있기도 하다.
인쇄술의 발명으로 진정한 문자언어의 문명이 개화하면서 인간은
'호모 스크립토르', 문자를 사용하는 인간으로 진화를 거듭해왔지만
막상 현재 인류는 막강한 기억술을 자랑하는 디지털 시대를 맞아
'문자는 영원할 것인가'라는 질문 앞에 서 있다.
음성 기술의 획기적 도약으로 향후 1세기 안에
대부분의 인간은 글쓰기 활동을 하지 않을 것이라는 진단까지 받고 있는 지금,
문자의 진화는 과연 언제까지 계속될 것인가.

Homo scriptor

01.　　　　　　　　　　　　　　　　기원

선사와 역사를 가르다

문자가 선사와 역사를 갈라놓는 경계선임은 논란의 여지가 없는 사실이다.
문자 출현은 대체로 도시와 중앙집권 권력, 종교의 탄생과 그 시점이 일치하는데,
문자와 문명 둘 가운데 어느 것이 먼저 시작되었는지를 판단하는 것은 쉽지 않다.

선사와 역사를 가르는
'문자'

호모 사피엔스의 여정을 지나, 이미지를 사랑한 호모 그라피쿠스에 이어 이번에는 호모 스크립토르Homo scriptor를 다루고자 합니다. 문자를 사용하는 인간을 말합니다. '쓰는' 인간은 '읽는' 인간인 호모 렉토르Homo lector를 전제로 하기에 이 두 단어를 합성한 단어가 없는지 고민했는데 적절히 부합하는 단어가 없어 '호모 스크립토르'를 주제어로 선정했습니다.

언어인간학 안에서 '문자'의 영역은 상당히 방대합니다. 이 방대한 영역 안으로 진입하면서 우리가 가져야 할 질문은 우선 아주 간단한 육하원칙에 입각해야 합니다. '누가, 언제, 어디서, 무엇을, 어떻게, 왜'라는 것이지요.

그런데 이 여섯 개의 질문은 사실상 간단하지 않습니다. 질문자가 어떤 관점을 취하느냐에 따라, 즉 미시적 관점을 취하느냐 거시적 관점을 취하느냐에 따라 각각의 질문은 거의 수백 개의 대답을 파생시킬 수 있으니까요. 예를 들면 '어디서'라는 질문은 문자가 어느 지역에서 최초로 탄생했는지를 묻는 지리적인 질문도 되지만 '어디에 글을 쓰는지' 그 매체를 묻는, 즉 그것이 책인지 컴퓨터 스크린인지 아니면 그냥 허공인지를 묻는 질문이 될 수도 있습니다.

또한 이 여섯 개의 질문을 개별적으로 분류하지 않고 유기적으로 연결해서 보면 굉장히 입체적인 사유가 가능해집니다. 예를 들면 왜 하필이면 15세기에 한글이 탄생했는지, 왜 그때 독일에서 최초의 활자술이 발명됐는지 등 여섯 개의 질문을 다양하게 조합함으로써 매우 신선한 문제 제기가 가능해질 수 있는 것이지요.

그럼 이미 다들 알고 있는 사실로 이야기를 시작하겠습니다. 문자가 선사와 역사를 갈라놓는 경계선이라는 것은 논란의 여지가 없는 분명한 사실입니다. 문자의 발생 시점과 지점에 대해서도, 기원전 3400년경 메소포타미아의 도시 우루크Uruk에서 최초의 문자가 발명되었다는 것이 학계에서 정설로 확립되어 있습니다. 그리고 문자 출현은 대체로 도시 창발, 노동 분화, 중앙집권 권력, 종교의 탄생 시점과 일치하는데, 사실상 문자와 이들 문명의 양상들 가운데 어느 것이 먼저 시작된 것인지 그

전후 관계를 결정하는 것은 쉽지 않습니다.

그런데 문자인간학에서 상당히 중요한 포인트 중 하나가 권력의 문제입니다. 문자는 권력과 떼려야 뗄 수 없는 관계에 있습니다. 문자의 권력은 두 가지로 나눠볼 수 있는데 먼저 문자를 갖고 있는 힘, 지식 권력knowledge power을 들 수 있겠고 또 하나는 문자를 소유한 인간이 다른 인간들에게 미치는 권력입니다. 이 두 가지 상반된 입장을 이해하는 일이 중요합니다. 우리가 어떤 입장을 취하느냐에 따라서 문자는 진정한 지식혁명을 가능하게 한 훌륭한 지적 도구가 되기도 하지만 또 다른 측면에서는 문자가 발명되면서부터 드디어 인간에 의한 인간의 착취가 시작됐다고 하는 견해를 가질 수도 있는 것입니다.

문자와 권력의 관계를 보면, 세계화된 오늘날에까지 국가에서 문자로 기록된 문서를 통제하는 일은 보편적인 현상입니다. 물론 기본적인 문자의 흐름은 완전한 독점 체제에서 서서히 민주화 체제로 변화해오기는 했습니다. 대체로 이러한 흐름은 아주 일반적인 경향이기는 하지만 또한 엄청나게 지난한 싸움과 투쟁의 결과이기도 합니다.

이러한 문자는 지식의 축적과 성찰적인 삶을 위한 도구가 됩니다. 일기나 고백록 등의 글을 직접 쓰고 내가 그 문자의 최초 독자가 되면서 스스로 그 내용을 반성하게 된다는 점에서 문자는 성찰과 반성의 효과적이며 강력한 수단이 됩니다. 이렇듯 문자는 기억의 매체이면서 동시에 우리의 생각을 물질화하고 실어 나를 수 있는 운반 수단이 됩니다.

문자의 새로운 가능성,
그라마톨로지

지금 우리는 문자인간학이라는 새로운 개념 속으로 들어가고 있습니다. 상식적 문자 개념을 벗어나고 전통적 문자학을 극복해가는 과정에서 자크 데리다의 저서 『그라마톨로지』는 문자의 본질과 기능을 바라보는 데 결정적인 인식론적 단절을 가져오는 데 매우 큰 역할을 맡았습니다.

서양학계에서 여전히 많은 언어학자들이 취하는 입장인바, 기본적으로 문자는 2차적인 기억 시스템입니다. 즉 문자는 홀로 독립할 수 있는 게 아니라 소리, 즉 음성언어를 전제로 하는 것입니다. 그러니까 문자의 유일한 존재 이유는 소리를 고정시키고 기록하는 것이라는 점이 협소하고 전통적이며 보수적인 의미에서의 문자를 바라보는 시각입니다. 음성이 없는 문자라는 것은 있을 수 없다고 보는 것이지요. 앞서 언급했던 음성중심주의를 말합니다. 그런데 이러한 견해에 반해서 지금 전 세계 학계의 흐름은 오히려 반대 방향으로 흐르고 있습니다. 그 흐름의 추를 이동시키는 데 엄청난 영향을 미친 것이 바로 『그라마톨로지』가 아닌가 생각합니다.

그렇다면 그라마톨로지란 무엇일까요? 지금 이 자리에서 상세하게 다루지는 않겠지만 이 개념은 기본적으로 서구 민족주의 중심의 문자관을 뛰어넘는 하나의 새로운 비전을 제시했다고 볼 수 있습니다.

문자에 대한 최근의 연구는 소리와 상관없이 순전히 '문자'를 대상으로 이루어지고 있습니다. 그 연구의 하나로 일종의 필사학을 언급할 수 있는데 이것은 글씨체와 성격의 연관성을 다루는 것입니다. 예컨대 정신착란에 걸린 환자의 글씨체는 일반인의 것과는 다릅니다. 음악가들의 글씨체만 해도 베토벤은 굉장히 웅장한 반면 슈베르트는 대단히 감성적입니다. 제가 전공했던 언어학의 대가 소쉬르Ferdinand de Saussure*가 남긴 필사본을 주의 깊게 살펴본 적이 있는데 명필가의 수려한 정자체로 쓰는 걸로 볼 때 한 사람의 성격과 글씨체의 연관성은 분명 존재하는 것 같습니다.

또한 19세기부터 의사들이 필체를 하나의 의학적 대상으로 연구하기도 했는데 심지어 죽기 직전에 작성한 유서의 경우 필체에서 죽음이 감지된다고도 합니다. 그런데 이러한 연구가 지

* 1857~1913. 스위스의 언어학자로 유럽 현대 기호학의 창시자. 인도 및 유럽 비교언어학에 탁월한 연구를 남겼으며, 개인과 사회의 언어를 구분해 구조언어학, 더 나아가 구조주의의 초석이 되었다.

속성을 갖기에는 지금의 현실적인 환경이 뒷받침되지는 못합니다. 21세기의 우리는 더 이상 쓰지 않고 컴퓨터 자판만 두드리니까요.

그리고 19세기부터 100년 동안 어떻게 국가가 문자를 감시했는지, 공권력이 벽보 등 문자의 공적 공간을 관리 감독하는 현상, 즉 문자의 경찰police of writing을 추적하는 연구도 있습니다. 예를 들어 공공장소에서 반정부 내용의 낙서를 하게 되면 당연히 국가에서 개입해 없애지 않습니까? 반국가적인 문서를 은밀히 제거하기도 하고요.

그라마톨로지란 한마디로 문자의 사회 문화사를 연구하는 것인데 이러한 문자 연구는 문자의 전제 조건이었던 음성언어와 직접적 관련이 없습니다. 그러니까 문자 연구에서 그 음성언어라는 족쇄를 풀어놓은 것이 데리다의 효과라고 저는 보고 있습니다. 문자의 본질에 대한 새로운 이론적 토대를 수립하고 문자를 새롭게 인식하도록 한 인물이 데리다인 것이지요.

**구술과
문자**

이제 본격적으로 '문자'와 관련된 문제에 대해서 하나씩 점검해보도록 하겠습니다. 첫 번째는 구술과 문자의 관계입니다. 말하고 쓰는 것, 이것은 우리가 일상적으로 매일 하는 행동입니다. 그런데 이 관계가 알고 보면 굉장히 복잡하고 다중적입니다.

대체로 인류 역사는 구술 사회에서 식자 사회로 이동한 것이 분명한데, 그럼에도 불구하고 모든 개인들은 지금 이 두 가지 경험을 동시에 하고 있습니다. 즉 지금 저는 말을 하고 있는데 이 말을 하기 위해 엄청나게 쓰는 준비를 했습니다. 말하기 전에 '쓴' 것입니다. 즉 정치 담론, 설교, 연극 상연 등은 말해지기 위해서 사유되고 문자로 쓰인 것들입니다.

반면 어떤 경우에는 말부터 먼저 하고 그다음에 문자로 기록되는 경우도 있습니다. 녹음기가 발명되면서 음성을 그대로 보존하는 기술이 나오기 이전, 1580~1620년 사이에 영국에서는 목사들의 설교를 전사하기 위해서 속기술이 개발되기도 했습니다. 이처럼 구술언어와 문자언어의 관계는 절대 한 방향이 아니며 굉장히 다층적인 관계를 갖고 있습니다.

그리고 이러한 구술언어와 문자언어가 갖는 권위의 변화도 살펴볼 필요가 있습니다. 예를 들어 동양의 경우 왕이나 황제의 칙서는 대부분 두루마리를 통해 내려지지 않았습니까? 그걸 보여주지 않고 단지 왕의 명을 말로 전하는 것만으로는 왕의 권위가 서지 않았습니다.

이렇듯 보통 문자언어가 구술에 비해서 더 권위를 가지는 것으로 여기는데 실제 그것은 자명한 사실이 아닙니다. 중세 시대에 문자언어의 권위에 대한 논의는 격렬했으며 초기 중세 시대에는 오히려 문자보다 살아 있는 말에 권위의 우선권이 있기도 했습니다. 그러니까 문자언어가 권위를 확보한 것은 역사적으로 상당한 시간이 경과된 이후의 일이라는 것이지요. 유명한 일화로 교황 이노센트 6세는 문자에 대해서 이렇게 말하기도 했습니다.

왜 죽은 양의 가죽을 믿어야 한단 말인가?

당시에는 양피지에 글을 적었는데 그까짓 종이에 잉크 몇 방울 떨어트린 것보다는 증인의 말, 재판관의 말, 통치자의 말이 더 권위가 있다는 것입니다. 하지만 점차적으로 중세 동안, 문자 형태는 권위의 행사 형식으로서 부과되고 법정에서 증거 형식으로 채택되기에 이릅니다. 증인이나 통치자의 살아 있는 말과 문자 사이에 존재하던 긴장 관계에서 어느 순간 그 헤게모니가 완전히 문자언어로 넘어오게 된 것이지요. 현재는 법정에서 문자만이 증거로 유효하고 '누가 이렇게 말했다' 또는 '내가 이렇게 들었다'는 말은 증거로 채택이 안 되는 것으로 알고 있습니다.

그렇다면 문서의 진실성은 언제 부과된 것일까요? 인쇄술의 발명과 더불어 점차적으로 안착된 것으로 보입니다. 이로써 '이 것은 인쇄되었다. 따라서 이것은 참이다'라는 맹신이 생겼는데 동시에 이 논리를 악용해서 엄청나게 많은 위조문서 사건이 벌어집니다. 그래서 중세 말에서 18세기까지 위조문서가 급증하는데 결국 필적 전문 감정사까지 등장하게 됩니다.

15세기의 인물 로렌초 발라Lorenzo Valla는 콘스탄티누스 1세 로마 황제가 교황 실베스테르 1세에게 영토를 증여했다고 적힌 문서가 황제가 타계한 해인 337년으로부터 4세기나 지난 754년에 작성된, 교황의 권력을 합법화시키기 위한 허위문서임을 증명해내기도 했는데, 이로써 이것이 근대 문헌학의 효시로 불리기도 합니다.

**상상을 초월하는
구술 전통**

문자에 앞서 구술 기억의 문화사를 살펴보는 것은 상당히 중요합니다. 문자가 중요한 정보 전달 체계이고 의사소통의 매체인 것만은 분명하지만 문자만이 기억을 전담하는 것은 아니기 때문입니다. 구술 전통은 상상을 초월할 정도로 기억과 지식 전달의 기능을 수행해왔습니다. 문자가 발명되기 이전에, 심지어는 문자가 발명된 이후에도 적지 않은 문명에서는 오로지 구술로만 계속해서 지식과 문화를 전승해왔다는 중요한 사실을 우리는 반드시 기억하고 있어야 합니다. 이들은 디지털 인간들은 도저히 실천 불가능하며 상상조차 하기 어려운 구술 능력을 갖고 있었습니다. 몇 가지 예를 들어보겠는데 그중 첫 번째가 고대 인도에서 3000년 동안 계승된 리그베다 Rigveda*의 암송 전통입니다.

3000년 동안 글자 하나 안 틀리고 암송으로 완벽하게 전승이 되었다는 사실은 경이롭지 않을 수 없습니다. 18세기만 하더라도 판본이 두번 세번 바뀌면서 오탈자가 수두룩한 게 문자의 속성인데 오히려 구술이 더욱 완벽했다는 점에서 언어학자 소쉬르는 이렇게 그에 대한 놀라움을 표현했습니다.

베다의 암송에서 우리가 무엇보다 주목해야 할 사실은 각 브라만은 카스트의 가장 오래된 규칙들에 따라서 최대 48년, 최소 12년을 자신의 영성 교육에 할애해야 했다는 것이다.

그러니까 인도의 브라만들은 세 살 때부터 시작해서 평생을 경전 암송에 바친다는 이야기입니다. 완벽한 암송을 위해서 그들 나름대로의 암송 기술이 있을 터인데 이것도 상당히 복잡합

* 고대 인도의 브라만교 성전(聖典)인 베다 중 하나. 운문 형식의 찬가 모음집으로 인도의 종교와 철학 사상의 기록들이 모두 여기에서 시작한다.

니다.

두 번째 구술 사례는 비교적 많이 알려져 있는 것으로, 고대 켈트Celts족의 성직자 계층인 드루이드Druides의 암송 능력입니다. 드루이드는 고도의 암송 기술을 훈련받은 켈트 문화의 전승자들로서 암송을 통해서 모든 지식을 전승했습니다. 당시에 로만 알파벳Roman Alphabet이라든지 자체적인 문자가 있었음에도 문자를 사용하지 않고 오로지 구술로만 모든 교육을 이어나갔습니다.

그리고 또 하나의 사례는 서아프리카 부르키나파소Burkina Faso 모시Mossi 족의 북소리 언어입니다. 무문자無文字 사회의 역사를 연구한 일본의 가와다 준조는 이들 아프리카 부족들이 북소리만으로 무려 40분에서 50분 가까이 진행했던 공연을 목격한 적이 있는데 그 공연이 바로 모시 족 30~40대 왕조의 모든 이야기를 오로지 북소리로만 재연한 것입니다. 이 또한 우리의 상상을 초월하는 이야기가 아닐 수 없습니다.

이 세 가지 예를 보면 기억을 전승하는 매체가 꼭 문자일 필요 없이 구술이나 혹은 다른 음성 매체도 가능하다는 이야기입니다. 2003년 유네스코 세계 인류무형문화유산에 등재된 우리나라 판소리도 구술언어의 예술적 결정체라고 볼 수도 있습니다. 같은 해 11살의 나이로 판소리를 최장 아홉 시간 이십 분 연창한 김주리 양이 기네스북에 오르기도 했는데 그 정도의 시간을 암송으로 채운다는 것은 대단한 능력임이 분명합니다.

그런데 이러한 비범한 예에도 불구하고 구술 암송은 한계가 있기에 문자에 자리를 내주게 됩니다. 단순 암기로 한정되어 분석적 접근과 새로운 지식의 발전을 가로막는다는 것이 그 이유입니다.

구술을 밀어낸
"기억과 지혜의 완벽한 보증수표"

문자의 효율성에도 불구하고 소크라테스는 구술을 옹호했으며 문자에 대한 경계심을 제일 먼저 피력했습니다. 문자에 대한 의존은 인간의 자연적 기억력을 약화시킬 수 있다고 생각했기 때문입니다. 플라톤의 『파이드로스*Phaidros*』* 에서는 문자를 발명한 토트Thoth 신과 파라오 타무스의 대화를 소개하고 있는데 먼저 토트 신은 자신이 발명한 문자라는 작품의 장점을 호언장담하고 있습니다. 문자는 이집트인의 기억력과 지혜를 향상시킬 것이며 이로써 기억과 지혜의 완벽한 보조수단을 발명한 것이라고 자랑하고 있습니다.

---

* 아름다운 강변 숲속에서 이루어지는 소크라테스와 파이드로스 두 사람 간의 대화 편. 부제는 '미(美)에 관하여' 또는 '사랑에 관하여'이며, 인간과 참된 에로스의 본질에 대한 깊은 통찰을 보여줌으로써 플라톤 대화 문학 중 으뜸으로 평가된다.

가장 창안적인 토트여, 한 가지 기술의 조상이자 발명가는 자신의 발명품들이 사용자에게 쓸모가 있을지 아니면 쓸모가 없을지를 판단하는 최선의 재판관이 되는 것은 아닙니다. 아울러 이 경우 당신 자신의 자식들에 대한 아버지의 사랑으로 발명해낸 그 문자는 그 문자 자체가 가질 수 없는 다른 성질을 부여한 셈입니다. 당신의 이 같은 발명품은 배우는 사람의 영혼에 망각을 불러일으키기 때문입니다. 왜냐하면 그들은 자신들의 자연적 기억력을 사용하지 않을 것이기 때문입니다. 당신이 발명해낸 이 특별한 것은 기억에 대한 보조 수단이 아니라 회상에 대한 보조 수단입니다. 아울러 당신은 당신의 제자들에게 진리를 제시하는 것이 아니라 진리의 겉모습을 제시하는 것입니다. 그들은 많은 것을 듣게 될 것이나, 아무것도 배우지는 못하게 될 것입니다. 그들은 실체가 없이 지혜를 가진 척 하는 성가신 일행이 될 것입니다.[17]

소크라테스의 예상이 적중했는지 현대 사회에서는 이른바 디지털 치매 현상이 나타나고 있습니다. 컴퓨터가 모든 것을 저장하고 인간은 스스로 정보를 처리해야 할 부담을 덜게 되면서 나타나는 현상이지요.

또한 식자적識者的 인간은 주로 눈을 지나치게 사용하는 탓에 듣는 기술 역시 퇴화하고 있습니다. 이 문제를 제일 먼저 지적한 사람은 니체Friedrich Wilhelm Nietzsche입니다.

니체는 철학자이기 이전에 문헌학 교수였습니다. 바젤대학 문헌학 교수로 재직하면서 고대 수사학을 가르쳤는데 수사학이라는 것은 근본적으로 듣는 이의 귀에 호소한다는 점에서 청각의 세계를 다루는 일입니다. 수많은 군중 앞에서 사람들의 영혼을 사로잡을 수 있는 비법을 가르쳐주는 기술로서 서양에서 가장 오래된 학문이기도 하지요. 그러니까 듣는 사람이나 말하는 사람이나 귀가 굉장히 밝아야 합니다. 니체는 이에 대해 이렇게 말합니다.

고대 로마인들이 19세기 인간들을 보게 되면 귀가 너무나 둔탁한 사람들이라고 생각할 것이다.

그러니까 매체의 변화에서 중요하게 다뤄져야 할 사실 중 하나가 매체에 따라 인간의 감각계가 달라졌다는 사실입니다. 멀티미디어를 옹호하는 사람들은 현대에 와서 인간이 비로소 모든 감각을 다 사용할 수 있게 되었다고 하는데 이는 좀 더 두고 봐야 할 문제인 것 같고요.

분명한 것은 낭송에서 묵독默讀으로 매체 환경이 변화하면서 감각적 경험 역시 변화했다는 것입니다. 그 이전까지 수도원에서는 낭송 문화가 지배적이지 않았습니까? 우리가 글을 쓰는 행위는 머리와 손만 움직이는 것이지만 낭송은 신체를 모두 사용하는 총체적 신체 활동입니다.

아우구스티누스Aurelius Augustinus의 『고백록』*을 보면 어거스틴이 암브로시우스를 만날 때의 일화가 다음과 같이 표현되어 있습니다.

성 암브로시우스가 독서를 할 때, 그의 눈은 책을 훑어보고 있었다. 그리고 그의 마음은 그 뜻을 찾고 있었다. 그러나 그의 목소리와 혀는 그가 독서를 하는 동안 아무런 소리도 내지 않고 있었다.[18]

묵독이라는 것이 지금 우리에게는 너무나 일반화된 방법이지만 당시로서는 굉장히 큰 발견이었던 것입니다. 6세기경 식자 문화의 시작과 더불어 묵독 습관이 만들어졌는데 당시 그것은 오늘날 복화술에 버금가는 고난도 기술로 간주되었다고 합니다. 여기서 구술과 문자에 대한 근본적 물음으로서 우리는 다음과 같은 질문들을 생각해볼 수 있습니다.

앞으로 300년 후에도 인류의 대부분이 글을 쓸 것인가?

개인의 기억력은 계속해서 줄어들고 있는가?

완전히 구술 세계에서만 살아야 할 경우, 내게 어떤 일이 발생할 것인가?

---

* 아우구스티누스가 40세 때 저술한 자서전. 진정한 인간됨이란 무엇인지에 대한 탁월한 성찰로 가톨릭교회에서 가장 위대하게 여기는 저술 중 하나다.

문맹자가 고차원의 지적 능력과 전문 지식을 구비할 수 있는가?

이 모두가 우리의 깊은 사유를 요구하는 질문들로서 모두 간단히 대답하기는 힘든 문제라 할 수 있습니다.

Homo   scriptor

02.   진화
___

문자를 발명하다

아무도 접근할 수 없는 절벽 위에서 발견된 고대 문자.

이것은 분명 정보를 담기보다는 통치자의 권위를 찬양하는 내용일 터,

문자는 권력과 필연적 관계를 맺도록 진화한 것이다.

가장 오래된 문자,
메소포타미아 쐐기문자

　　　　　　　　이제 문자의 탄생을 살펴보겠습니다. 약
20년 전 1995년부터 1999년까지 이루어진 프랑스 고고학 팀의
발굴에서, 기원전 9100년경으로 거슬러 올라가는 추상적 형상
을 새겨놓은 네 개의 돌이 시리아의 유프라테스Euphrates 강 연안
에서 발견됩니다.

　다음 사진이 그 네 개의 돌인데 첫 번째 돌은 우측에 독수리
를, 중앙에 여우를 그린 것입니다. 그리고 상하단의 추상적인
문양은 뱀이나 물결을 상기시킨다는 의견이 있습니다.

　오른쪽의 두 번째 돌에서도 여우, 독수리의 형상이 발견되는
데, 이는 더욱 도식화된 양식을 보여줍니다. 이 두 개의 돌은 돌
을 가는 연마기로 사용된 것으로 추정됩니다.

신석기시대 돌에 그려진 기호들과 형상들의 조합

아래 두 개의 다른 돌들은 양면에 새겨진 것으로, 소머리를 형상화하거나 뱀을 재현한 것으로 보이나 추상과 구상의 조합으로 이루어져 정확한 의미를 확정 지을 수는 없습니다.

이러한 것들을 딱히 문자의 기원이라고 보기는 좀 힘들지라도 문자의 맹아기를 나타내는 것은 아니겠느냐 조심스럽게 생각해볼 수 있습니다.

도식화된 이미지들은 낙서라든지 단지 장식적 소명을 지닌 단순한 미술 작품들은 아니고 당시 살았던 주민들이 무엇인가를 표현하고자 했던 것입니다. 4센티미터밖에 안 되는 미세한 돌의 크기가 장식으로서의 사용 개연성을 낮게 만들며 각각의 돌은 소유자들에게 하나의 이야기를 상기시켜주는 기억 보조 장치일 것으로 추정됩니다.

　이러한 문자의 맹아적 단계를 제외한다면 세계에서 가장 오래된 문자는 기원전 3400년경 메소포타미아 문명에서 나온 쐐기문자입니다. 쐐기 형태 기호들이 새겨진 수십만 개 점토판이 수메르 또는 바빌론의 고대 문명들을 생생히 증언해주고 있습니다.

　참고로 현재 이집트학에 이어서 서구에서는 아시리아 고대 문명에 대한 연구에 총력을 기울이고 있습니다. 고대 메소포타미아는 매우 풍요로운 문화적 생산의 요람으로 무려 3000년 동안이나 찬란한 문명을 누리고 사라진 후, 2000년 동안 인류의 기억 속에서 망각된 문명입니다. 19세기 초반기에 서서히 그 정체가 드러나기 시작해 단편적인 지식을 쌓고 있다가 이제 본격적으로 그 문자를 연구하게 된 것이지요.

　고대 수메르인들은 기원전 3400년경에 문자를 발명하고서는 그로부터 1000년이 지나서 문자 기원의 신화를 만들어냅니다. 수메르 전설에 따르면 문자는 신들의 창조물이 아닌 인간의 발명품, 즉 우루크의 왕 엔메르카르Enmerkar가 발명한 것으로 되어 있습니다.

　메소포타미아 문명에서 권력자들 사이의 상업적 교역과 외교적 협상의 맥락에서 문자가 사용된 것인데 여기서도 중요한 것은 역시 권력의 문제로 이 신화에서도 문자를 가진 자가 결국

기원전 3200년경 기록된 회계장부 점토

승리하게 되어 있습니다.

문자 발생 도시 우루크는 오늘날 이라크의 도시 와르카Warka 지역입니다. 지금까지 알려진 최초의 문자 흔적은 진흙을 구워서 만든 점토 위에 새겨놓은 상업 계약서들입니다. 뾰족한 모양의 글자 형태로 쐐기문자, 설형楔形문자*라고 불리는데, 따라서 문자의 시초는 물건의 수량을 세는 회계 기능과 상업적 기능에서 비롯되었고 이 같은 상업적 기능에다 점차적으로 행정적 기능과 정치적 기능이 추가된 것으로 볼 수 있습니다.

---

* 기원전 3000년경부터 3000여 년간 고대 오리엔트 지역에서 광범위하게 사용된 문자. 현재까지 알려진 가장 오래된 문자로 '설형'은 '쐐기 모양'이라는 뜻이다.

'권력' 과시용으로 진화한
문자

메소포타미아의 쐐기문자는 이후 다양한 형태로 진화해서 다양한 분야에서 사용되는데 역시 이때도 문자는 권력과 필연적 관계를 맺고 있어서 정보를 전달하는 것 이상으로 과시의 효용을 갖습니다.

마야 문명*에서도 그 예를 찾아볼 수 있는데 거대한 기념비 등을 세워서 권력을 강력히 선포하고자 했던 것입니다. 이러한 문자와 권력의 관계를 밝힐 수 있도록 문자 해독의 역사를 써 내려간 학자들로는 로제타 비문을 해석한 샹폴리옹Jean François Champollion**과 고대 페르시아의 다리우스 대왕의 치적을 적은 베히스툰 석비를 해독한 그로테펜트Georg Friedrich Grotefend***가 있습니다. 그들의 이름 정도는 우리가 기억해둘 필요가 있습니다. 이들이 없었으면 오늘날의 문자학이라든가 고대 문자 해독의 역사는 불가능했으니까요.

그로테펜트는 아무도 접근할 수 없는 절벽 위에서 발견된 고

* 기원 전후부터 9세기까지 중앙아메리카의 과테말라 고지에서 유카탄 반도에 걸쳐 번성했던 마야족이 이룬 고대 문명. 독특한 조각 미술 및 상형문자를 보유한 농경 기반의 선진 문명이었다.
** 1790~1832. 프랑스의 이집트학자. 고대 언어 해석 능력이 탁월해 1822년 로제타 비문 판독에 성공함으로써 이집트학 연구의 길을 열어놓은 인물로 평가받는다.
*** 1775~1853. 19세기 독일의 고대 언어학자. 고대 페르시아의 설형문자 해독의 기초를 닦은 인물로 아시리아학의 아버지로 칭송받는다.

대 페르시아 제국의 쐐기문자를 보고는 아마도 이것은 중요한 정보를 담은 글이라기보다는 통치자의 권위를 찬양하는 내용일 것이라고 판단했습니다. 그리고 만약 이것이 사실이라면 그 문장 안에서는 반드시 고유명사가 등장할 것이라 유추했습니다. 그리고 실제로 다리우스를 비롯한 다수의 고유명사가 발견되었습니다.

사실상 그로테펜트나 샹폴리옹이 운이 좋았던 것이 둘 다 공통적으로 3개 언어로 병기가 되어 있던 고대의 석비를 발견한 것입니다. 하나의 언어로 되어 있으면 정말 난해했을 텐데, 3개 언어로 되어 있다 보니 상이한 언어 간에 비교와 추론이 가능해서 그것을 해석할 수 있었던 것이지요.

그로테펜트가 해석한 비시툰Bisitun 비문은 이란의 자그로스Zagros 산악 지역에 위치한, 접근 불가능할 정도의 거대한 절벽에 기원전 522년경 조각되고 쐐기문자로 새겨진 세 개의 비문입니다. 그 내용은 이렇습니다.

나는 위대한 왕 다리우스, 왕 중의 왕이며 페르시아의 왕, 여러 나라들의 왕, 아케메니드 왕조 히스타스페스Hystaspes l'Achemenide의 아들

설형문자는 오늘날로 치면 알파벳 문자입니다. 알파벳 문자 하나로 영어, 프랑스어, 독일어 등 수백 개의 언어를 기록하는

것과 마찬가지로 고대에는 설형문자 하나로 완전히 이질적인 언어들을 다 기록했습니다.『길가메시 서사시』같은 인류 최초의 문학도 설형문자로 기록된 것입니다.

이상으로 문자의 탄생에 관한 이야기를 정리하자면, 문자는 상업적 기능으로 출발했지만 권력과 떼려야 뗄 수 없는 관계이며 권력의 표현이야말로 가장 중요한 문자의 기능이었다고 하겠습니다.

이 문자가 완전히 민주적 수단으로 변화되는 가장 결정적인 사건은 당연히 구텐베르크의 인쇄술 발명입니다. 그전까지 문자는 철저한 독과점 체제로 유지되었습니다. 사실 알파벳 문자 같은 경우는 논리적으로 거의 하루면 깨우치는 글자인데도 그것을 일반 대중들에게 가르쳐주지 않았다는 사실은 시사하는 바가 큽니다. 고대 이집트에서는 그 정도가 더욱 심해서 필경사筆耕士라는 전담 서기관은 파라오의 총애를 받으면서 엄청난 고관대작 지위를 누렸습니다.

그래서 레비스트로스는 문자 발명을 결코 지적 혁명의 원인으로 보지 않습니다. 오히려 그는 인간이 겪은 가장 큰 혁명은 신석기혁명이라고 보고 있습니다. 신석기혁명 때 농사를 짓기 시작하면서 인간 생활양식에서 가장 결정적인 질적 변화가 왔다고 보는 것이지요. 그리고 그는 자신의 저서『슬픈 열대』에서 이렇게 자문합니다.

문자 발명과 동시에 어떤 일이 생겨났는가? 문자 발명에는 어떤 사건이 동반되었는가? 문자 발명을 조건 지은 것은 무엇인가? 이 점에서 지중해, 중국, 인도, 모든 곳에서 일어난 일은 위계화된 사회, 서열 사회의 성립, 즉 주인과 노예로 구성된 사회들의 탄생이다. 우리가 문자의 최초 사용 관례를 쳐다보면, 그것들은 무엇보다 권력의 사용이었다. 물품 목록체, 카탈로그, 장부 기록, 즉 물질적 재화를 관리하는 것이 일차적 목표였다. 즉 몇몇 특정 인간들이 부를 축적하는 것에 기반해서 발현되는 것을 말한다.[19]

콜럼버스 발견 이전의 아메리카에서 사용되던 마야와 아스테카 문명Aztecan civilization*의 문자들 역시 사실적 이야기를 기술하는 데 사용되기보다는 주로 권력의 과시에 사용됐습니다. 한 가지 확실한 사실은 문자의 사용은 하나의 특화된 기술로 인식되었으며, 그것이 발명된 시점부터 15세기에 인쇄술이 발명되기 이전까지 극소수의 종교·행정·정치 엘리트에게 국한되면서 일체의 지식을 이들 소수 지배층에게 독점하게 만든 권력의 철옹성이었다는 점입니다. 그래서 앞에서도 말씀드렸다시피 중세 유럽에서는 스테인드글라스와 채색술의 그림책들이 문자언어를 알지 못했던 피지배층의 커뮤니케이션 수단이었던 것이

---

* 중남미의 3대 고대 문명 중 하나로, 13세기부터 16세기 중반까지 멕시코 중앙 고원에 발달했던 인디오 문명을 말한다.

고요.

　서양의 경우 15세기 활판 인쇄술의 발명과 더불어 읽기와 쓰
기가 모든 사람들에게 열려지게 되면서 이러한 문자의 민주화
와 보편화는 유럽에서 종교 혁명과 근대 과학을 낳는 원동력이
됩니다. 반면 동아시아의 경우에는 표의문자인 한자의 학습이
어려워 지배 관료층의 권력 유지라는 차원에서 알파벳 문자보
다 더 효과적이었다는 가설도 있습니다. 이처럼 고대 이집트에
서부터 중세 교회, 동아시아의 전통 사회에 이르기까지 모두 문
자와 권력 사이에는 필연적인 관련성이 있습니다.

문자가 사회를 낳는가, 사회가 문자를 낳는가

　　　　　　　현재 지구상에 몇 개의 문자가 존재하는
지에 대해서는 아무도 정확히 모릅니다. 다만 현재까지 존재했
던 문자들의 수는 400개 정도로 추산되고, 21세기 현재 사용되
는 세계의 주요 문자는 13개 정도로 파악되며, 그 사용자 수를
기준으로 한 순위는 다음과 같습니다.

　알파벳 문자가 압도적으로 많이 사용되는 것을 알 수 있는데
여기서 14억 명이라고 되어 있는 것은 정확한 수치는 아닙니다.
민족에 따라서는 제2언어나 제3언어로 알파벳 문자를 택할 수

21세기의 주요 문자

순위	문자명	부호(기호) 수	사용자 수	표기어
1	알파벳 문자	26개	14억 명	영어, 프랑스어, 스페인어 등 다수
2	한자	214개	13억 명	중국어
3	아랍 문자	자음 28개	10억 명	아랍어, 이란어 등
4	인도 벵골 문자	기본 음소 45개 부속 음소 5개 자음 29개 모음 14개	3억 명	벵골어, 가로어, 마니푸리어, 문다리어
5	고대 인도 브라흐미 문자	47개	2억 2400만 명	드라비다어, 타밀어, 텔루구어 등
6	인도 데바나가리 문자	모음 14개 자음 33개	1억 8천만 명	고대 산스크리트어, 팔리어, 프라크리트어, 힌디어, 카슈미르어, 마라티어, 네팔어 등 인도 대언어
7	러시아 키릴 문자	모음 10개 자음 21개 기호 2개	1억 7천만 명	공용 문자 사용 4개 국어 포함 총 18개국
8	일본 문자	가타카나 46개 히라가나 46개	1억 2700만 명	일본어
9	한글	24개 (이중모음 포함 40개)	최소 8천만 명	한국어
10	에티오피아 문자	40개	7천만 명	에티오피아어
11	타이 문자	27개	6800만 명	태국어
12	버마 문자	자음 33개 모음 12개	4200만 명	버마어
13	이스라엘 헤브라이 문자	22개	430만 명	히브리어

있어서 어떤 책에는 사용자 수가 40억 명까지도 기록되어 있습니다. 14억 명은 최소한의 수치라고 보면 됩니다. 그리고 2위는 당연히 인구수가 많은 중국의 한자이고, 우리의 한글 역시 남북한과 해외 동포까지 합치면 8천만 명 이상의 수치로 9위를 차지해서 세계 10위권 안에 드는 중요한 문자라고 볼 수 있습니다.

문자와 사회의 관계를 보면, 모든 사회는 생존하기 위해서 반드시 정보를 저장해야 합니다. 그 필요성에 따르면 선사시대 암각화나 알파벳 문자 사이에는 본질적 차이가 존재하지 않습니다. 그러므로 단지 사회경제적 여건에 따라 정보 저장 방식 유형에서 차이가 나는 것일 뿐, 상이한 사회의 문자를 우열 관계로 볼 수는 없습니다.

사회 종류에 따라 문자가 달라질 수밖에 없는데 사회가 문자를 낳는 것인지 아니면 문자가 사회를 낳는 것인지에 대해서는 누구도 확답하지 못합니다. 흡사 이것은 닭이 먼저인가, 달걀이 먼저인가의 문제라고 할 수 있습니다.

아직까지의 연구 결과, 문자의 단순한 사용 가능성이 사회를 변화시키지는 않는 것으로 보고 있습니다. 문자가 특정 사회에서 받아들여지지 않을 때, 사회가 그 문자를 거부하는 것으로 보는데 예컨대 한국 사회는 국한문 혼용을 거부하고 한글 전용을 수용했습니다.

어떤 사회가 특정 발전 단계에 도달하면 체계적 문자가 산업이나 행정 분야에서 중요한 역할을 맡게 되고, 정치적 상황에 따라 다른 사회의 문자를 수용해서 개조합니다. 그런데도 한국은 동아시아에서 유일하게 한자를 수용하지 않고 단절했습니다.

한때 영어 공용화론 논쟁이 일었던 적이 있는데 만약 한글 대신 영어 알파벳 문자를 채택해 모든 문서를 영어로 병기한다면 어떨까요? 그렇다고 국민총생산이 늘어날 것인지는 의문입니다.

세계 어디에서도 문자의 수준을 높인 이후에 사회 경제적 수준이 향상되었다는 사례가 보고된 적은 없습니다. 미군정 시 일본 근대화위원회가 일본 문자의 낙후성을 지적하면서 일본 문자를 철폐하고 알파벳 문자로 개혁하자고 주장했지만 일본은 그에 따르지 않고도 세계 제2위의 경제 대국이 된 것만 봐도 그렇습니다.

문자 진화론의 한계

문자가 표의문자에서 표음문자로 진화한 것을 일반적으로 본다면 중국의 한자 문화는 어떻게 해석해야 하는지에 대한 의문이 있을 수 있습니다.

한자의 문자학적 원리라 할 수 있는 육서 체계 유형 중 한자에서 이른바 사물의 모양을 그대로 본뜬 상형문자는 5퍼센트도

안 됩니다. 그리고 학자마다 추산치가 다르기는 하지만 이른바 소리값만 표기하는 형성문자가 70~80퍼센트를 차지합니다. 따라서 한자를 완전한 표의문자라고는 보기 힘듭니다.

그런데 그렇더라도 서구의 진화론이나 문자의 유형론 관점에서 한자를 설명하는 것은 위험한 것이 사실입니다. 이것은 서구가 자신을 설명하기 위해 만들어놓은 덫에 공연히 걸려드는 일밖에 안 됩니다.

마야 글자를 비롯한 서양 정복 이전의 아메리카 대륙의 문자들 역시 마찬가지입니다. 서구 시선에서는 마야 문자도 완벽한 표음문자가 아닌 탓에 굉장히 미개한 문자로 취급당합니다. 그나마 마야 문자는 소리값을 적는 데 일부 성공했지만 잉카 문명이라든지 아스테카 문명의 경우 그들 문자는 아예 만화 같은 그림 수준에 머무르는데, 그렇다고 해서 마야보다 아스테카 문명이 미개했느냐 하면 그것은 절대 그렇지 않거든요. 문명 수준이나 양식을 보면 거의 대등했습니다.

마야인들의 세계관은 우리 시각에서 보면 독특한 데가 있습니다. 그들은 세계를 수수께끼로 보았습니다. 세계가 수수께끼라면 그 수수께끼를 대하는 태도에는 두 가지가 있습니다. 우선 그 수수께끼의 원인을 과학적으로 밝혀내는 데 모든 노력을 계속하려는 태도들이 근대 과학입니다. 그런데 마야인들은 정반대로 생각했습니다. 삶이 수수께끼라면 그 삶을 기록하는 문자도 영원히 수수께끼 같아야 한다고 굳게 믿었습니다. 절대로 명료하게 소리값만 적는 추상적인 건조함에 빠지면 안 된다고 생각했던 것이지요.

마야인들의 특징을 잘 드러내는 장소로, 그들이 세계 최초로 축구 경기를 했던 유적지를 가본 경험이 있습니다. 그곳의 골대는 땅이 아닌 3~4미터 정도 위의 공중에 매달려 있습니다. 대략 1미터 직경의 돌로 만든 원 안에 공을 넣는 것인데 이들에게는 이것이 목숨을 건 경기였습니다. 아마도 우리는 이기는 자가 상금을 받거나 무슨 귀족의 칭호를 받는 것으로 짐작하기 쉬운데 그렇지 않습니다.

현대인의 상식으로는 도저히 이해할 수 없으나, 그들은 그 경기에서 스스로 죽음을 당하기 위해서 자신의 몸을 바쳐 필사적으로 골을 넣습니다. 경기에서 반드시 승리해야 인간 제물로 희생되어 자신의 모든 가족이 귀족 칭호를 얻기에 그렇습니다. 우리로서는 상상할 수 없는, 우리와는 완전히 다른 세계관이라 할 수 있는 것이지요.

이렇듯 문화적 차이를 갖는 지역의 언어를 모두 일률적인 진화론의 잣대로 평가하는 것은 분명 문제가 있습니다. 지나치게 서구 중심적인 시각인 것이지요. 그래서 그 자신이 유대인으로, 프랑스의 식민지였던 알제리 태생의 변방적 성격을 지니고 있던 데리다의 경우 이러한 서구 중심적인 시각을 해체하고자 노력했던 것입니다.

그렇다면 한글의 경우는 어떠할까요? 한글은 여기서 조금 다른 입장을 취할 수 있을 것입니다. 만약 서구의 문자 진화론을 수용한다면 가장 큰 수혜를 입는 것이 한글이기 때문입니다. 무슨 말이냐 하면 명망 있는 브리태니커 사전에서도 한글은 문자의 단계에서 가장 진화한 단계로 설명하고 있거든요. 절대적인 칭송까지 덧붙여져 "아마도 한글을 능가하는 새로운 문자가 탄생하기는 힘들 것이다"라는 이야기까지 하고 있습니다. 그러니까 한글이야말로 인간이 고안할 수 있는 가장 과학적인 문자라는 것이지요.

그래서 미국의 제프리 샘슨Geoffrey Sampson* 같은 언어학자는 심지어 한글을 "인류의 가장 위대한 성취"라고 말하고 있습니다. 이로써 볼 때 문자에 관한 한 한국 문화는 인류에 엄청난 기여를 했다고 볼 수 있는데 그게 훈민정음이고 또 하나가 직지심경直指心經입니다. 그다음으로 들 수 있는 것이 팔만대장경八萬大藏經이고요.

이처럼 한글이 이렇게까지 세계적 찬사를 받는 것에 대해 우리만의 과학적 근거를 구축하는 일 또한 우리의 중요한 과제라고 하겠습니다.

* 1944~ . 영국의 언어학자이자 석세스대학 교수. 자신의 저서 『문자 체계(Writing Systems)』에서 한글을 일컬어 "가장 독창적이고도 훌륭한 표음문자"라고 했다.

문자 진화론의 또 다른 덫,
표음문자

문자 진화론에서 또 하나의 덫은 표음문자라고 할 수 있습니다. 문자 진화론은 '그림문자 → 단어문자 → 단어문자와 음절문자의 중간 단계 → 음절문자 → 표음문자'의 다섯 단계로 정리할 수 있습니다. 이 단계들 가운데 중간 단계를 건너뛰고 최종 단계로 갈 수 없으며 진화의 최고 과정은 표음문자라는 것이 서구 중심의 문자 진화론입니다.

그런데 문자 진화론에 대해 80년대부터 같은 서구학자들이 대대적으로 성토를 하기 시작합니다. 현재 우리가 쓰고 있는 상당수의 문자 부호가 음성 표기와 무관하게 특정 관념을 전달하는 데 사용되고 있다는 것이지요.

예컨대 '5+4'라고 했을 때 이것의 뜻을 아는 것이 중요하지 이것을 어떤 음성으로 발음하는가는 중요하지 않습니다. 따라서 인류학자들은 모름지기 문자란 소리값을 적는 데 머무르지 않고 생각을 전달하기 위한 시각적 표시 역시 그 안에 포함되어야 한다고 주장하기 시작했고, 여기에 마야·잉카 문명 등의 연구자들이 동참하면서 계보도, 암각화, 각종 엠블럼emblem, 부적 등을 연구하기 시작했습니다.

다음 그림은 1964년 도쿄 올림픽에서 최초로 사용된 픽토그램인데, 상이한 문화권의 사람들이 누구나 쉽게 그 의미를 파악

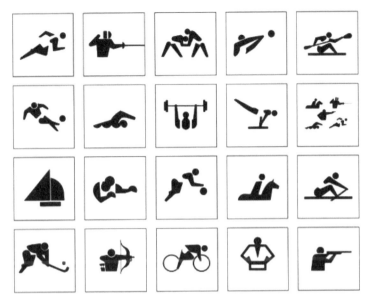

1964년 도쿄 올림픽에서 최초로 사용된 픽토그램

할 수 있습니다. 그래서 전통적 문자학자인 이그네이스 겔브I. J. Gelb조차도 문자 안에 비표음문자 체계semasiography를 포함시킬 것을 주장했습니다. 좁은 의미에서의 문자와 넓은 의미에서의 문자, 즉 그래피즘을 구분해서 문자의 세계를 넘어선 더 넓은 그래픽 시스템의 존재를 인정한 것입니다.

그런데 왜 어떤 민족들은 문자 시스템을 채택하고 어떤 민족들은 문자 시스템을 채택하지 않은 것일까요?

여기서 말하는 문자 시스템은 표음문자인데, 대표적인 경우로 잉카인들은 표음문자를 채택하지 않았습니다. 못 한 게 아니

라 절대로 안 한 것입니다. 그들은 문자의 자리를 대신해서 그
래픽 형식을 탄생시켰습니다. 그래픽 형식이 문자의 효용성 면
에서 훨씬 뛰어나다고 본 것입니다.

　사실 그래픽을 하등한 문자로 여겼던 소쉬르의 경우도 자신
의 저술 안에서 상당수의 그래픽을 사용합니다. 그래픽 없이는
자신이 구상했던 새로운 언어학적 개념과 이론을 설명하는 데
한계가 있었기 때문이지요.

Homo   scriptor

03.   본질

기억을 기록하다

문자는 노동 절약적이며 정보를 보다 작은 공간에 저장할 수 있어 경제적이다.
하지만 표기와 음성의 간극이 꽤 벌어지는 단점이 있으니,
즉 소쉬르의 말처럼 "문자 체계는 언어의 의복이 아니라, 하나의 변장"인 셈이다.

표음문자에 도달하기 위한
문자의 여정

　　　　　최근 언어학에서는 문자의 다양한 문제들을 새로운 시각에서 관심을 갖고 연구하고 있는 것이 사실입니다. 앞서 언급했듯 음성언어 중심의 연구에서 탈피하려는 움직임이 같은 맥락입니다.

　하지만 문자의 진화에서 음성언어가 먼저이고 그것을 적은 문자언어가 그다음에 등장했다는 것은 여전히 언어학계의 정설입니다. 현대 언어학의 시조라고 할 수 있는 미국의 언어학자 블룸필드Leonard Bloomfield도 음성언어와 문자언어의 관계에 대해 분명히 말하고 있습니다.

　참된 문자는 소리를 기록하는 것을 주된 기능으로 삼는다.

픽토그램, 이데오그램, 로고그램(왼쪽부터)

　소리가 없으면 문자가 성립할 수 없다는 이야기이지요. 지난 1세기 동안 전문가들은 전체적인 문자 진화의 시나리오에 대해서 일치된 의견을 보여주었는데, 이에 따르면 문자는 픽토그램에서 이데오그램ideogram*을 지나 로고그램logogram**으로, 그리고 음절문자, 알파벳 문자 순으로 진화했습니다.

　이 같은 시나리오 속에서 다양한 변이형들이 존재하는데 프랑스의 역사학자 장 보테로Jean Bottéro 같은 메소포타미아 연구의

* 독자적인 하나의 개념이나 의미 등 사고를 표현하는 픽토그래프를 뜻한다.
** 개별 단어를 표현하는 픽토그래프를 뜻한다.

거장 역시 픽토그램을 최초의 문자 기호로 인정합니다.

대표적인 예로서 '소'의 형상을 그린 그림문자는 알파벳 a자의 원형입니다. 소 모양에서 조금씩 양식화되어 추상되어간다는 것이 설형문자의 전형적인 진화 시나리오입니다. 그림문자에서 한 단계씩 추상화의 정도를 높여나가는 것인데 사실상 이러한 진화 과정에서의 예외가 바로 훈민정음입니다. 즉 훈민정음은 기존의 모든 문자 이론을 넘어서는 문자인 것이지요. 기존의 문자 이론은 기존에 있던 문자를 조금씩 흉내 내는 것이었는데 한글 창제는 나름대로의 독자성을 갖는 것으로, 그 창제 원리의 기원에 대해서는 몽고의 파스파 문자, 고대 중국의 고문과 인도의 데바나가리 문자 등의 다양한 가설이 있습니다.

그런데 이러한 문자 진화의 시나리오를 두고 문자학의 대가인 겔브는 문자의 회화적인 기원에 대해서 이의를 제기했습니다. 우루크 지역에서 1930년대에 발견된 900여 개의 기호들 가운데 오직 소수만이 그림문자였다는 것이 그 근거입니다. 그리고 대부분의 경우는 로고그래피나 추상적인 문양이라는 것인데 그래서 겔브에 따르면 최초의 기호들은 로고그래피로서 사물을 재현하기보다는 단어를 재현했다는 것입니다.

하지만 어찌되었건, 오랫동안 학계를 지배했던 일반적인 생각은 문자의 역사는 알파벳 문자 공식에 도달하기에 앞선 일련의 수고와 모색들로 요약됩니다. 궁극적으로 표음문자에 도달하기 위한 여정이었다는 것이죠. 물론 알파벳 문자가 말을 전사하기에 간단하면서도 효율적인 수단임은 분명합니다.

그 밖에 문자의 진화에 대해서는 다양한 가설이 있습니다. 어떤 사람은 최초의 문자가 소리를 기록하는 데 사용된 것이 아니라 수를 세는 데 사용됐다고 주장하기도 합니다.

문자의 유형, 표의문자와 표음문자

브리태니커 사전에서는 문자를 모두 8개로 분류하고 그것을 크게 두 개의 범주로 나누는데, 바로 사고문자thought writing와 소리문자sound writing입니다. 일반적 용어로 말하면 표의문자, 표음문자의 구분입니다. 사고문자는 어떤 의미를 직접 전달하는 것으로 상형문자가 이에 해당하며 그 기호만으로도 뜻을 유추할 수 있는 반면 소리문자는 경험과 훈련에 의해 추론할 수 없습니다.

예컨대 한국어를 모르는 사람에게 '밤'과 '낮'이라는 말을 보여주고 어느 쪽이 진짜 '밤' 같고 '낮' 같은 느낌이 드는지 물어봐도 알 수 없습니다. 시냇물이 '졸졸' 흐른다, '줄줄' 흐른다 할 때 어느 쪽이 더 큰 느낌이 드는지를 물어보면, 소리로 전달했을 때는 외국인도 '줄줄'이 더 큰 느낌으로 다가온다고는 합니다. 이것이 소리의 도상성인데 이렇듯 소리에는 도상성이 있지만 문자 자체에서 그것을 추론하는 것은 불가능합니다.

예를 들어 제가 나무namu라고 적으면 이것은 직접 나무를 보여주는 것이 아니라 소리값을 구성해 관념을 만들어낸 것입니다. 반면에 나무 목木자를 쓰면 읽을 수는 없어도 뜻은 짐작할 수 있습니다. 실제로 우리는 이것을 '목'이라 읽지만 중국에선 '무mu', 그리고 일본에서는 '모쿠'로 읽는 등 전혀 다른 방식으로 읽어도 소통이 되지 않습니까? 이렇듯 표의문자는 쓰는 이와 읽는 이 사이에 언어의 중계 없이도 직접적으로 이해할 수 있습니다.

간단히 표음문자의 중요한 세 가지 특징을 정리해보면 이렇습니다. 첫째로 사고의 추상화가 가능하다는 것입니다. 즉 한정된 수의 부호들을 갖고 무수한 단어와 문장을 만들 수 있습니다. 둘째는 선조성입니다. 모든 문자는 a부터 z까지 순서대로 적어야 합니다. 반면 이미지의 세계는 다차원성입니다. 그리고 셋째는 표음화, 즉 소리값을 적는다는 것입니다. 인간 언어의 대부분은 대체로 이러한 표음문자로 진화했는데 물론 예외도 있습니다. 마야 문자라든지 몇몇 문자는 끝까지 표음문자로 진화하지 않고 사고문자로 남았습니다.

그렇다면 어떤 사회가 표음문자를 선호하고 어떤 사회가 표의문자를 선호할까요?

통상적인 가설에 따르면 관념의 전달에 기초한 사고문자는 자본주의 이전의 사회에 적합했다고 합니다. 표의문자를 선호하는 사회는 개인적 노력, 집단적 노력에 의존하는 사회, 서사적·주술적 사회, 종교와 밀접한 연관성을 지니고 있는 사회, 역사와 전설이 밀접하게 연관된 사회로서 여전히 그림문자에 의존하는 구술성이 강한 사회라는 것이지요. 그러다가 국가의 규모가 커지고 사회 시스템이 복잡해지면서 기록해야 할 정보가 많아지니까 표음문자로 왔다는 것이 지금까지의 통설이라고 볼 수 있습니다.

**"문자 체계는 언어의 의복이 아닌
하나의 변장"**

표음문자의 장점은 노동절약적이며 정보를 보다 작은 공간에 저장할 수 있어 경제적이라는 것입니다. 예컨대 영어는 26개의 알파벳 문자로 대부분의 것이 표현되는 반면 이집트 상형문자는 변이 형태까지 합하면 많을 때는 5000개까지 불어났다고 합니다. 이렇듯 표의문자는 기억해야 할 기호의 수가 매우 많아서 한자는 5만 자를 상회하고 최소한 4000자를 알아야 신문과 전문 서적을 이해할 수 있다고 합니다. 하지만 표음문자는 특정 언어에 의존할 수밖에 없는 단점을 가지고 있어, 예컨대 알파벳 문자를 모르면 프랑스어를 이해할 수 없고 한글의 자모를 배우지 않으면 한글 해독은 불가능합니다. 또한 음성언어와 문자언어 간에는 차이가 많이 발생해 영어 단어에서 철자 'a'는 5가지 발음이 존재합니다. 그래서 같은 알파벳을 사용하면서도 프랑스어와 영어는 서로 소통하지 못합니다.

유학 시절 지도교수님과 면담할 때 갑자기 교수님이 제게 '아바르대학'을 아느냐고 물어보셔서 제가 모른다고 했더니 어떻게 그 유명한 대학을 모르냐고 하신 적이 있었는데 나중에 알고 보니 그 아바르대학이 프랑스식으로 발음한 '하버드대학'을 말하는 것이었습니다. 그러니까 자크 데리다도 말했듯 표음문자도 완벽하지는 않은 것입니다. 문자를 통해서 모든 소리를 적는다는 것은 사실상 유토피아일 뿐인 것이지요.

이는 한국어 이름을 영어로 표기해보면 실감나는 일인데 예를 들어 곽씨 성의 '곽'자를 영어로 표기하는 방식을 인터넷으로 검색해보니 60여 개나 됩니다. 심지어 한글의 표기법은 무려 25차례가 개정되었으니 이는 인류 역사에서 초유의 일이라고 할 수 있습니다. 제가 한동안 유럽에 있다 왔더니 갑자기 한글 맞춤법이 바뀌어 동사 어미 '읍니다'가 '습니다'가 되어버렸더라고요. 다른 것도 아니고 가장 기초적인 어휘의 철자법이 바뀌는 일은 다른 나라에서는 상상할 수 없는 일입니다. 이에 대해 소쉬르의 경우 역시 보수주의 입장을 취해서 다음처럼 이야 기합니다.

모든 낱말의 이미지라고 하는 것은 영구적이고 견고하다. 대부분의 사람들에게 시각적 인상이 청각적 인상보다 더 명료하고 지속적이라서 사람들은 문자 이미지에 더 집착한다. 강력한 무기, 즉 사전, 문법, 교과서 등의 강력한 코드를 가지고 있는 탓에 언어와 철자법 사이의 불일치가 발생할 경우, 문자 체계가 부당하게 우선시된다.

사실은 음성언어가 먼저인데 주객이 전도돼서 문자 체계가 부당하게 우선시됐다는 뜻입니다. 언어와 철자법이 불일치할 때 소리값을 봐야 하는데 사람들은 소리값을 보지 않고 철자에 집착했다는 것이지요. 그러니까 우리나라에서도 이러한 현상이 나타나는 것입니다. 현재 외래어표기법상 '소쉬르'라고 표기하는데 프랑스어권 학자에게 '소쉬르'를 아는지 물어보면 알아들을 수 있는 확률은 희박합니다. 그들의 발음은 '쏘쒸르'에 가깝거든요. 표기와 음성의 간극이 꽤 벌어져 있는 것입니다. 그래서 소쉬르가 이에 대해 유명한 발언을 한 바 있습니다.

문자 체계는 언어의 의복이 아니라, 하나의 변장이다.

Homo scriptor

04.   논의

지적 혁명을 비틀다

문자의 발명으로 인간이 통상적 의미의 지적 성취를 이룬 것은 사실이지만

문자의 역사는 결코 신화에서 이성으로, 구체에서 추상으로,

구술에서 합리적 사유로 나아가는 직선형의 모습을 갖지 않는다.

역사를
크고 넓고 길게 볼 것

　　　　　　논의에 앞서 문자의 본질에 관해 다시 정리해보겠습니다. 우선 이집트 문자는 좀 더 연구가 많이 되어야 할 것 같은데 이집트 상형문자에서 가장 중요한 특징은 구상성, 표현성입니다. 어떻게 보면 400여 개 인류 문자 중에서 한자 이상으로 표현력이 뛰어난 언어라고 생각합니다.

　이집트 문명의 주인공들은 특히 돌을 잘 다뤘습니다. 물론 시안西安의 비림碑林에는 비석과 탁본을 비롯해 여러 가지 매체에 기록된 다양한 한자 서체가 전시되어 있는데 그보다도 엄청난 크기의 건축물에 문자를 새긴 것은 이집트인들이 유일무이합니다. 이집트인들은 3000년 동안 자신들 문자의 구상성을 포기하지 않았습니다. 기법 면에서도 애를 썼는데, 예컨대 보통 이미지라면 하마와 사마귀를 똑같이 그릴 수 없겠지만 문자인지라 똑같은 공간에 들어가게 조정하는 정교하고 치밀한 기술을 발휘했던 것이지요.

그리고 사실상의 문자 혁명이라고 할 수 있는 구텐베르크의 인쇄술로 불과 50년 만에 책 발행 부수가 1200만 권으로 불어나 그 이전에 비해 문자의 생산이 폭발적으로 증대하게 되고, 전대미문의 지식 혁명을 창조합니다. 그런데 실제로 목판술과 금속활자 등 모든 인쇄술 면에서는 동양이 훨씬 앞서 있었습니다. 그래서 저도 정말 궁금한 게 어떻게 서양 사람들은 동양에서는 이미 7세기부터 사용했던 그 흔한 목판인쇄조차 중세 시대까지 사용할 생각을 안 했는지, 이는 불가사의하기까지 합니다. 그들은 1000년 동안 중노동에 가까운 필사를 지속했으니까요. 그렇다면 또 왜 동양은 목판인쇄부터 해서 금속활자까지 전부 먼저 발명하고도 그것을 지식 혁명으로 잇지 못했을까요?

여기에는 기본적인 동기부여에서 큰 차이가 있었기 때문입니다. 동양은 모든 인쇄가 종교적인 목적을 갖는 것으로 상업적 이윤과는 무관했으며 또한 모든 출판과 지식을 국가에서 끝까지 통제하고 독점했습니다. 사실 훈민정음을 창조한 위대한 세종대왕조차도 일반 대중들에게 지식을 유포한다는 생각은 꿈에도 하지 못했거든요. 그래서 세종대왕도 서적을 발간할 때 고작 수백 부를 찍었습니다.

결국 이렇듯 동기부여에서 큰 차이가 발생함으로써 동서양의 인쇄 기술의 전개와 경쟁력은 하나마나한 게임이 되고 맙니다. 서양은 상업 정신으로 무장해서 이익 창출을 도모하기 위해 고군분투하는 진취적이며 도전적인 기업가 정신의 시스템이 마련되었으며 거기에 대학도 늘어났고 지식 수요 또한 늘어나면서 진짜 그야말로 모든 여건이 문자 수요의 폭발을 일으키게 된 것입니다. 오늘날의 스티브 잡스 같은 인물도 네트워크 사회에서의 시대적 수요를 정확하게 읽음으로써 성공한 것과 같은 이치라고 봅니다.

모든 혁명은 단순한 테크놀로지만으로는 설명되지 않습니다. 그러니까 무엇이든 이분법적으로 따져 한쪽은 좋은 것이고 다른 쪽은 나쁜 것이라고 구분하는 것은 굉장히 촌스런 사고방식입니다. 예컨대 무조건 상업은 저속한 것이고 종교는 거룩한 것이라고 보는 단선적인 시각에서 벗어나야 합니다. 그렇게 보면 인류사에서 일어난 모든 매체 혁명을 제대로 이해할 수 없습니다.

우리가 문자 혁명을 위시한 근대화 혁명에서 서양에게 밀린 것은 사실이지만 현재 디지털 혁명에서는 일부 만회하고 있지 않습니까? 따라서 우리가 서구에 대해 지적·문화적인 콤플렉스를 가질 필요는 없다고 봅니다. 다만 지금부터는 더욱 거시적인 안목에서 역사의 흐름을 총체적으로 바라볼 필요가 있다고 하겠습니다.

문자와 지적 혁명은
필연적 관계인가

우리가 문자와 관련해서 논의해야 할 첫 번째 질문은 이렇습니다. '문자와 지적 혁명의 관계는 과연 필연적인가?' 하는 것입니다. 문자학 분야에서 최근 가장 열심히 연구하고 많은 업적을 내놓았던 이는 바로 몇 년 전에 타계한 역사인류학자 잭 구디Jack Goody*입니다. 그는 50년 이상을 문자 문화와 식자 문화 사이에 존재하는 정확한 관계를 연구하는 데 헌신했는데 여기에는 개인적인 경험이 강력한 모티브가 됩니다.

그는 2차 세계대전 당시 이탈리아에서 포로로 잡혀 수십 개월 동안 감옥 생활을 했는데 그때 단 한 권의 책도 읽을 수 없었다고 합니다. 이때 그는 젊은 지식인에게 읽거나 쓸 수 없다는 불가능성은 지적 절단, 즉 팔다리가 잘린 것 이상의 괴로움이라는 사실을 절감합니다.

우리도 한번 생각해봅시다. 만약 1년 동안 책을 읽을 수 없고 문자를 쓸 수 없다면 어떻게 될까요? 책과 문자 없이 사유하고 자신의 생각을 결집시키고 문화적 준거와 문헌을 모으는 일이

---

* 1919~2015. 영국의 역사인류학자. 2차 세계대전 중 이탈리아와 독일의 포로수용소 생활을 하며 문자의 중요성을 깨닫고, 이후 아프리카 등지의 전통 사회에서의 사람들의 문자 생활에 천착해 세계적인 명저 『야생정신 길들이기』를 출간했다. 케임브리지대학 사회인류학 교수로 재임했고, 1976년에는 영국아카데미 종신회원으로 선출되었다.

얼마나 어려운 것인지 실감한 구디는 2차 세계대전 후에 일본
군에 생포되어 포로수용소에서 동일한 경험을 했던 비평가 이
언 와트Ian Watt를 만나 서로 공감하게 되는데 이후 1959년에 두
사람은 이 주제에 대한 중요한 논문을 발표합니다. 그것이 바로
「식자성의 효과 The consequence of literacy」라는 논문으로 여기에서 그
들은 문자가 인류의 역사에서 지적 도약을 가능하게 했다는 점
을 시사합니다. 자신들이 2~3년 동안 적군의 포로가 되어 어떠
한 문자와의 접촉도 불가능한 생활을 해보니 지적 퇴행이 일어
나더라는 것으로, 만약 30년을 그렇게 살았으면 완전히 인간으
로서의 지적 능력이 퇴화했을 것이라는 내용입니다.

이어서 구디는 그의 일련의 저서에서 자신의 이론을 발전시
켜나감으로써 현대 문자학계에서 절대적인 위치를 점하게 되는
데, 그의 지론인즉 문자언어는 시간과 공간의 경계선을 넘어서
하나의 사유에 도달하게 한다는 것입니다. 문자는 인간으로 하
여금 반성적·성찰적이게 해주는 속성을 갖고 있어서 우리는 한
편의 텍스트를 편집하며 문자를 수정함으로써 생각을 다시 표
현할 수 있는 가능성을 갖는데 이러한 것들이 구술에서는 어렵
다고 보는 것이지요.

캐나다의 심리학자 메를린 도널드Merlin Donald도 구디와 유사
한 논증을 제시합니다. 그는 자신의 저서 『근대정신의 기원 The
origin of the modern mind』에서 주장하기를, 인간은 문자의 진화 과정

에서 새로운 사유 영역을 개척하게 되었다고 했습니다. 구술 문화와 문자 문화 연구로 유명한 미국의 예수회 신부이자 영문학자인 월터 옹Walter J. Ong도 문자는 기억을 쉽게 해주고 추상화, 비판적 대질, 탈맥락화를 쉽게 해주면서 사유를 재구조화하는 것을 가능하게 한다고 했습니다. 요컨대 문자는 인간 사유의 역사에서 진정한 도약을 가능하게 한 단어들의 테크놀로지라는 것입니다.

그런데 무문자 사회로부터 문자 사회로의 여정은 직선적 역사가 아닌 기나긴 구불구불한 역사로 상당히 복잡한 모습을 갖습니다. 구디 역시 구술과 문자 문화 사이에 어떤 절대적 분할선을 작동시키는 것을 거부하고 몇몇 학자들이 구술 문화와 식자 문화 사이에 그어놓은 이분법에 대해서 이의를 제기합니다. 추상화 능력, 체계적 분류, 합리적 사유는 구술 문화에서도 관찰된다는 것이지요.

오늘날에는 과학, 철학, 역사학의 출현을 가져온 그리스 문명의 상당 부분은 구술 문화의 틀 속에서 이루어졌다는 점을 수용하고 있는 추세입니다. 그리스의 기적이 문자 덕분이 아니라는 것입니다. 앞서 언급했듯 인류 역사는 구술 사회에서 식자 사회로 이동했다는 것이지요.

그리스 고전학의 석학인 하벨록Eric A. Havelock이 "그리스 알파벳의 발명은 인간 문화의 역사에서 하나의 사건을 표상한다. 이 같은 기초 위에서 지식의 두 개의 쌍둥이 형태의 토대가 세워졌다. 문학과 과학이 그것이다"라고 당당히 밝혔지만, 하벨록의 주장은 몇몇 역사학자들에 의해서 반박됩니다. 예컨대 피타고라스도 소크라테스도 그들의 사유를 문자의 틀 속에서 발전시키지 않았으며 설사 그들의 생각을 문자로 적었다 해도 대화의 틀 속에서 각인되었다는 것이지요.

서양에서는 15세기에 와서야 비로소 인쇄술의 발명과 함께 지식의 세속화, 문자의 민주화와 더불어 진정한 문자언어의 문명이 부과되지만 레비스트로스는 자신의 명저 『슬픈 열대』의 한 장인 「문자의 교훈」에서 문자의 발명을 인간에 의한 인간의 착취가 시작된 지점, 인간 폭력의 시작으로 보고 있습니다. 아무튼 현재 문자학 전문가들은 모두 다음과 같은 사실을 수용합니다. 문자의 역사는 결코 신화에서 이성으로, 구체적인 것에서 추상적인 것으로, 구술적 서사에서 문자로 쓰여진 합리적 사유로 나아가는 직선형이 아니라는 것이지요.

**문자는
영원할 것인가**

여기서 아주 근본적인 질문을 하나 던져보겠습니다. 과연 앞으로 인간은 계속해서 문자를 사용해서 글쓰기를 할 것인가 하는 물음입니다. 물론 글쓰기의 도구는 변해왔습니다. 우리 조상들은 100년 전만 해도 먹을 갈아 붓으로 글을 썼고 파카 만년필, 몽블랑 만년필이 로망이던 시절도 있었지요. 그러나 이는 도구의 변화를 묻는 것이 아니라 근본적 활동으로서의 글쓰기를 문제 삼는 것입니다.

이에 대해 프랑스의 인지과학자이자 인류학자인 단 스페르버Dan Sperber는 "음성 기술의 획기적 도약으로 향후 1세기 안에 대부분의 인간은 글쓰기 활동을 하지 않을 것"이라고 예상했습니다. 굉장히 의미심장한 대목이 아닐 수 없습니다.

우리는 아주 어려서부터 글쓰기를 해왔기 때문에 그것이 완전히 체화되어 마치 말하는 것과 글 쓰는 것이 똑같이 자연스러운 일이라고 생각하는데 절대로 그렇지 않습니다. 글쓰기는 결코 인간에게 자연스러운 행위가 아니며 인류의 역사에서 비교적 최근에 보편화된 것입니다. 따라서 스페르버의 주장은 '글쓰기'라는 지극히 인위적이고 거추장스러운 일을 테크놀로지가 해결해준다면 구태여 사람들이 더 이상 하지 않을 것이라는 진단입니다.

그의 견해에 동의하지는 않습니다만 이러한 문제의식, 다양한 차원의 상식적인 문자의 정의를 뛰어넘는 문제 제기는 필요하다고 봅니다. 예를 들어 문자가 확실하게 의사소통 기능을 갖고 있어야 한다면 자신의 만족과 놀이를 위한 낙서의 경우는 어떻게 볼 것인지 하는 문제가 있을 수 있습니다. 앞에서 말씀드린 미국의 아티스트 사이 톰블리의 경우 50년 동안 일관되게 낙서만 그리고 있는 인물이지 않습니까? 아무튼 이제 우리는 문자의 새로운 역할에 대해 고심해야 한다고 하겠습니다.

4강

호모 로쿠엔스
Homo loquens

인간의 가장 명확한 특질은 '말'을 한다는 것이다.
언어 능력의 소유는 인간의 고유성과 인류를 특징짓는 핵심 요소로서
사실상 말하지 않는 인류의 모습을 상상하는 일은 어렵다.
도구적 인간, 즉 호모 파베르야말로
가장 중요한 인간의 특징을 나타낸 것이라고 규정하기도 하지만
그보다 더 중요한 인간의 특징은
복잡한 의사소통 체계를 갖고 완벽한 분절언어를 구사한다는 것이다.
인간성을 특징짓는 가장 중요한 핵심 요소란 역시 언어다.
말하는 인간, '호모 로쿠엔스'로서의 인류,
인간 언어가 갖고 있는 수천 개의 얼굴, 그 무궁무진한 세계를 향한 여정을 시작해보자.

Homo loquens

고유하다

수천 개의 얼굴을 갖는 언어는 수천 개의 정의를 갖는다.
언어는 "인생을 송두리째 바꾸어놓을 사건" 혹은 "운명을 결정지을 무기"이기도 하고
온갖 오해의 근원이자 지혜롭지 않은 자의 처신이기도 하다.

언어라는 기적,
그 미지의 세계

이제 말하는 인간 호모 로쿠엔스Homo loquens의 세계로 여정을 떠나보겠습니다. 여기에서는 기존 언어학의 주된 연구 대상인 음성언어에 대한 이야기를 해볼 텐데, 하나의 질문으로 시작하겠습니다. 언어의 집은 어디에 있을까요? 언어는 어디에서 어떻게 살고 있을까요? 언어는 가장 넓게는 전 지구상에서 다양한 삶을 영위해왔고 지금도 살고 있습니다. 각 국가, 각 사회 공동체, 크고 작은 사회적·문화적 공간에서 사용되고 있습니다. 그리고 구체적으로 언어는 각 개인의 정신과 마음속에 존재하는데, 누군가는 우리들 뇌 속에 언어 능력의 생물학적 기제가 존재할 것이라고 가정하고 상당히 진지하고 초연하게 과학적인 접근을 하고 있습니다.

언어가 왜 중요한지에 대해서는 여러 가지 이유를 제시할 수 있지만 일단 첫 강에서 살펴본 호모 사피엔스의 여정에서도 드러난 사실로 알 수 있는 것이 "언어 능력의 소유는 인간의 고유성과 인간성을 특징짓는 핵심 요소"라는 것입니다.

언어와 함께 인간성을 특징짓는 또 하나의 자질은 도구 사용으로서, 프랑스의 철학자 베르그송Henri Louis Bergson은 도구적 인간, 즉 호모 파베르Homo Faber야말로 가장 중요한 인간의 특징을 나타낸 것이라고 규정하기도 했습니다만, 그보다 더 중요한 인간의 특징은 복잡한 의사소통 체계를 갖고 완벽한 분절언어를 구사한다는 사실입니다. 이제껏 나온 모든 학문을 종합해볼 때 이에 대해 크게 이의를 제기한 사람은 없습니다. 반복해서 말하자면 인간성을 특징짓는 가장 중요한 핵심 요소는 역시 언어라고 볼 수 있습니다.

이러한 언어는 끊임없이 변화하는 새로운 환경에서 굉장히 풍요로운 전통을 쌓게 되는데 그 결과 하나의 공동체·국가·문화는 '사전'이라는 문화적 결정체를 축적합니다. 따라서 그 나라의 지적 수준을 측정하는 가장 빠른 길은 그 나라가 만들어놓은 사전을 보는 것입니다. 그런 면에서 한국어는 좀 더 연구하고 분발해야 하지 않을까 생각합니다. 지금 총량으로 따지면 영국이나 프랑스의 것과 비교해서 아마 30분의 1이 안 될 것입니다. 단순히 어휘 수만을 놓고 비교하는 차원이 아니라 그 나라가 다방면에서 얼마나 많은 성찰을 했고 연구를 해왔는지를 나타내는 지표가 되는 것이 사전인데 우리의 국어사전은 그러한 면에서 많이 뒤떨어진다는 것이지요. 이제 국어사전이라는 의제를 한 번쯤 국가적 어젠다로 설정해 그 기초부터 다시 한번 되돌아볼 필요가 있다고 생각합니다.

지구에는 7000여 개의 언어가 존재합니다. 상이하고 소통이 불가능한 언어가 그만큼 많다는 것입니다. 예를 들어 서로의 언어를 모르는 한국인과 덴마크인이 만나면 하루 종일 대화해도 소통 가능성은 전무합니다. 이를 보면 언어는 달라도 너무도 다르다고 할 수 있으나 또 한편에서는 언어는 다른 것 같지만 같아도 너무 똑같다고 주장하는 사람도 있습니다. 사실상 전혀 상반된 두 개의 테제these가 맞서고 있는 것이 언어라는 미지의 세계를 다루는 언어학의 현실이라고 하겠습니다.

지구 언어의
다양성

지구상에는 여전히 미지의 언어들이 훨씬 더 많습니다. 이러한 상황에서 언어학자들이 주요 탐구 대상으로 삼은 곳이 아마존 강 유역과 함께 남태평양 서쪽 끝 뉴기니섬 동반부에 걸쳐 있는 도서島嶼 국가 파푸아뉴기니Papua New

Guinea입니다. 파푸아뉴기니는 인구수가 650만~700만 명 정도인데 언어는 800개가 넘습니다. 인구 몇 천 명당 하나의 언어가 있는 셈으로, 예컨대 우리식으로 하면 성북구에서 도봉구로만 넘어가도 언어가 달라진다고 생각하면 됩니다. 우리에게 『총, 균, 쇠』라는 책으로 유명한 미국의 과학자 제러드 다이아몬드Jared Diamond가 원래 파푸아뉴기니 전문가인데 그는 파푸아뉴기니 사람들이 보통 대여섯 개의 언어를 능수능란하게 구사하는 것을 보고 놀라서 인종 간의 우열 관계는 논할 수 없는 것이라고 못박기도 했습니다.

학계에서는 보통 언어 다양성이 문화적 다양성, 생물의 다양성과 마찬가지로 인류의 풍요로움과 건강한 생태계를 가능하게 하는 요인이라고 보고 있습니다. 물론 언어가 사라지면 그 언어에 담긴 문화도 사라지기 때문에 언어적 다양성과 문화적 다양성 사이에 상당히 밀접한 관계가 있다는 것은 인정합니다만 생물의 다양성과 언어의 다양성은 어떤 관계에 있는지 저로서는 알 수 없습니다. 아무튼 과거에 이미 수많은 언어들이 사라지고 생겨났으며, 현재도 수많은 언어들이 우리들이 보는 앞에서 사라져가고 있습니다.

다만 문자로 기록된 언어들의 경우 그 흔적들이 남아 있어서 완전히 사라지지는 않습니다. 사실 로마 제국의 공용어라 할 수 있었던 라틴어는 굉장히 예외적인 경우로 문헌이 상당히 많이 남아 있어 인도유럽어족에서도 가장 많이 연구되었습니다. 그래서 19세기 역사비교언어학이 최고조에 달했을 때, 일부 학자는 이제 로마 공화정 말기의 정치가 율리우스 카이사르Gaius Julius Caesar가 연설했던 것을 우리가 완벽하게 재구성할 수 있다고 과도한 확신을 표출할 정도였습니다. 그만큼 라틴어 문헌은 아주 빼곡히 쌓여 있습니다. 다른 대부분의 언어사에 견주었을 때, 이는 굉장히 특수한 조건이라고 볼 수 있는 것이지요.

그리고 언어의 다양성에서 우리가 알아야 할 사실은 인구의 이동, 이주 등이 지구의 끝에서 다른 끝으로 몇몇 언어들을 이동시켜놓았다는 것입니다. 호모 사피엔스의 대여정에서 봤습니다만 인류는 크게 '아웃 오브 아프리카'를 세 번 했고 그 이후로도 잦은 인구 이동이 있었으며 결정적으로 유럽인들이 아메리카 대륙을 발견하고 지배하게 되면서 언어의 대이동이 일어납니다. 이로써 이들 정복된 식민지에 영어, 스페인어, 포르투갈어가 이식되었던 것입니다.

서양은 문법, 동양은 문자

그럼 지금까지 누가 언어 연구를 해왔고 어떻게 해왔는지를 개괄적으로 살펴보겠습니다. 언어 연구는 매우 일찍부터 시작됐습니다. 다양한 민족들은 일찌감치 자신들의 언어 사용법을 제어하고 개선시키기 위한 지식들과 기술들을 구축해왔는데 특히 서양은 동양과 다르게 일찍부터 문법 체계를 도입해서 이미 기원전 5세기경에 현재 서양 문법의 범주들과 전문 용어, 명사, 동사, 굴절, 관사 등이 출현하게 됩니다. 그리고 기원전 2세기경에 이르러 디오니시오스 트락스Dionysios Thrax라는 인물이 최초의 그리스어 문법 체계를 정립하기에 이릅니다.

그런데 디오니시오스 트락스보다 훨씬 더 일찍 문법 체계를 만든 인류 역사상 기념비적인 인물이 있었으니 그가 바로 고대 인도의 파니니Panini*입니다. 그는 고대 산스크리트어 문법을 3300여 개 규칙으로 집대성했습니다. 산스크리트어 문법은 수학 공식과도 같이 철저한 면이 있는데 그러한 완벽한 문법 체계를 정립한 것입니다. 그는 촘스키를 비롯한 현대의 위대한 언어학자들도 칭송해 마지않는 인물입니다.

이렇듯 기본적으로 문법을 중시했던 서양에서 15세기 전까지는 라틴어가 모든 의사소통의 언어로, 오늘날로 말하면 영어의 지위를 갖고 있었습니다. 그러다 자국어에 대한 의식이 싹트기 시작한 때가 르네상스 이후부터입니다. 르네상스 시기부터

---

* 기원전 4세기경 인도의 문법학자. 세계 최초의 문법서로 추정되는 『파니니 문전(文典)』을 작성했다.

18세기에 이르기까지 유럽의 역사를 지배한 주요 민족들, 즉 프랑스, 영국, 스페인, 이탈리아, 독일 등은 완결된 문법 체계를 구비함과 동시에 혼신의 힘을 다해 자국어 문법서와 사전을 편찬하게 됩니다.

철학사에서 굉장히 중요한 사건 중 하나가, 프랑스 근대 철학의 아버지라 불리는 데카르트René Descartes의 『방법서설』이 라틴어가 아닌 프랑스어로 쓰인 것입니다. 라틴어의 콤플렉스에서 벗어나서 자국어의 중요성을 인식하기 시작한 것인데 이때부터 프랑스는 거의 '문법 공화국'이라는 말을 들을 정도로 문법을 파고듭니다. 그러니까 프랑스 사람들의 자국어에 대한 치밀성과 자부심은 16~17세기부터 만들어지기 시작한 것입니다.

제가 프랑스에서 경험한 일로 백화점에서 칭얼거리는 아이를 부모가 심하게 혼내는 것을 봤는데 그 이유가 놀라웠습니다. 아이가 언어를 구사할 때 동사를 잘못 활용했기 때문이라는 것이었습니다. 말할 때 문법이 틀렸다고 아이를 꾸짖는 부모를 그때 처음 보고 참 놀랐던 기억이 나네요. 그들의 모국어에 대한 애정이 그 정도입니다.

프랑스 사람들의 그들 언어에 대한 자부심은 전통이 있는 것으로, 그들은 최초의 문법 체계를 완성한 이후에도 400여 년을 계속해서 문법서 탐구에 매달립니다. 이러한 열정은 사실 프랑스의 중앙집권 정치체제와도 맞물려 있는 것인데 그럼에도 불구하고 일화로 남아 있는 것이 1789년 프랑스혁명 당시 급진적 정치가인 로베스피에르Maximilien de Robespierre가 연설했을 때 파리 광장에서 그 사람 말을 알아듣는 사람이 절반도 안 됐다는 사실입니다. 프랑스가 자국어 문법 체계의 표준어 수립에 공을 그렇게 들였어도 방언 또한 그만큼 심했다는 것이지요. 이렇게 원칙적 언어 활용을 위한 문법 정립에 매진한 유럽인들은 15세기에 이르러 아메리카 신대륙을 정복하면서 문법 따위는 애시당초 갖고 있지 않았던 인디언 언어들에까지 문법을 적용하기에 이릅니다. 그러니까 어떤 의미에서는 '서양의 정복은 문법화'라고 볼 수도 있습니다.

그런데 동아시아의 경우, 최초의 자국어 문법 정립이 19세기에 와서야 선교사들의 영향 아래 이루어집니다. 왜 동아시아의 전통에서는 문법에 대한 관심이 없었을까요? 바로 동아시아 한자 문명권의 경우 표의문자였기 때문에 우선 한자의 뜻을 정확히 인식하는 것이 중요하므로 문법에 앞서 문자학이 발달한 것입니다. 그래서 그들은 일찌감치 『설문해자說文解字』* 같은 자전字典을 만들었으며, 또한 수많은 방언을 통일하기 위해 국어의 어음 체계를 연구해 다양한 성운학聲韻學 사전을 발간합니다. 그러니까 동양 역시 언어의 표준화 작업을 일찍부터 시행했지만

---

* 중국 후한 때 허신(許愼)이 완성한 것으로, 부수를 창안한 중국 최초의 자전. 무려 1만여 자에 달하는 한자 전체의 글자 모양과 뜻 그리고 발음을 종합적으로 해설했다.

접근 방식이 달랐던 것입니다. 서양은 그리스어의 체계 자체가 문법적인 성찰을 요구했고 동양은 한자의 표의성과 동아시아 언어들의 특성상 문자에 초점을 맞춰야 했기에 연구 분야의 우선순위가 달랐던 것이지요.

또한 우리의 훈민정음 창제는 최고 수준의 언어 지식을 반증하는 것으로 한글의 음운학 원리에 대해서는 현대 언어학자들이 아직도 놀라고 있습니다. 조선 시대에 출간된 몽고어를 비롯한 외국어 학습 교과서 역시 역사비교언어학적 지식의 중요한 역사적 자산이 되고 있고요.

수천 개의 얼굴을 갖고 있는 언어

언어 연구는 근대 학문 체계에서 활짝 꽃을 피우게 됩니다. 19세기는 역사비교언어학이라는 패러다임이 창발하는 시기로, 100여 년 동안 수많은 서양의 천재적 인재들이 여기에 모든 공력을 기울였습니다. 예를 들어 프랑스의 현대 철학자 미셸 푸코Michel Paul Foucault의 주저『말과 사물』은 근대 생물학과 근대 경제학, 근대 언어학의 성립 배경을 다루고 있는 책으로 근대 인문학의 계보를 역사적으로 치밀하게 추적하고 있어 관심 있는 사람들에게 중요한 통찰을 제공하고 있습니다.

아무튼 오늘날 언어과학sciences of languages은 언어학을 비롯해 심리학, 인류학, 철학, 정신분석학, 사회학 등의 다양한 인접 학문들, 심지어 생물학, 유전학, 컴퓨터공학 등과의 융합 연구를 통해서 현대 학문에서 가장 복합적이며 다양한 연구의 장을 성립하고 있습니다.

저 또한 다른 학문과 연대 가능한 언어학의 횡단적 사유를 시도하는 입장인지라 제가 말씀드리는 내용은 언어학의 범주를 뛰어넘는 것입니다. 실제 언어학에서는 음운론, 형태론, 통사론 등 기본적으로 언어의 내적 구조만을 연구합니다. 순차적 양상을 보게 되면 현대 언어학은 음운론이 가장 먼저 발달했고 그다음에 촘스키라는 현대 언어학의 비조鼻祖가 나타나 관심 대상을 통사syntax 분야로 전환해 획기적으로 발전시킵니다. 그리고 마지막으로 언어학에서 등장한 것이 화용론pragmatics인데 이것은 언어의 구조 자체가 아닌 언어 사용에 초점을 두고 그것의 상황과 맥락을 설명하는 데 힘을 쏟는 언어학의 한 분야를 말합니다. 하지만 화용론은 언어 사용과 관련된 이데올로기, 예의, 노동, 정치, 젠더 등 매우 다양한 문제를 다루어야 하기 때문에 언어학에서 과학적으로 연구되기가 힘든 분야입니다. 이렇듯 언어학은 현재 다양한 학문과 함께 주목받고 있습니다.

그렇다면 과연 언어는 어떻게 정의될 수 있을까요? 언어를 경험하고 있는 우리들 각자가 하나씩의 정의를 내릴 수도 있습니다. 하지만 간단하게 정의할 수 없는 복잡성·편재성·보편성·주관성·일상적 경험의 대상이 언어인 만큼 명료한 정의를 시도하는 순간 언어의 정체성은 인식의 지평에서 사라져가고 말 것입니다. 그럼에도 불구하고 많은 석학들은 언어에 대한 자신의 생각을 밝힌 바 있습니다.

시인 보들레르Charles Pierre Baudelaire는 "언어, 단 한마디로 인생을 송두리째 바꾸어놓을 수 있는 사건"이라고 했고, 정신분석학자 프로이트Sigmund Freud는 "운명을 결정지을 수 있는 무기"라고 했습니다. 그리고 철학자 하이데거Martin Heidegger는 언어를 두고 "존재의 집"이라는 표현을 했고, 비트겐슈타인Ludwig Wittgenstein은 "나의 언어의 한계는 곧 나의 세계의 한계"라는 멋진 말을 남겼습니다.

또한 언어에 대한 부정적 입장으로 『어린 왕자』의 작가 생텍쥐페리Saint-Exupéry는 "언어는 온갖 오해의 근원"이라고 했고, 장자莊子는 "지혜로운 자는 말하지 않고, 말하는 자는 지혜롭지 못하다"라는 말을 남겼습니다.

사실상 언어란 누가 어떻게 정의하느냐에 따라 수천 개, 수만 개의 얼굴을 갖는 것이라 할 수 있을 텐데 이러한 언어의 본질에 대해서도 상이한 입장이 존재합니다. 현대 언어학을 지배하는 두 명의 대표적인 언어학자가 노암 촘스키와 소쉬르인데 두 학자가 언어를 대하는 시선은 정반대입니다. 우리는 보통 언어를 사회적 성격을 갖는 의사소통의 도구로 보는데 촘스키는 이러한 언어의 기능에 주목하지 않고 이보다는 선천적인 생물학적 언어 능력을 최우선시해서 그 언어 능력의 구조를 파악하는 것이 가장 중요한 언어학의 목표라고 합니다. 앞서 언급했던 언어 생득설이 그것입니다. 반면 소쉬르는 언어란 사회 구성원들의 약속에 의해서 이루어진 기호 체계로서 이것은 종교, 법, 학교 등의 다른 제도들과 마찬가지로 사회적 제도 가운데 하나라고 생각했습니다.

어느 쪽 의견이 더 설득력 있게 들리나요? 언어의 정체를 정확히 밝히는 일은 이렇듯 참으로 어려운 일이 아닐 수 없습니다.

Homo loquens

진화

정복의 문법을 만들다

언어의 기원에 대한 접근은 모두 언어가 인간에게만 속하는 것임을 강조한다.
분절언어는 인간만의 특성으로, 언어가 바로 그 때문에 생겨났다는 것이다.
하지만 이는 동물행태학이 이룬 성취를 무시하는 인식론적 태도다.

언어의 기원,
그 오래된 관심

언어학에서 빼놓을 수 없는 연구 분야가 바로 언어의 기원입니다. 서구 언어 사상의 경우 언어는 언제 발명되었는지, 언제 출현했는지를 두고 콩디약Étienne Bonnot de Condillac, 루소Jean Jacques Rousseau, 헤르더Johann Gottfried Herder 등 18세기 당대 최고의 지성들이 여러 가지 가설들을 제시했지만 과학적 데이터 부족에 직면해서 살아남지 못하고 사라져버렸습니다. 그러나 최근 40여 년 동안 집중적인 학제적 연구가 진행되었고 많은 세계 석학들이 언어학의 한계를 뛰어넘어 나름대로의 가설을 제시하면서 언어학 연구에 새로운 활력을 불어넣기도 했습니다.

그런데 언어의 기원에 관한 한 18세기에 지금보다 훨씬 더 많은 연구가 진행됨으로써 온갖 허구적 가설들이 난무했습니다. 내로라하는 모든 지식인들이 한 번쯤은 다 언어의 기원에 대해서 말을 해서, 예컨대 프랑스 계몽기의 철학자 콩디약은 인간은 감탄사를 통해서 상징화에 도달하기 위해 동물들 울음소리에서 영감을 받았을 것이라고 했고, 언어학자 르낭Joseph Ernest Renan*은 '땡그렁bim-bam' 같은 의성어의 예를 들면서 인간은 자연의 소리를 의성어를 통해서 재현했을 것이라고 하는 등 온갖 학설이 등장했습니다. 하지만 뚜렷한 과학적인 소득이 없자 1866년 파리언어학회에서는 아예 회칙 제1조에서 언어의 기원에 대한 연구를 금지시키기에 이르렀습니다. 그런데 아무래도 언어학에서 언어 기원의 문제를 빼놓을 수는 없는지라 다시 지난 30~40년 동안 새로운 주목을 받게 된 것입니다.

언어의 기원에서 관해서는 앞서 호모 사피엔스의 기원과 진화를 이야기하며 언급했는데요. 정리하자면 본격적 언어는 호모 사피엔스에게서 출현했다고 보지만, 현재 유력한 가설 중 하나는 음성언어가 아닌 최소한의 손짓 발짓을 구사하는 원형 원어들은 호모 사피엔스 이전으로 거슬러가서 호모 에렉투스 같은 경우도 분명히 어떤 식으로든 모종의 언어 형식을 소유해

---

* 1823~1892. 프랑스의 종교가이자 사상가. 프랑스 실증주의를 대표하는 인물로, 종교적 영혼을 간직한 가운데서도 열렬하게 과학을 신봉했다. 예수의 인간화, 그리스도교의 문화사 등을 연구했다.

서 커뮤니케이션을 했을 것이라고 보고 있습니다. 물론 호모 사피엔스에 이르러 현대인과 거의 동일한 수준의 언어 능력이 발휘되었을 것으로 판단되는데, 여기서 생물학적 가설을 뛰어넘어 문화적 가설을 따르자면 현대의 언어 원리와 비슷한 수준의 상징체계로서 언어는 빠르면 10만 년 전, 아무리 늦어도 3만 5000년 전으로 소급되기에 이릅니다. 호모 그라피쿠스의 탄생, 즉 이미지를 그리는 일 역시 언어를 갖지 않고는 불가능한 일이기에 언어의 출현은 문화, 예술, 기술의 발생과 상관관계를 맺고 있을 것이라는 가설 또한 제시되고 있고요.

사실상 오늘날 다수의 언어학자들과 유전학자들은 생물학적 가설이 더 개연성이 높은 것으로 생각합니다. 그래서 미국의 저명한 생물학자 스티븐 제이 굴드Stephen Jay Gould는 "정신적 조직 차원에서, 오늘날의 우리와 흡사한 종은 아프리카에서 25만~10만 년 전 사이에 창발했을 것이다"라고까지 말한 바 있습니다.

그렇다면 분절언어는 언제 출현했을까요? 불행하게도 이미 허공 속에 날아가버린 말들에 대해 우리가 아는 것은 아무것도 없습니다만 분절언어의 기원에 대한 연구들은 어떤 필연성을 제기하고 싶은 유혹에 빠집니다. 뇌의 인지 능력 발달이라든가 후두의 위치 변화라든가 하는 것을 근거로 설명하고 싶어하는 것이지요. 다른 한편으로 종교적 가설은 인간은 말할 수밖에 없는 존재로 정해져 있다고도 하는데 이것은 너무 인간 중심적인 생각이고, 또 어떤 가설은 언어가 인간의 뇌에만 있고 다른 종들의 뇌에는 상응하는 것이 없는 특별한 모듈module*에 의해 생겨났다고 하는데 이것 역시 언어의 기원에 대한 문제를 완전하게 설명하는 것과는 거리가 멀다고 하겠습니다.

언어는
본능이다?

언어의 기원에 대한 다양한 접근들은 모두 언어가 인간에게만 속하는 것임을 강조하려는 의도를 갖고 있습니다. 분절언어는 동물들에게 존재하지 않는 특징을 갖고 있는데, 언어가 바로 그 때문에 생겨났다는 것입니다. 그런데 이러한 시각은 동물행태학과 비교심리학에서 이루어낸 모든 성취들을 무시하는 인식론적 태도라고 할 수 있습니다. 진화학에서 가장 어려운 문제가 기원에 대한 것으로 진화 연구의 관심 대상은 역사적 시나리오들인데, 언어 화석의 성격 자체가 불완전하기 때문에 언어의 기원을 추적하는 것은 대단히 어렵습니다. 따라서 기원에 관한 문제는 언제나 신화, 형이상학 또는 이데올로기에 근거를 두며 온갖 추측을 불러일으킨다고 하겠습니다.

* 두뇌의 구성단위이자 조합단위. 촘스키 언어학은 인간의 언어 능력이 다른 인지 기능과 분리되어 독립적인 모듈을 형성하고 있다는 가정이 토대를 이룬다.

여기서 언어의 기원을 인간 본능과의 관계로 살펴보면, 촘스키를 비롯한 적지 않은 학자들에게 언어는 보편문법에 기초를 둔 것으로 나타납니다. 앞서 언급했으나 덧붙이자면 보편문법이란 전 세계 7000여 개 언어가 다 다른 것 같지만 인간만이 갖는 뉴런 구조에 의해 알고 보면 단 하나의 보편성을 갖는다는 것입니다. 이 보편문법을 강조함으로써 촘스키 이상의 대중적 인기를 얻은 인물이 미국 하버드대학 심리학과 교수인 스티븐 핑커Steven Pinker*입니다.

핑커의 저서 『언어본능』은 출간되자마자 200만 부가 판매된 베스트셀러로 언어학 분야에서는 전무후무한 실적을 거뒀는데 제 생각에 이 책을 읽은 사람들 중 1퍼센트도 첫 번째 챕터 이상을 넘기지 못했을 것입니다. 아마도 '본능'이라는 말이 구매 욕구를 발동시킨 것 같은데 이 책은 대중서가 아닌 극히 난해한 언어학 교재이거든요. 아무튼 '언어는 본능'이라는 것을 대중적으로 설파한 스티븐 핑커는 호모 사피엔스에게 있는 언어 본능을 다음과 같이 묘사합니다.

언어는 마치 우리가 시간을 말해주는 법 또는 연방 정부가 어떻게 작동되는가를 배우는 것과 같은 문화적 인공물이 아니다. 오히려

---

* 1954~ . 캐나다의 심리학자. 언어심리학과 인지심리학의 세계적 권위자로 활발한 저술 활동을 통해 인간의 본성을 적확히 드러냄으로써 수많은 찬사를 받고 있다.

언어는 우리 두뇌의 생물학적 형성의 한 부분이다. 언어는 복잡하며 전문화된 기술로서, 아이에게서 의식적 노력이나 형식적 가르침 없이 순간 발생적으로 발전하며 그 기저에 깔린 논리를 의식하지 않고도 전개되는 것으로 모든 개인에게서 질적으로 동일하다. 언어는 직립과 마찬가지로 문화적 발명이 아니며 상징들을 사용할 수 있는 일반 능력의 발현도 아니다: 세 살 된 아이는 문법의 천재다. 즉 그 아이는 대부분의 문법적 구성을 완전히 통달하고 있는 것이다. (…) 그런데 이 나이의 아이들은 언어 이외의 다른 활동에서는 여전히 무능함을 드러낸다. 그래서 우리는 아이들에게 운전이나 투표, 학교를 가는 것을 허락하지 않는 것이다.[20]

그런데 핑커는 너무 선천성을 강조함으로써 선천성과 후천성, 인간과 동물, 자연과 문화라는 대립을 지나칠 정도로 철저하게 내세웠습니다. 사실 아이들이 말을 배우는 것을 보면, 보통 세 살 때 아이의 언어가 폭발적으로 증가해 이제껏 들어보지도 않은 단어를 만들어내기도 하는데, 이로 볼 때 분명히 선천성 또한 일리가 있지만 그것만을 주장해서 문제가 됐던 것입니다.

어린아이는 물론 분절언어를 획득하는 유전적 잠재력을 갖고 태어나지만 언어 획득은 부단한 학습과 교육을 통해서 이루어지는 것으로 핑커는 선천성을 고착된 본능과 혼동한 것이 아닌가 합니다.

언어는
어떻게 진화해왔는가

언어의 진화에 대해서는 크게 두 영역으로 나눠볼 수 있습니다. 즉 문헌을 통해서 입증할 수 있는 분야가 있고 문헌이 없는 세계가 있습니다. 문헌이 있는 세계가 바로 정통 인도유럽어족으로, 이는 다양한 하위 어족으로 분화해서 전 세계 언어 화자의 절반가량을 차지하는 가장 큰 어족입니다.

그리고 우리 교과서에서는 한국어를 우랄알타이어족이라고 소개하는데 이것은 역사비교언어학의 엄밀한 기준을 적용해보았을 때, 아직 전 세계 언어학계에서 공인된 객관적 사실이 아닙니다. 하나의 '어족'을 이루려면 상당한 역사와 문헌이 존재해야 하며 300여 개의 기본 어휘가 음운과 형태에서 일정한 대응 관계를 갖고 있어야 하는데 우랄알타이어족이라는 것은 그 근거가 부족해 세계 언어학계에서는 아직 인정하지 않고 있습니다. 따라서 한국어와 일본어 같은 경우는 현재 정확하게 어떤 어족에 속하기 힘든 섬 언어라고 할 수 있습니다.

언어의 진화에 관해서는 우선 전 세계 언어를 몇 개의 어족으로 묶으려는 시도가 있습니다. 20세기 초반에 활동했던 이탈리아 언어학자 트롬베티Trombetti가 그 선구자로서 매우 큰 무리로 세계의 언어들을 묶을 수 있다는 가설을 표명했으나 학계에서 주목받지는 못했습니다. 그리고 20세기 초, 덴마크의 언어학자 페데르센Holgen Pedersen이 인도유럽어족을 다른 우랄알타이어족, 셈족어들과 함께 통틀어 하나의 어족으로 만들 수 있다고 했으나 이러한 노스트레이트어족nostratic language* 가설은 국제 언어학계에서 수용되지 못합니다.

그런데 1980년대에 들어서 상황이 다소 변화해서 조지프 그린버그Joseph Greenberg** 같은 학자가 아프리카 언어들의 다양성을 4개의 대범주 어족으로 분류한 것은 대부분의 언어학자들에게 수용됩니다. 그리고 그린버그의 제자인 메리트 룰런Merritt Ruhlen은 한 단계 더 나아가서 1994년 전 세계 언어들을 포괄하는 10여 개, 심지어 5개의 대어족을 제안했는데 이에 대해서는 아직도 격렬한 논쟁 중에 있습니다.

현재 언어학계에서는 인도유럽어족의 원형을 재구성하는 작업으로, 역사비교언어학에서 인도유럽어족 연구 부분에 가장 많은 연구 성과를 축적하고 있는데, 이 인도유럽어족 전문가들은 인도유럽어가 결코 다른 어족과 발생적·역사적 연관성을 가질 수 없다고 주장합니다.

왜냐하면 언어 변화는 너무나 신속하게 이루어져서 6000년

* 가설적인 대어족으로, 유라시아 대륙의 인도유럽어족, 우랄어족, 알타이어족 그리고 카르트벨리어족까지를 포함하는 어족을 말한다.
** 1915~2001. 미국의 인류학자이자 언어학자. 아프리카 언어와 문화를 오래 연구했으며 언어유형학과 통계적 언어유형론의 제창자로 알려졌다.

이 경과한 이후에는 모든 선행하는 어족들 사이의 관계 흔적을 알아볼 수 없기 때문이라는 것이지요.

그런데 상황이 반전되어 그 알 수 없다던 미지의 영역이 밝혀집니다. 애초에 우크라이나 지역으로 여겨졌던 인도유럽어족의 요람이 러시아 언어학자들에 의해 고대 메소포타미아 지역으로 드러난 것입니다. 룰런은 이 같은 시나리오에 더해 인도유럽어족의 탄생을 기원전 8000~7000년경 아나톨리아Anatolia*로 추정하는데, 그는 인도유럽어족 언어들의 확산을 최초의 농업자들의 이주와 결부시킵니다.

이 이론은 유럽과 근동 지역에서 발견된 고고학적 발견들에 기초한 것으로 농업은 대략 1만 년 전에 최초로 발전해서 아나톨리아 지역에서 메소포타미아로 확장됩니다. 따라서 룰런에 의하면 아나톨리아 농가들이 최초의 인도유럽어족 사용자들이라는 것이고, 그 결과 그는 농사와 언어의 확산 간의 상관관계를 파악한 것입니다.

그러니까 기존의 역사비교언어학이라는 것은 인도유럽어족을 마지막으로 해서 더 이상 진도가 나가지 못했습니다. 인도유럽어족만이 문헌으로 입증할 수 있는 것이었기 때문이지요. 그런데 상위 어족의 존재를 지지하는 집단 유전학의 발전으

---

* 아시아 대륙 남부에서 발칸 반도에 이르는 매우 드넓은 산악성 지대를 말한다.

로 미국 스탠퍼드대학 유전학 교수인 루카 카발리 스포르자Luca Cavalli-Sforza가 인간 집단들 사이의 유전학적 거리를 계산하는 데 성공합니다. 유전자의 거리와 어족의 거리가 완전히 일치한다는 사실을 밝혀낸 것입니다.

가설로만 있던 것을 유전학자가 증명해준 셈으로, 이로써 인간 집단들이 언제 어떤 순서로 갈라졌는지 추론해낼 수 있었고, 동아프리카나 중동 어딘가에서 10만 년 전쯤에 살았을 원시 주민으로부터 출발해 5대륙에 인간들이 거주하게 된 역사를 재구축하게 됩니다. 유전자 수형도와 언어적 수형도의 일치를 밝혀낸 것인데 바로 스포르자의 대작 『인류의 유전자 역사와 지형도The History and Geography of Human Genes』가 그 결과물입니다.

세계의
언어지도

우리가 지금 언어에 대한 탐사를 하는 이유는 세계 속에서 한국어가 갖는 위치를 새롭게 가늠해보면서 우리의 정체성을 궁구해보자는 데 있습니다. 그러한 측면에서 세계의 언어지도를 살펴볼 필요가 있는데, 이러한 지도에는 언어들의 친족성과 그것들의 사회적·문화적 구현, 그리고 그 언어들이 점유하는 영토가 표현됩니다. 단일 민족으로서 단일 언어를 사용하는 우리는 이에 대한 인식이 빈약할 수밖에 없는데 한 국가에서 하나의 언어를 사용하는 한국의 경우는 세계 언어에서 매우 드문 사례입니다.

언어지도에서 소개하는 내용은 언어들의 내적 구조와 분할이 아니라 언어에 대한 외적 시선, 언어의 지리학을 제시하는 것입니다. 그렇다면 전 세계에는 몇 개의 언어가 있을까요? 다양한 종류의 통계 수치가 존재하는데 현재 가장 공신력 있는 자료는 '에스놀로그Ethnologue: Languages of the World'라는 미국 하계 언어학연구소의 자료입니다. 전 세계 선교사들의 네트워크를 활용한 것이기 때문에 가장 유력한 자료라고 할 수 있는데 이곳 발표에 의하면 2015년 기준 세계에는 7102개의 언어가 존재합니다.

데이비드 달비David Dalby의『세계의 제 언어 및 언어 공동체를 기록한 언어권 등록과 목록The Linguasphere Register of the World's Languages and Speech Communities』에 의하면 2000년 기준 1만 3840개의 언어가 존재하는데 이것은 4994개의 외부 언어outer languages가 바깥에 있고 그 안에 8881개의 방언을 포함하는 식으로 계산된 것입니다. 이 통계는 하나의 외부 언어는 다수의 내부 언어를 포함하고 다시 내부 언어는 방언을 포함하는 것으로, 예컨대 세르비아크로아티아 언어는 하나의 유일무이한 외부 언어이며 9개의 내부 언어를 포함하는데, 그 가운데 3개는 문학어, 6개는 지역 언어가 됩니다.

현재 5천만 명 이상이 사용하는 언어를 갖는 나라는 총 23개 국입니다. 당연히 중국어가 1위를 차지하고 2위는 스페인어, 3위가 영어입니다. 그리고 한국이 13위로 프랑스보다도 앞서 있습니다. 대부분의 국가들은 다언어주의를 채택해서 하나의 언어만 사용하는 나라가 사실 드뭅니다. 200개 이상의 언어 사용 국가로 중국, 인도, 인도네시아, 나이지리아, 파푸아뉴기니, 멕시코가 있고 100개에서 199개 언어 사용 국가로 필리핀, 브라질이 있습니다. 그런데 여기서 가장 많은 수의 언어가 사용되는 국가는 국가의 영토 크기와 비례하지 않는다는 점을 기억할 필요가 있습니다.

그 예로서 앞서 말했듯이 파푸아뉴기니의 경우 1082개의 언어가 존재하지만 인구수는 660만 명으로 각 언어별 평균 사용자 수는 불과 6000명에 불과합니다. 그리고 200여 개 국가 중 160개 국가는 공식어로서 단 1개의 언어만을 인정하고 30여 개 국가는 2개 공용어를 인정하며 7개 국가는 3개 언어를 인정합니다. 공용어를 가장 많이 인정하는 나라는 스위스와 싱가포르로 이들 국가는 4개의 공용어를 갖고 있습니다.

대륙별 화자 수는 아시아가 12억 6천만 명(23퍼센트)으로 제일 많고, 유럽이 7억 명(11.6퍼센트), 아프리카 6억 명(9.9퍼센트), 아메리카 4억 5000명(7.4퍼센트), 남미 3억 2000명(5.3퍼센

전 세계 언어별 5천만 명 이상 사용자 수

순위	언어명	사용자 수	사용 국가 수
1	중국어	11억 9700만	33개국
2	스페인어	3억 9900만 명	31개국
3	영어	3억 3500만 명	101개국
4	힌디어	2억 6천만 명	4개국
5	아랍어	2억 4200만 명	60개국
6	포르투갈어	2억 300만 명	12개국
7	벵골어	1억 8900만 명	4개국
8	러시아어	1억 6600만 명	16개국
9	일본어	1억 2800만 명	2개국
10	란다어(파키스탄어)	8870만 명	1개국
11	자바어	8430만 명	3개국
12	독일어	7810만 명	18개국
13	한국어	7720만 명	5개국
14	프랑스어	7590만 명	51개국
15	텔루구어	7400만 명	2개국
16	마라티어	7100만 명	1개국
17	터키어	7090만 명	8개국
18	타밀어	6880만 명	6개국
19	베트남어	6780만 명	3개국
20	우르두어	6400만 명	6개국
21	이탈리아어	6350만 명	29개국
22	말레이어	6050만 명	6개국
23	페르시아어	5700만 명	7개국

트) 순입니다. 어족별 수를 보게 되면 인도유럽어족 사용자 수가 43.5퍼센트로 가장 많습니다. 다음이 중국티베트어족 그리고 아프리카어족 순입니다.

언어
중력 모델

언어 사용자 순으로 보면 중국어가 1위인데 그렇다면 중국어가 세계에서 가장 중요한 언어일까요? 물론 그렇지 않습니다. 여기에서 등장하는 것이 언어 중력 모델입니다. 언어 중력 모델은 세계 주요 언어들의 집합을 하나의 방대한 은하계로 간주해서 언어마다 일정한 궤도가 있다고 보는 것인데, 그 궤도는 네 가지 구조를 갖습니다.

여기서 제1층위가 블랙홀처럼 모든 것을 빨아들이는 초중심 언어hyper-central language로 여기에는 하나의 언어만이 존재합니다. 그리고 제2층위가 열 개 정도의 슈퍼 중심 언어ten or so super-central languages이고 제3층위가 100개에서 200개 정도의 중심 언어one to two hundred central languages인데 한국어는 현재 제2층위와 제3층위 사이에서 약간 애매모호하게 존재합니다. 나머지 제4층위는 주변 언어입니다.

쉽게 말해 제1층위 언어가 영어이고 제2층위는 아랍어, 스페

세계 언어의 바로미터 기준

No.	내용
1	화자 수
2	공용어로 인정받은 국가 수
3	위키피디아에 실린 기사(article) 수
4	노벨 문학상 수상자 수
5	출산율
6	인력 개발 지표(유엔에서 사용하는 인력 개발 프로그램에 따른 교육 수준 등)
7	인터넷 보급률
8	번역 수(출발어와 도착어 예)한국어→영어 또는 영어→한국어 등)
9	언어 분산 정도(한 나라에서만 말하는 언어와 다른 나라에서도 말하는 언어 구별)

인어, 중국어가 됩니다. 이들 언어들은 당연히 자신의 레벨보다 높은 언어를 지향하며 아래 단계의 언어를 배우려고 하지는 않습니다. 예를 들어 한국어 모국어자는 프랑스어나 영어를 배울 확률이 높지 나이지리아어나 몽골어를 배우는 경우는 거의 없다는 이야기입니다. 결국 이 중력 모델은 세계의 모든 언어들 사이에 존재하는 힘의 관계를 증언하는 셈인데, 물론 그 힘의 관계는 진화하는 것으로, 오늘날 언어 시스템의 블랙홀로 작용하는 영어는 불과 300년 전만 해도 현재의 위상을 갖지 못했습니다.

그렇다면 이 같은 중력 시스템 체계는 어떻게 진화하게 될까요? 여기서는 인구도 중요한 요인이지만 해당 언어의 가치가 높아지면 그에 따라 위상도 달라지기 마련입니다. 세계 언어의 바로미터 순위를 결정짓는 기준은 위 아홉 가지로 정리해볼 수 있습니다.

　현재 중국의 경제적 위상이 상당히 높아져가고 있는데 이러한 기준을 적용할 때 1세기 후에 과연 중국어가 영어의 자리를 차지할 수 있을까요? 실제로는 부정적입니다. 왜냐하면 세계 언어에서 1위의 자리라는 것은 경제력과 군사력만으로 오를 수 있는 자리가 아니거든요. 그러니까 인정하고 싶지 않더라도 지금 영어가 굳건한 세계 언어가 된 것은 다양한 요인들이 복합적으로 작용한 결과라는 뜻입니다.

Homo loquens

03.   본질

의사소통을 이루다

말하기는 두뇌와 발음기관, 청각기관까지,

신체 부위를 모두 동원하는 매우 복잡한 의사소통 방식이다.

그런데 과연 목소리를 통한 의사소통이 인간 언어에서 반드시 필연적일까?

언어 학습은
'존재하는 법'의 터득

먼저 모국어에 대해 생각해봅시다. 모국어는 한마디로 전통 계승의 초석이자 전제 조건이라고 할 수 있습니다. 한국어는 수백 세대를 거쳐 전승되어온 우리 문화를 떠받들고 있는 기반입니다. 그런데 지금은 그 기세가 조금 수그러들긴 했지만 언젠가부터 대학에서 영어 공용화 기치를 내세우면서 교수들에게 의무적으로 영어로 강의를 하게 했습니다. 시쳇말로 영어는 비싼 언어로, 한국어는 값싼 언어로 만든 것이지요. 이때는 영어로 강의하면 수당을 비롯해서 엄청나게 많은 인센티브가 주어져 많은 교수들이 잘하지 못하는 영어를 간신히 구사해가며 그에 호응하기도 했는데 이러한 현상이 우리나라에서는 아무렇지도 않게 일어납니다. 언론에서 이를 부추기기도

하고요.

그런데 만약 프랑스에서 이러한 일이 벌어진다면 어떻게 될까요? 대학 총장이 "내일부터 무조건 영어로 강의하시오. 그러면 봉급의 50퍼센트를 더 주겠소" 이렇게 말한다면 우리나라처럼 언론에서 크게 박수쳐줄까요? 아마도 프랑스 사람들은 그 대학 총장을 정신병원에 입원시켜야 한다고 할 것입니다. 프랑스에서 그러한 일은 논의의 대상조차 될 수 없는 일입니다.

모국어는 문화적 총체의 일부로 수천 년 동안 밥을 주식으로 먹어온 식문화와 같은 원리를 갖습니다. 특정 개인의 의지로 변경시킬 수 없는 매우 완고한 역사적·사회적 타성이자 관습인 것이지요. 여기에 우리의 문화적 정서가 고스란히 담겨 있기 때문에 모국어를 상실하면 그것에 담겨진 모든 문화적 표현들과 정서들이 고스란히 소멸되기 마련입니다.

개인 차원에서 보면 모국어는 개인의 인격 형성과 주체성 성립에서 결정적 역할을 합니다. 저는 현재의 국어 교육을 그 기본부터 재검토해서 바꿔야 한다고 생각하는데, 벌써 10년 전 일입니다만 내로라하는 문학비평가인 제 은사님께서 수능 국어 문제를 실제로 풀어봤더니 절반도 못 맞추셨다고 했습니다. 국어 공부가 출제자들과 수험생들 사이의 언어 게임이나 일종의 암호 해독 작업이 되어버렸다는 것입니다.

국어는 그야말로 인격 형성과 직결되는 공부입니다. 언어는 인지, 정서, 윤리의 총체로서 개인의 경험을 온전하게 구성하는 데 결정적 역할을 하는 것입니다. 말하기를 배우는 것은 고유한 언어기호 체계의 사용법을 터득하는 것이고 모국어 학습은 생각을 형성하고 정렬하는 법을 배운다는 것을 의미합니다. 논리적 구성력과 이성적 판단력을 키워준다는 점에서 합리성의 세계로 진입하는 첫 번째 관문이 바로 언어입니다.

따라서 제대로 된 모국어는 한 인간을 지적·정서적·윤리적 차원에서 성장시키는 기능을 합니다. 즉 언어는 의사소통을 위한 객관적 도구에 머무르지 않고 언어 사용을 통해 정신적 성장을 이룰 수 있어야 하고, 사유하는 능력을 기르며 정신의 얼개를 짜고 감각, 감정, 욕망, 꿈으로 이루어지는 자신의 내면세계를 형성하게 해야 합니다. 실로 올바른 언어 사용이 한 사람의 인격 형성에 관여해 진실, 선함, 아름다움의 가치를 터득하게 만들어야 합니다.

언어 습득은 단지 어휘의 의미와 문법적 규칙들만 배우는 것이 아닙니다. 우리는 언어를 통해 느끼는 법, 지각하는 법, 합리적으로 추론하는 법을 학습하게 됩니다. 동시에 그 반대로 합리성에서 벗어난 기상천외한 생각을 하는 법, 맹세하는 법, 사랑을 고백하는 법, 사과하는 법, 기도하는 법, 그리고 궁극적으로는 존재하는 법을 배우게 됩니다. 따라서 언어의 본질을 의사소통의 효율적 기능으로 축소하는 언어의 도구관은 언어의 심오한 본질을 완전히 놓치고 있는 매우 얕은 생각이며, 동시에 모국어의 생명을 위협하는 위험한 생각이라고 할 수 있습니다.

복잡한
언어의 내막

　　　　　　　　　　앞서 간단히 언급했으나 언어는 소리의 최소 단위인 음소들에 기초한 상징적 의사소통 방식으로, 이 음소들의 결합이 최소의 의미 형태 단위인 형태소를 만들어내는 이중분절 시스템으로 이루어집니다. 모든 언어에서 대개 소리의 최소 단위인 음소 수는 50개 미만인데 이 유한한 수의 음소를 결합해서 무한하고 의미 있는 기호를 구성한다는 것이 언어의 원리에서 가장 중요한 이중분절입니다.

그리고 또 언어에서 중요한 것이 운율소, 즉 성조, 악센트, 억양, 음량 등의 특징입니다. 같은 문장이라고 해도 리듬, 억양, 멜로디 등에 따라 다른 의미를 띠거나 다양한 느낌들을 만들어내는데 중국어나 이탈리아어, 중앙아프리카 반투어족의 언어 등이 모두 성조 언어이고 우리 한국어도 중세 때는 성조 언어였다는 설이 있습니다. 하지만 현재 한국어나 프랑스어 같은 경우는 상당히 단조로운 톤을 갖고 있지요.

반면 이탈리아어는 멜로디 없이는 의미 전달이 어려운 언어라서 오페라라는 장르가 나올 수밖에 없는 언어 구조입니다. 구수한 한국의 전라도 말에서는 판소리가 나올 수밖에 없는 것이고요. 물론 이탈리아어로 판소리를 하고 전라도 말로 오페라를 하는 것이 불가능한 일은 아니겠지만 태생적으로 힘들다는 것입니다. 즉 언어와 노래는 서로 연결되어 있으므로 외국어 학습을 할 때는 단순한 대화뿐만 아니라 노래도 따라 부르는 등 일상생활을 그 언어로 구사하는 총체적인 변신을 할 필요가 있습니다.

또한 같은 문장 안에서 어느 곳에 강세와 억양을 두고 강조하느냐에 따라 근본적으로 정반대의 의미를 띠게 됩니다. 하나의 예로, 한번은 프랑스 군주가 간수들에게 'exécution impossible remettre'라는 전갈을 보내면서 그들에게 적합하다고 판단되는 자리에 쉼표, 즉 억양을 덧붙이라고 지시했답니다. 이 문장에서 'exécution, impossible remettre', 이렇게 쉼표를 찍으면 '사형 집행, 사면 불가능'의 뜻이 되고, 'exécution impossible, remettre', 이렇게 쉼표를 찍으면 '사형 집행 불가능, 사면'의 뜻이 됩니다. 쉼표 하나로 죄수의 목숨이 왔다 갔다 하는 것으로 군주가 그 권한을 간수에게 준 것입니다. 이 간단한 사례를 통해 우리는 언어가 온갖 어처구니없는 오해에서부터 가장 비극적인 오해에 이르기까지 수많은 오해의 원천이 될 수 있다는 점을 깨달을 수 있습니다.

말하기라는 것은 '쓰기'와 달리 신체의 모든 부위를 동원하는 매우 복잡한 의사소통 방식입니다. 뇌를 사용해서 표현을 세밀하게 구축하고 발음기관, 아울러 청각기관까지 동원해서 전달하는 일인데, 여기서 또 한번 제기되는 문제가 바로 목소리를 통한 의사소통은 인간 언어에서 반드시 필연적인 요소인가 하는 점입니다. 언어학에서는 이 문제를 끊임없이 제기하고 있지만 아직까지 결정적인 답은 없습니다.

앞서 언급했던 아프리카 북소리 언어는 지금도 계속해서 인류학자들의 연구 대상입니다. 이들은 북을 쳐서 북소리의 높낮이를 통해 웬만한 커뮤니케이션을 다 합니다. 이외에도 카나리아 제도 라고메라La Gomera 섬에서는 휘파람 언어를 사용하는데, 3만 명 정도 인구의 이 섬에서는 기본적인 일상 대화의 의사소통을 휘파람으로 한다고 합니다. 그러니 우리는 목소리를 통한 언어가 필수적인 것인지를 끊임없이 질문할 수밖에 없는 것입니다.

인간 언어의
기능과 특징

언어가 가진 통사의 특수성으로 촘스키가 가장 주목한 것이 언어의 '회귀성recursivity'입니다. 쉽게 말하면 똑같은 문장 구조를 계속해서 반복할 수 있다는 것인데 예를 들면 다음과 같습니다.

'철수야, 네가 놀이터에 놀러 갔다 집에 들어올 때 신발의 모래를 닦아야 한다고 네 엄마가 이미 여러 차례 말했다는 것을 내가 너에게 다시 환기시켰다는 사실을 너의 엄마도 알고 있다는 것을 너 자신도 알고 있지?'

회귀성은 하나의 절이 다른 절 속에 삽입되고 다른 절 또한 또 다른 절 속에 삽입될 수 있는 것으로 동물의 다른 그 어떤 의사소통 체계도 도달할 수 없는 표현력을 부여하는 것입니다. 따라서 촘스키는 이것을 인간 언어의 가장 중요한 속성으로 본 것이지요.

그리고 동물 언어에서 도저히 흉내 낼 수 없는 또 다른 인간 언어의 특성이라고 한다면 '시간성'을 들 수 있습니다. 시제는 인간 언어만이 갖는 것으로 많은 언어들이 시간적 관계들에 대한 표현을 자유자재로 구사합니다. 또한 '양태'라는 것도 언어의 기능에서 중요하게 다루어집니다. 이는 화자의 태도를 보여주는 것으로, 화자로 하여금 자기가 말해야 하는 것과 관련해 거리 두기를 할 수 있게 해줍니다. 예를 들어 우리는 '먹는다'라고 단정하지 않고 '먹고 싶은데'라거나 '먹고 싶기는 한 것 같다'라는 등의 표현으로 여러 가지 태도를 보일 수 있다는 것입니다.

의사소통으로서의 자연언어 특징

No.	특징	내용
1	발화와 청취의 채널	언어 생산과 수용에 입과 귀를 사용
2	상호 교환성	언어 사용자들은 발신자와 수신자 역할을 교대
3	완전한 피드백	화자 자신에게 신호가 입력
4	의사소통 특화 기능	언어의 주목적은 의사소통
5	의미성	언어는 반드시 지시적인 기능을 가짐
6	자의성	신호와 대상 사이의 관계가 필연적 관계가 아님
7	이동성	멀리 떨어진 대상자에게 시공간을 초월해 제시
8	허위성	언어는 거짓말에 사용 가능
9	반성성(성찰성)	메타 언어로서 "언어는 언어에 대해 말할 수 있다."
10	전통	언어의 전통(규약) 체계는 교육과 학습으로 전달
11	학습 가능성	한 언어를 학습하면 다른 언어도 학습 가능
12	이산성(분절성)	언어는 아날로그 시스템이 아닌 디지털 시스템
13	생산성(개방성)	언어는 무한하게 새롭게 생성
14	패턴·이원성(이중분절)	20~30개 정도의 의미 생성 최소 단위로 분할
15	사라짐	입에서 발화된 음성은 곧장 허공 속에서 사라짐
16	광범위한 전달, 방향적 수용	비교적 큰 범위의 공간에서 전달 가능, 일정한 방향성 띰

언어 디자인 원리에 관해서는 여러 가지 방식으로 설명할 수 있지만 1958년 찰스 호켓Charles Hockett이라는 언어학자는 언어의 디자인 특징을 목록화하였는데, 그 구체적인 내용은 위와 같습니다. 그는 언어란 메시지들로 구성된 의사소통 방식으로서 각 메시지는 16가지의 특징적 요건을 갖추어야 한다고 했습니다.

동물도
말을 한다

20세기 3대 언어학자 중 한 명인 로만 야콥슨Roman Jakobson*이 정립한 언어 커뮤니케이션 모델을 보면 언어는 기본적으로 여섯 가지 기능을 갖고 있습니다. 그중 첫 번째는 '정보를 넘겨주는 지시적 기능'으로 '물 마시고 싶다' 등의 정보 전달입니다. 그리고 두 번째가 '감정을 해석하는 감정의 표현적 기능'인데, 언어는 우리 안의 감정을 밖으로 표출하는 것으로 이것이 잘 안 되면 병에 걸리기 마련입니다. 그래서 프랑스의 철학자 질 들뢰즈Gilles Deleuze는 이것을 언어의 가장 중요한 기능으로 보기도 했습니다.

세 번째 기능은 '교류를 수립하거나 유지시켜주는 친교적 또는 교류적 기능'입니다. 부모님께 "오늘 어떻게 지내셨어요"라고 안부 인사를 드리거나 "그랬구나"라고 맞장구치는 등의 말은 메시지가 중요한 것이 아니라 그 자체로 의미 있는 말이 되는 것이지요.

그리고 네 번째는 '수신자에게 작용하는 것을 목적으로 삼는 호소적 기능'으로 주로 정치인들이 표를 얻으려고 할 때나 장사꾼이 물건을 판매하려고 할 때 구사하게 됩니다. 그다음 다섯

* 1896~1982. 러시아 출신의 미국 언어학자. 언어학과 시학에 대한 선구적인 연구 활동을 통해 구조주의와 기호학에 지대한 영향을 미쳤다.

번째는 '아름다움을 추구하는 시적 기능'이고, 마지막은 '자신의 담화를 조절하는 메타 언어적 기능'입니다. 중은 제 머리를 못 깎는데 언어는 스스로 머리를 깎을 수 있어서 언어는 언어에 대해 말할 수 있습니다. 그것이 메타 기능이지요.

앞서 인간 언어와 동물 언어를 소리의 차원에서 비교했듯이 언어의 기능 면에서 이 둘을 비교할 수 있습니다. 일부 학자들은 여섯 가지 기능 중 첫 번째부터 네 번째 기능까지가 원숭이에게서 발견된다고 주장하기도 합니다. 침팬지들도 다양한 외침 소리를 사용하면서 분노, 이완, 흥분 등을 표현하고 원숭이들 사이에서 이를 잡아주는 행위는 매우 발달된 친교적 기능을 나타낸다고 볼 수 있습니다. 또한 몸짓, 시선, 동작, 몸가짐 등은 원숭이들에게도 있습니다.

그런데 여기서 분절언어 이외의 다른 커뮤니케이션 방식들은 어디까지나 지금 여기에서 일어나는 일들만을 다룰 뿐입니다. 동물의 커뮤니케이션은 '만약'이라는 가정문이나 과거를 언급하지 못하고 사건과 동시에 나타나는 반면 분절언어는 시간과 공간의 틀을 벗어난 상황들 역시 연상시킬 수 있다는 점에 주목해야 합니다.

그리고 야콥슨이 주의를 기울이지 않은 기능으로 언어에는 거짓말을 할 수 있는 기능이 있는데 침팬지들을 관찰하면 이들에게서도 역시 은폐, 위장, 의도적 거짓말에 대한 성향을 목격할 수 있습니다. 그렇다면 시적 기능은 어떠할까요? 오랑우탄과 긴팔원숭이의 합창은 무엇을 의미할까요? 호모 사피엔스에게는 다른 종들이 오로지 본능에 의해서만 움직이는 것이 너무 당연해 보여서 자연 속에 시가 자리할 수 있는지에 대해 진정으로 의문을 제기해본 적이 없습니다. 그런데 과연 그러한 것인지 우리가 한번 진지하게 바라볼 필요가 있습니다.

사실상 동물 커뮤니케이션을 연구하는 사람들은 인간의 커뮤니케이션과 동물의 커뮤니케이션을 연속적인 것으로 봐야 한다고 주장하고 양자 간에 넘을 수 없는 절대적인 간극이 있는 것이 아니라는 가설에서 출발합니다. 그런데도 언어의 세 가지 핵심 기능인 지시 기능, 서사 기증, 논증 기능 중에서 동물에게 논증 기능은 없다고 봅니다. 하나의 벌이 춤추면 다른 벌들이 그 뒤를 따라가지만 그 벌의 행위가 맞는지 틀리는지 논쟁하지는 않으니까요.[21]

아무튼 여기서 다른 동물들의 커뮤니케이션 사례들을 언급하는 이유는 언어에 대한 수많은 주장들이 다른 종들의 의사소통 방식들을 거의 고려하지 않는다는 점을 환기시키기 위해서입니다. 우리는 조류나 고래류 계통처럼 인간과 더 멀리 떨어져 있는 다른 동물들의 커뮤니케이션 방식에 대해서도 절대적으로 관심을 가져야 합니다.

그런데 언어의 기원들에 대한 거의 대부분의 연구서에서 저자들은 하나의 가설만을 세우고, 오로지 인간 계통, 심지어는 호모 사피엔스 종에만 한정해 사유하는 것으로 만족해합니다. 프랑스의 고인류학자 파스칼 피크Pascal Picq의 말에 따르면 인식론적 빈곤에 시달리고 있다고도 할 수 있겠는데 그 빈곤의 상황을 벗어나야 한다는 것입니다.

Homo loquens

언어 속의 파시즘을 발견하다

언어는 반동적이지도, 진보주의적이지도 않으며, 단지 파시스트적이다.
파시즘, 그것은 말을 하지 못하도록 방해하는 것이 아니라
특정 방식으로만 말을 하도록 만들기 때문이다.

화성인을 가정한
촘스키 시나리오

　　　　　촘스키의 언어 이론을 구체적으로 보겠습니다. 촘스키 이론은 언어학에서 굉장히 영향력이 막강하기 때문에 이를 정확히 이해해야 할 필요가 있습니다. 사실 그의 이론은 엄청나게 많은 비판을 받기도 했지만 그 비판 덕분에 역설적으로 더 위대해진 측면도 있습니다. 한 프랑스 철학자의 논문을 보니 "촘스키는 탁월한 언어학자다. 그런데 형편없는 철학자다" 이렇게 썼더군요. 촘스키는 실로 이렇듯 거침없는 비판을 불러일으키는 논쟁의 중심에 선 학자인데, 왜 그럴까를 생각해보면 그만큼 그의 테제가 강하기 때문입니다. 그로 인해 많은 논쟁이 촉발되고 학문적 생산성이 많아졌으니 그가 언어학에서 상당한 기여를 한 것은 분명합니다.

촘스키는 언어 능력을 인간 종의 고유한 능력으로 봄으로써 지극히 인간 중심적인 입장을 갖습니다. 다른 어떤 생명체도 엄밀한 의미에서 언어를 습득하거나 구사하지 못한다고 보는데, 특히 유한수의 요소로 무한한 문장을 생성할 수 있는 언어 창조성은 다른 동물은 도저히 상상조차 할 수 없다는 것입니다. 언어 창조성은 모든 꿀벌, 종달새 그 어떤 동물도 총체적으로 결여하고 있는 능력으로서, 침팬지의 경우도 영장류 학자들이 계속 연구하고 있지만 인간을 제외한 다른 영장류의 의사소통 능력은 여전히 일정 수준을 넘지 못합니다. 서너 살 아이의 수준 이상으로 단어 수를 암기하는 침팬지도 없고 무엇보다 침팬지는 언어에 대해 특별한 호기심을 표현하고 있지 않습니다. 여기서 철학적 사유의 문제가 나타납니다.

인간 언어의 가능성을 위한 조건은 무엇인가?

무엇이 인간으로 하여금 인간이 되도록 만드는가?

촘스키는 자신의 『언어지식』[22] 저서에서 재미있는 가정을 합니다. 앞서 간단히 설명했던 내용이기에 조금 더 구체적으로 살펴보겠습니다. 만약 화성인이 지구에 와서 동물들과 인간들을 보고 가장 놀라는 것은 무엇일까요? 촘스키는 바로 '유사성과 하나의 핵심적 차이'라고 했습니다.

즉 모든 생물체는 DNA 구조가 유사합니다. 모든 생명은 한정된 수의 유전자 배열을 통해서 거의 무한한 종류의 종들과 개별 유기체를 만들어낼 수 있습니다. 그런데 이렇듯 99퍼센트 유전자가 똑같은데 왜 그 생명들은 서로 소통할 수 없는 것인지, 아마도 화성인은 지구 생명체 간에 보편적 커뮤니케이션의 코드가 부재한다는 사실에 놀랄 것이고, 그래서 매우 명민하고 치밀한 화성인 과학자는 인간 커뮤니케이션을 매개하는 능력과 다른 생명체들 사이의 놀라운 차이, 핵심적 차이에 주목할 것이라고 했습니다.

이것이 촘스키의 시나리오인데, 그보다 앞서 철학자 루소가 『언어 기원에 관한 시론』[23]이라는 책에서 이보다 열 배는 치밀한 시나리오를 작성한 바 있습니다. 루소는 매우 간략한 문장 스타일을 구사하면서 언어의 기원에 대한 일종의 허구적 모사물을 제시하며 언어의 기원에 대한 진리를 담아냈습니다.

하지만 촘스키는 이것과 별개로 자신의 시나리오를 작성한 것으로, 화성인은 인간의 언어 능력이 마치 유전자 코드처럼 조직화된 것으로 나타난다는 점, 즉 위계적이고 생성적이며 회귀적recursive인 것으로, 표현 범위에서 한계가 없다는 점에 주목할 것이라고 했습니다. 따라서 화성인은 '왜 유전자 코드는 서로 이해할 수 없는 커뮤니케이션 시스템들을 생성하는 방향으로 변화했는가?'라고 자문하게 될 텐데, 이 같은 물음 안에서 화성인은 두 가지 가장 본질적인 문제, 즉 언어 진화의 문제와 인간은 어떻게 언어 능력을 획득했는가의 문제에 직면할 것이라고 했습니다.

언어,
어디까지 연구해야 하는가

촘스키가 던지는 언어의 궁극적인 문제는 자연언어의 기원과 언어 능력의 습득, 그리고 모든 자연언어들의 심층에 존재하는 보편적 구조 이 세 가지입니다. 촘스키는 상식적 의미에서의 언어, 즉 프랑스어, 한국어 등의 의사소통의 언어는 과학적 대상으로 보지 않아 관심을 두지 않았고 오직 그의 궁극적 관심의 대상이 되는 것은 인간의 정신과 두뇌 속에 내장되어 있는 언어 능력으로, 이것을 내재적 언어internal language 또는 아이 랭귀지I-language라고 불렀습니다. 바로 인간 언어 능력의 진화를 담당하고 있는 부분이지요. 그렇다면 신경과학자는 인간의 신경 시스템의 어떤 구성 요소들이 언어 사용에 동원되는지 물을 것입니다.

답은 대부분의 것이 다 동원된다는 것으로, 언어에서는 거의 모든 인지적 양상이 나타납니다. 그래서 촘스키는 좁은 의미에서의 언어 능력과 넓은 의미에서의 언어 능력 두 가지를 구분했습니다. 좁은 의미에서의 언어 능력이 바로 촘스키가 말하는 언어학의 범주로 이것은 관념과 소리를 결합시키는 능력을 뜻합니다. 즉 무한한 문장을 만들어낼 수 있는 인간의 능력으로 한 사람이 말을 하면 상대방이 그것을 듣고 이해하는 과정, 통사론이 연구 대상이 됩니다.

그리고 넓은 의미의 언어 능력은 관념과 소리의 차원을 넘어 우리 몸에서 언어 작동이 일어나는 전 과정을 포함하는 것입니다. 일단 기본적으로 말을 하려면 우리의 감각 운동 시스템 sensory motor systems이 작동해야 합니다.

말을 하기 위해서는 1분에도 수백 개의 단어들을 쏟아내는데 이 말하고자 하는 관념을 혀로 정확히 구현하기 위해서는 수천 개의 근육을 정확히 작동시켜야 합니다. 이렇게 언어의 작동 과정은 여러 가지 신체 조건과 함께 이해되어야 하는 것으로 여기에는 말하기뿐만 아니라 쓰기, 듣기도 포함됩니다. 촘스키는 여기서 '말하기'에만 집중해서 보자는 것입니다.[24]

그런데 저는 왜 이것을 굳이 분리할 필요가 있는지 의구심을 갖지 않을 수 없습니다. 쓰는 것과 듣는 것, 말하는 것이 모두 유기적으로 연결되어 있다면 굳이 좁은 의미에서의 언어 능력과 넓은 의미에서의 언어 능력을 구분하기보다 유기적 관계로 함께 보는 게 더 낫지 않을까 생각합니다.

사실상 적지 않은 언어 연구자들은 언어에 대한 광의의 시각보다 언어에 대한 제한적 의미에서의 일정한 경계 설정에 동의하고 있습니다만 그 방식에 차이가 나타납니다. 그래서 예를 들어 다니엘 리버만Daniel Lieberman 같은 인류진화생물학자는 감각 운동 시스템은 언어를 위해서 특화되어 적용된 것이기 때문에 좁은 의미의 언어 능력 속에 포함되어야 한다고 주장합니다. 아무튼 촘스키는 언어학의 범위를 소리와 관념의 관계에만 국한해서 천착한 언어학자였습니다.

"관점이 대상을 창조한다"

'언어학의 전적이고도 동시에 구체적인 대상은 무엇인가?' 언어학의 대상을 찾기 위한 소쉬르의 고심은 심오하고도 치열했습니다. 그는 광물학, 식물학, 동물학 등은 연구 대상이 미리 주어져 있는 것과 달리 언어학에서는 연구 대상이 미리 주어져 있지 않다는 점을 강조했는데, 예를 들어 프랑스어 '뉘^{nu}'를 발음했다고 할 경우 고찰하는 관점에 따라 완전히 다른 현상을 발견할 수 있다는 것입니다. 즉 이 단어를 소리, 개념, 역사적 변화, 철자법 등등 다양한 관점에서 파악할 수 있다는 것인데 여기에서 소쉬르의 유명한 명언이 등장합니다.

대상이 관점을 선행하기는커녕, 오히려 관점이 대상을 창조한다.

이는 비단 언어학뿐만 아니라 우리들 삶 속에서도 한 번쯤 생각해볼 거리를 제공하는 말이 아닐 수 없습니다. 즉 우리가 세상을 어떻게 보느냐에 따라서 세상이 다르게 만들어질 수 있다는 것으로, 우리가 대상을 구성할 수 있다는 뜻입니다. 아무리 멋지게 치장한 사람이 있다고 해도 그 사람이 누군가에게 인식되지 못하면 존재한다고 볼 수 없다는 것이지요.

그래서 소쉬르는 언어에서 가장 중요하고도 본질적인 부분을 '랑그langue'로 보고 언어학 연구의 대상으로 삼았습니다. 언어활동langage을 언어 체계와 개인 발화로 구분했을 때 언어 체계가 랑그이고 개인 발화가 '파롤parole'입니다. 사실상 지구인 74억 명의 언어가 모두 다른 개인 방언이라고 할 수 있는 것으로, 따라서 개인마다 너무 이질적이고 변화가 심한 '파롤'은 일차적 연구 대상으로 삼을 수가 없습니다. 그래서 모든 개인의 공통적인 분모라 할 수 있는 언어 체계를 랑그라고 명칭해서 개인보다는 먼저 사회적 차원의 연구를 하게 된 것입니다. 랑그는 언어활동의 사회적 산물이자 개개인이 언어 능력을 발휘할 수 있도록 사회 집단이 채택한 규약의 총체를 일컫는 것입니다.

랑그에 우선권을 부여하는 첫 번째 이유는, 언어 능력이라는 것, 즉 말을 분절하는 능력을 발휘할 수 있는 것은 사회 집단이 만들어주는 도구의 도움을 통해서 가능한 것이기 때문입니다. 앞서 촘스키는 생물학적인 능력을 중히 여겼는데 소쉬르는 아무리 생물학적 능력이 있다 하더라도 사회적으로 랑그라는 도구를 사용하지 않으면 언어활동을 실현할 수 없다고 했습니다. 그러니까 우선순위에서 생물학적 능력보다 오히려 사회적 제도

로서의 언어 시스템을 훨씬 더 중요하게 생각해서 그것을 연구
대상으로 삼은 것입니다.

언어는 곧
세계관

　　　　　　　언어는 다른 말로 하면 곧 세계관입니다.
우리가 세상을 바라보는 창으로, 우리들 사고에 무의식적으로
절대적 영향을 미칩니다. 이에 대해 무의식이 먼저냐 언어가 먼
저냐를 두고 정신분석학 분야에서 엄청난 논쟁이 있었습니다.
이때 정신분석의 대가인 자크 라캉Jacques Lacan*이 한마디로 교통
정리를 했지요.

　언어가 없으면 무의식도 존재할 수 없다.

　언어가 먼저라고 답을 내놓은 것입니다. 아이가 말을 배운다
는 것은 처음으로 금기를 배우는 것입니다. '안 돼'라고 해서 인
간으로서 해서는 안 될 것들을 배우는 것인데 이로써 사람은 그
금기를 넘어서려고 합니다. 맛있는 게 있으면 훔쳐서라도 먹으

* 1901~1981. 프랑스의 정신의학자. 언어를 통해 인간의 욕망을 분석하는 이론을 구
축해 언어학계에도 큰 영향력을 행사했으며 '프로이트의 계승자'라는 평가를 받았다.

려고 하는 등의 행위를 하게 되며 그것이 충족이 안 될 때 무의식으로 가라앉게 됩니다.

철학자 니체도 이 점을 아주 심도 있게 성찰해서 언어가 사고 또는 표상에 미치는 무의식적 영향을 예리하게 파악했습니다. 니체는 고대 문헌학의 대가였습니다. 그래서 인도철학, 그리스철학, 독일철학 사이에 존재하는 공통적 계보의 원인을 동일 계통의 어족에서 찾았는데 공통의 어족이 갖는 공통의 철학적 문법이 무의식 속에서 그들 사유의 폭, 깊이, 방향에 있어 지대한 영향을 행사한다고 했습니다.

니체보다 앞선 독일의 휴머니즘 사상가이자 언어학자인 훔볼트Karl Wilhelm von Humboldt 역시 언어는 세계관Weltanschauung임을 천명하고 각각의 언어는 진리를 재현하는 차원을 넘어 지금까지 알려지지 않은 진리를 포착하게 해주거나 새로운 사유를 잉태할 수 있도록 해주는 발견의 도구라고 했습니다. 이러한 생각이 극단화되면, 언어가 다른 사람들 사이에서는 소통이 불가능하다는 가설이 성립되기도 합니다. 그것이 에드워드 사피어Edward Sapir*가 세운 이른바 언어 상대성 가설인데, 쉽게 말해 영어를 모국어로 사용하는 사람은 세상을 네모로 보고 한국어를 모국

* 1884~1939. 미국의 인류학자이자 언어학자. 언어 구조의 체계적인 성질을 이해하는 데 힘써 블룸필드와 함께 미국 구조주의 언어학의 거두로 알려져 있으며 그의 제자 리워프(Benjamin Lee Whorf)와 함께 내놓은 사피어-워프 가설을 통해 언어가 사고를 지배한다고 주장했다.

어로 사용하는 사람은 세상을 동그라미로 보는 식으로 세계관이 전혀 달라 소통이 불가능하다는 것입니다.

따라서 세계를 바라보는 창문인 언어의 기능을 악용하면 특정 방식으로 세계를 보게 만들고 그릇된 세계관을 집단에게 억압적으로 부과시킬 수 있는 등 언어의 가공할 만한 권력이 발생하게 됩니다. 이에 대해 프랑스의 사상가 롤랑 바르트Roland Barthes는 다음과 같이 말한 바 있습니다.

언어는 반동적이지도, 진보주의적이지도 않으며, 단지 파시스트적이다. 파시즘, 그것은 말을 하지 못하도록 방해하는 것이 아니라 특정 방식으로만 말을 하도록 만들기 때문이다.

언어의 정치경제학

그래서 언어의 또 다른 특성으로 들 수 있는 것이 바로 정치성입니다. 언어는 진공 상태에서 진행되는 중립적 의사소통 도구가 아닙니다. 제가 대학원 강의에서 할 수 있는 언어와 카페에서 여유 있게 할 수 있는 말은 다릅니다. 상대가 누구인지에 따라 달라지는 것이 언어로, 원하건 원하지 않건 자신의 사회적 정체성을 타자에게 전달하기 마련입니다. 한 사람이 발설하는 모든 단어 속에는 이념적 색채, 가치 판단, 다양한 정치적 역사적 확신이 스며들어가 있기에 언어는 결코 중립적이지 않으며 이데올로기 차원의 정치성을 지니는 것이지요.

영국의 소설가 조지 오웰George Orwell은 사유가 언어를 타락시킬 수 있듯 언어 또한 사유를 타락시킬 수 있다고 해서 언어와 사유의 관계를 대단히 치밀하게 연구했습니다. 또한 언어의 정치성 혹은 언어와 사유의 관계에 대해 대단히 창발적으로 연구한 사회학자로 피에르 부르디외Pierre Bourdieu*를 들 수 있습니다. 아쉽게도 언어의 사회적·경제적 차원에 대한 문제를 계속해서 연구하지는 않았는데, 어찌되었든 언어학계에 매우 풍성한 아이디어를 많이 던져주었습니다.

부르디외는 우선 소쉬르가 전제한 언어의 동질성을 받아들이지 않고 누구나 공유할 수 있는 언어라는 것은 하나의 허구라고 봤습니다. 언어의 사회적 조건을 탐구해서 언어의 습득, 생산, 사용은 계층마다 첨예한 차이를 갖는다고 했으며 합법적 언어에 대해서도 관심이 많았습니다. 특히 표준어를 누가 어떤 권위를 갖고 수립하느냐, 과연 무엇이 합법적 언어이냐에 대해 치밀한 분석을 했는데, 이것은 부르디외 자신의 어린 시절 경험이 밑바탕이 되었다고 볼 수 있습니다.

* 1930~2002. 프랑스의 사회학자. 현대 자본주의 사회의 계급 성향 분석을 학문의 중심에 두고 신자유주의 세계화를 비판했다.

그는 개천에서 용이 난 경우인데, 피레네 산맥 근처 두메산골 출신으로 최고 영재들이 모이는 파리고등사범학교에 진학했습니다. 그러다 보니 심한 지방 악센트 때문에 친구들로부터 쉽게 말해 왕따를 당하게 됩니다. 그래서 그때의 소외감과 분노를 주제로 삼아 표준어와 방언의 구별 속에서 작동하는 지배와 합법화의 과정에 대한 연구에 매진했던 것입니다.

그리고 부르디외는 '언어 교환의 정치경제학'이라는 독특한 개념을 설파했는데 언어 교환 역시 분명한 하나의 경제적 교환이라는 것입니다. 화자는 단지 의사소통을 위해서뿐만 아니라 상징적 역학 관계에서 다양한 이윤을 추구한다는 것인데 예를 들어 우리는 누군가에게 아첨함으로써 어떤 보상을 받아낼 수 있지 않습니까? 반대로 말 한마디 잘못함으로써 많은 것을 잃어버리기도 합니다. 따라서 '말 한마디로 천 냥 빚 갚는다'는 속담은 단지 비유가 아니라 학술적으로 연구해볼 만한 말입니다.

앞서 제가 대학 교육에서 영어 사용을 우대하는 한국 대학의 실정을 빗대어 영어는 비싼 언어이고 한국어는 값싼 언어라고 했는데 그것도 같은 맥락이지 않을까 싶습니다. 부르디외는 이 상징적 교환이 평등한 화자들 사이의 의사소통이 아니라 극명한 권력 관계에서 이루어진다고 했습니다. 이는 당연한 것으로 아마도 이 사실을 인정하지 않을 사람은 없을 것입니다. 예컨대 대통령과 장관 사이, 교수와 학생 간에는 분명히 권력 관계가 있고 그로써 서로에게 발화되는 언어는 분명한 차이가 있기 마련입니다.

이상으로 말하는 인간 '호모 로쿠엔스'로서의 인류의 특성을 살펴봤는데, 과연 인간이 인간으로서의 정체성을 확보하는 가장 큰 수단은 무엇일까요? 이미지와 문자, 언어, 이 중 무엇이 가장 우리를 우리답게 만들어주는 것일까요? 물론 모두가 호모 사피엔스만의 특성으로 인간의 고유 능력이라 하겠지만, 그 하나하나에 대한 본격적인 질문이 지금부터 제대로 시작되어야 하지 않나 싶습니다.

5강

호모 디지털리스
Homo digitalis

20세기에 새로운 흐름으로 대두된 디지털 문명은
"최초의 영상 시대로의 귀환"이라고 말할 수 있다.
즉 선사시대 인간의 기록물은 그래피즘의 탄생이며
그 귀환으로 지금 우리는 그야말로 놀라운 이미지의 혁신,
새로운 문명의 패러다임을 맞고 있다.
시간과 공간에 대한 개념을 새롭게 정립한 '호모 디지털리스'로의 진화.
이제 인간 사유는 "나는 생각한다, 고로 존재한다"에서 컴퓨터와 함께
"우리는 생각한다, 고로 존재한다"로 수정되기에 이른다.
언어인간학의 시각에서 다른 사람과 컴퓨터의 도움 없이 세계를 사유할 수 없게 된
호모 디지털리스의 문명사적 의미를 살펴본다.

Homo digitalis

기원

소통을 혁신하다

현재 디지털 테크놀로지는 정보에 관한 모든 방식을 송두리째 흔들고 있다.

바야흐로 디지털 문명이 세상을 압도하고 있는 것이다.

지금 이 순간에도 커뮤니케이션의 혁신은 계속해서 일어나고 있다.

생명체 본질로서의
커뮤니케이션

호모 사피엔스의 마지막 귀착지로서 지금 우리가 목도하고 있는 현실, 지금 이 순간의 인류의 특징을 가장 정확하게 특징짓는 호모 디지털리스Homo digitalis에 대한 이야기를 시작하겠습니다. 디지털 문명의 인문학적 성찰이라고 할 수 있겠는데, 현재의 인간 본성을 정의하고 그 본질을 밝히는 일이라 인간에 대한 다른 어떤 정의보다 더욱 흥미로울 수 있겠다는 생각이 듭니다.

우선 질문 하나를 던지겠습니다. 지구, 인간, 표범, 나비, 바이러스의 공통점이 무엇일까요? 모두 나름대로 환경을 지각하며 자신들의 존재를 외부에 알릴 수 있다는 것입니다. 에너지와 정보의 교환은 유기체의 생존을 위한 절대 조건으로서 커뮤니케이션은 인간을 비롯한 모든 생명체를 열린 시스템으로 특징 짓는 절대 조건이라 할 수 있습니다. 커뮤니케이션 차원에서는 동물이나 인간이나 아무 차이가 없습니다. 미시적 층위에서 이루어지는 화학 반응, 거시적 층위에서 이루어지는 기상 변화와 은하계, 모두가 항상 에너지와 정보를 교환합니다. 이것이 기본적인 물리학, 생물학의 법칙입니다.

그런데 인간은 이러한 생리적·물리적 과정을 넘어서 자신만의 고유한 커뮤니케이션 활동을 실천해왔습니다. 신체의 수고를 덜어주는 인공물, 즉 돌도끼라든가 증기기관, 슈퍼컴퓨터 등을 지속적으로 만들어낸 것이지요. 이러한 인공물은 인간의 신체와 인지 능력이 바깥으로 드러나고 그 외연이 확장된 것들이라 할 수 있습니다.[25]

현재 인류의 커뮤니케이션 활동이 정점에 이르렀다고도 할 수 있는 디지털 테크놀로지는 정보의 수신, 저장, 발송, 전달의 기본 방식을 송두리째 흔들어놓고 있습니다. 바야흐로 디지털 문명이 세상을 압도하고 있다고 할 수 있는데, 매일매일 소통의 혁신이 일어나고 있는 것이지요.

한 프랑스 잡지에서 디지털 문명하에서의 인간을 주제로 다룬 기사를 읽은 적이 있는데, 태어날 때부터 디지털 기기를 다루는 아이들은 기존 세대와는 완전히 다른 새로운 인간형이 아닌지 현재의 문명에 대해 근본적인 질문을 던진 것입니다.[26]

이렇듯 디지털 문명에 대한 탐구는 현재 전방위적으로 일어나고 있습니다. 예컨대 디지털 기기가 정치적 혁명에서 유용한 것인지, 인터넷상에서의 남녀 간의 사랑이 어떤 의미를 갖는지, 게임하는 인간의 두뇌에서는 어떤 일이 일어나는지, 나아가 위키피디아의 편집 과정에 숨어 있는 엘리트주의까지 디지털 문명에 대한 다양한 탐구가 일어나고 있습니다.

이러한 탐구에서는 크게 긍정적인 입장과 부정적인 입장 그리고 중립적인 입장이 있는데, 『생각하지 않는 사람들』이라는 저서로 잘 알려져 있는 니콜라스 카Nicholas G. Carr*는 구글 등의 검색 엔진을 통한 인터넷 사용이 모든 인간을 바보로 만든다는 부정적 입장의 대표 주자라고 할 수 있습니다. 인터넷 서핑으로 얻는 지식이라는 것이 즉흥적이고 너무 주관적인 것이라 깊이 없는 지식을 양산해낼 뿐이라고 지적한 것이지요.

자율적 개인의 세계가 도래하다

지난 30년 동안 디지털 기술과 매체들의 비약적 발전은 인간 활동의 거의 모든 영역을 파상적으로 변형

* 1959~ . 미국의 IT 미래학자. 현재의 정보 기술, 즉 인터넷과 스마트 기기로 압축되는 기술 변화가 우리 사회에 미치는 영향에 대해 심도 있게 연구해오고 있다.

시키고 있습니다. 새로운 신기술들이 우리의 일상생활 풍경마저도 송두리째 바꾸어놓고 있는 것인데, 이제 온라인으로 쇼핑하는 것은 기본이고, 필요한 모든 물품의 교환도 인터넷으로 이루어지고 있습니다. 또한 저만 하더라도 이제 종이책으로 된 외국어 사전을 확인하는 번거로움 대신 인터넷 사전으로 대체해 열람하고 있는 실정입니다. 이렇듯 디지털 정보 기술은 우리의 직업 생활 모습까지도 모두 변화시켰는데, 이로써 새로운 노동 조건이 생겨나고, 노동 시간의 보다 신축적인 관리가 가능해졌으며, 음악이나 영화 감상 등의 여가 생활양식도 모두 변해버렸습니다.

또한 디지털 정보 기술은 인간의 친밀성 그리고 개인 정체성에도 심대한 영향을 미치고 있습니다. 아바타를 이용한 가명 사용 등 SNS에서 자신을 다른 사람들에게 소개하는 방식에서도 큰 변화가 일어났는데, 이것은 결국 사회적 네트워크라는 인간 활동의 반경 자체를 심오하게 변화시키고 있다고 할 수 있습니다.

여기서 일일이 세세하게 모든 변화들을 열거할 수 없겠으나, 새로운 디지털 정보 기술이 상업, 서비스, 노동, 교육, 문화, 미디어 등 전방위적으로 영향을 행사하고 있으며, 이 같은 변형들이 국가, 행정, 경제, 지정학, 도시 계획 등의 전 영역들에 걸쳐 있다는 것은 분명합니다. 실로 디지털 현상의 폭과 깊이는 엄청난 것이어서 최근 20년 동안 인문학과 사회학에서 등장한 디지털 정보 기술을 다룬 연구는 헤아리기 힘들 정도입니다.[27]

적지 않은 인문학자들이 모든 원서와 희귀서, 화려한 과거의 삽화나 중세의 채색술 등과 같은 과거에는 상상조차 하기 힘들었던 방대한 자료들을 손쉽게 열람할 수 있다는 점에서 새로운 디지털 정보 통신에 대해 열광하고 있습니다. 이를테면 프랑스의 과학철학자 미셸 세르Michel Serre는 디지털 신천지가 보여주고 있는 창안성에 대해서 매우 경이롭게 생각하고 있습니다.[28]

그의 탁견에 의하면 자신의 엄지손가락만으로 신속하게 메시지를 보내는 신세대들의 동작에서 감지할 수 있듯 새로운 디지털 기술은 우리가 생존하는 방식, 존재하는 방식 그리고 새로운 지식을 획득하는 방식을 이전과는 완전히 다르게 규정하고 있는데, 이것은 마치 로마 제국 말기 또는 르네상스 말기에 비견될 만한 커다란 격변이라고 할 수 있습니다.

하지만 다른 한편에서는 디지털 문명이 우리의 생활공간을 압도하면서 나타나는 여러 가지 부작용에 대해서 우려를 표명하고 있는 것도 사실입니다. 이를테면 스크린을 통한 인간관계의 빈곤함, 특히 아이들은 물론 성인들에게도 나타나는 각종 디지털 중독 현상, 그리고 총체적인 감시 체제와 조작의 위험성에 대해서 경고의 메시지를 보내고 있는 것이지요.[29]

그래서 어떤 학자들은 테크놀로지 순응주의에 맞서 보다 적

극적으로 투쟁할 것을 독려하기도 합니다. 이를테면 디지털의
최면 상태에서 깨어날 것을 주문하고 있는 것인데, 쥐도 새도
모르게 진행되는 자발적인 예속화와 상품화의 장치로부터 우리
를 해방시켜야 한다는 것이 그들의 주장입니다.

　현재 진행되고 있는 많은 분석을 참조한다면 우리는 이제 디
지털 정보 통신 혁명에 이어서 새로운 4차 산업혁명의 시대로
진입하고 있는 중입니다. 증기기관과 철도의 비약적 발전에 토
대를 둔 1차 산업혁명에서 전기와 석유로 상징화되는 2차 산업
혁명, 디지털 정보 통신으로 실현된 3차 산업혁명에 대한 경이
와 기쁨이 바로 엊그제 같은데 2016년 스위스의 다보스 포럼에
서 제기된 이후 4차 산업혁명은 세계의 화두가 되었습니다.

　이러한 새로운 혁명의 시기를 맞아 저 같은 매체 전문 학자는
1차 산업혁명에서부터 4차 산업혁명까지를 관통하는 몇 가지
공통점을 지적할 수 있습니다. 우선 네 차례의 산업혁명이 발생
할 때마다 대규모의 네트워크가 출현했다는 사실입니다. 철도,
전기, 인터넷 그리고 사물인터넷이 바로 그것이지요.

　아울러 지적하고 싶은 것이 모든 혁명에는 반드시 위대한 혁
신가들이 나타나기 마련이라는 점입니다. 이를테면 1차 산업혁
명 때는 증기기관을 발명한 제임스 와트, 2차 산업혁명 때는 전
기 산업 제국을 만든 토머스 에디슨, 3차 산업혁명 때는 마이크
로소프트 사를 설립한 빌 게이츠가 있습니다.

그리고 생산과 소비 방식을 동시에 획기적으로 변화시키는 기술의 진보에는 새 인류의 탄생을 촉진시키는 새로운 상상계의 창발이 있음을 알 수 있습니다. 디지털 정보 통신 기술의 상상계 역시 그러한 경우이며, 새로운 가상 세계에 대한 유토피아 담론들 역시 독특한 상상계를 만들어내고 있습니다. 이제 우리는 정보 클러스터 사회 속에서 커뮤니케이션 네트워크의 폭발에 힘입어 새로운 시간과 공간의 관계를 촉발하는 순간적·즉각적 반응성과 가속화의 세계에서 살고 있습니다. 우리는 시간이 갈수록 제레미 리프킨Jeremy Rifkin이 '접속의 문화'라고 부른 새로운 문명 양식의 공간 속으로 급속히 흡수되고 있는 것입니다.

그처럼 접근과 접속이 중시되는 디지털 생태계로 진입하면 소유의 의미는 가치와 변별성을 상실하게 됩니다.[30] 거기서 중요한 것은 지금 이 순간의 강렬함을 체험하는 것인데, 이때 관계적 감수성 그리고 연결의 감수성이 결정적인 역할을 하게 됩니다. 디지털이 운반하는 이데올로기는 모든 점에서 탈근대성에 대응합니다. 커넥션, 즉 연결의 실천이 다른 무엇보다도 더 중요해지며, 관계의 문화 그리고 체험의 소비가 다른 어떤 고려 사항보다도 우선시됩니다.

실제로 인터넷과 SNS에 대한 담론들은 대부분 현대 세계의 새로운 비전을 밝혀주는 개념들과 가치들에 무게를 두고 있습니다. 이를테면 문자, 음성, 이미지로 이루어진 멀티미디어의 엄청난 잠재력, 모든 교환들의 탈물질화, 네트워크의 중심성, 무료 서비스의 장점, 공유와 협조의 문화, 매개의 종언, 개인들 사이의 수평적 관계의 발전 등을 손꼽을 수 있을 텐데, 이로써 창의성과 혁신이 우세해지는 자율적 개인의 세계가 도래했다고 할 수 있는 것입니다.[31]

디지털의
문화경제학

현재 우리 눈앞에서 펼쳐지는 디지털 세계는 기술과 사회 사이에 설정된 새로운 관계들의 열매만은 아닙니다. 인터넷을 사용하는 사람들은 갈수록 더 많은 사이트 그리고 더 많은 소셜 네트워크에 연결됩니다. 그 속에서 수없이 많은 의견과 느낌 그리고 온갖 종류의 정보들을 교환하게 됩니다. 또한 단 한 번의 클릭만으로도 우리는 영화, 서적, 음반, 게임 등의 문화적 재화들을 손쉽게 얻을 수 있습니다. 이제 도서관보다도 오히려 컴퓨터라고 하는 새로운 플랫폼과 사이트를 통해서 문화를 소비할 수 있게 된 것이지요.

따라서 디지털 세계는 하나의 시장 기능을 한다고도 볼 수 있는데, 우리는 그 시장의 작동 메커니즘을 매우 세밀하게 파악할 필요가 있습니다. 그래야만 비로소 최근에 나타난 새로운 문화적 실천들의 파급 효과를 파악할 수 있을 테니까요. 실제로 독일의 프랑크푸르트 학파를 이끌었던 아도르노Theodor Wiesengrund Adorno와 호르크하이머Max Horkheimer, 벤야민Walter Benjamin 등 연구자들의 영향에 힘입어 문화 연구에서는 문화 산업 혹은 문화의 산업화라는 차원에서 현대 문화를 파악하려고 했습니다. 그결과 그들은 영화, 도서, 음반 등의 문화 작품들을 시리즈로 생산하는 것이 갈수록 확대되어간다는 사실을 인식할 수 있었으며, 시장의 논리가 문화를 압도한다는 사실도 파악하게 되었고, 그에 따라 이윤 창출을 추구하는 것이 문화의 우선순위가 되었다고 신랄하게 비판했습니다.

그런데 새로운 디지털 정보 통신 기술의 발전과 더불어 이제는 문화 산업과 정보 통신 및 미디어 산업이라는 두 세계의 융합이 주목받게 되었습니다. 여기서 문화 산업은 시청각과 영화, 인쇄 매체와 언론 출판 그리고 음반 산업 등으로 대표되며 최근에는 비디오 게임이 매우 중요한 요소가 되었는데 이러한 오늘날의 문화 산업들은 갈수록 정보 통신 산업과 미디어 산업에 의존하고 있는 실정입니다.

이때의 정보 통신과 미디어 산업은 컴퓨터 산업, 네트워크와 텔레커뮤니케이션 산업, 웹 산업, 그리고 다양한 전자 기기 산업을 아우르는 것으로, 달리 말해 이제 커뮤니케이션 산업 부문의 지배적 행위자들은 더 이상 전통적 문화 산업 종사자들이 아니라 디지털 미디어들의 제작자와 소유자들이라는 것이지요. 아울러 네트워크를 관리하는 정보 통신 운영 회사의 서비스 운영자와 검색 엔진 플랫폼 운영자들입니다.

이 같은 새로운 환경은 정보와 지식 확산에 지대한 영향을 미치고 있으며, 작품 창조와 유통, 확산에도 획기적인 변화를 가져오고 있습니다. 특히 인터넷의 비약적 발전은 작품들과 콘텐츠의 탈물질화로 나아가고 있고, 이로써 보다 확대된 공급망을 갖추게 되었습니다. 네트워크 정보의 경제는 인터넷 사용자들의 개인적 집단적 행동을 중히 여기기 때문에 인터넷 사용자들은 더 이상 단순 소비자들이거나 고객들이 아니며, 생산자들 입장에서는 정보의 진정한 제작자이고 동시에 확산자들이기도 합니다.

달리 말해 디지털 문화 시장에서 사용 가능한 작품들의 순환을 결정짓는 것은 더 이상 편집자의 '미리 존재하는 편집 선택' 또는 생산자의 '미리 존재하는 선택'이 아닙니다. 인터넷 사용자들이 발송하는 추천(좋아요, 싫어요) 등의 선호도 표현과 아티스트 또는 작품 주변에 넘쳐나는 댓글들이 선택과 확산을 촉발시키게 되는 것이지요.

또한 디지털상에서 이루어지는 제품 평가, 다양한 고객들의 사용 후기 등은 잠재적 구매자들에게 매우 중요한 판단 요소로서 자리 잡고 있습니다. 이를테면 구전 마케팅 또는 바이러스마케팅의 기술들은 점차적으로 웹에서 널리 사용되고 있으며, 소비자들로 하여금 보다 능동적으로 제품 확산에 참여하도록 만들고 있고, 특정 브랜드가 개인들 간의 관계로 형성된 네트워크에서 활용되도록 하고 있는 실정입니다.

기술 진화의 궁극, 디지털 문명

그렇다면 매체가 어떻게 인간의 정신과 문화를 변화시켰을까요? 인간 본질로서의 커뮤니케이션, 그 매체 문화사의 범위는 어떻게 될까요? 말할 것도 없이 저 멀리 상징의 문턱을 넘어선 구석기시대 호모 사피엔스의 동굴벽화가 그 시작점이 될 것이고 그로부터 오늘날의 스마트폰까지가 인류 매체 문화사의 범주를 구성한다고 할 수 있습니다. 동굴벽화와 스마트폰이 등가의 가치를 갖는 인간 커뮤니케이션 수단이 되는 것이지요.

동굴벽화와 스마트폰까지를 이어주는 인간 문명을 가능하게 한 인간의 고유한 두 가지 속성을 들자면 호모 로쿠엔스로서의 언어 사용과 호모 파베르로서의 기술 사용이라 할 수 있습니다. 그런데 사실 이것이 인간 고유의 속성인지는 의문의 여지가 있습니다. 정교하게 벌집을 짓는 꿀벌들의 작업이라든가 나무를 깎아 자유자재로 사용하는 침팬지를 보면 그러한 생각이 들기도 하는데, 그럼에도 대다수의 인문학자들은 동물들의 행위는 단순한 본능에 의한 것이라서 인간의 언어 능력과 기술 사용과는 도저히 견줄 수 없는 본질적으로 다른 저차원에 속한다고 철석같이 신봉하고 있습니다.

그렇다면 문자를 쓰고 읽는 기술은 어떨까요? 이것 또한 인간성의 본질이라고 할 수 있을까요? 여러분은 무엇인가 글을 쓰거나 책을 읽지 않는 생활을 지속할 때 스스로에게 어떤 변화가 나타날지 생각해본 적이 있나요?

독서를 회피하는 디지털 시대의 어린 아이들의 문자 기피 현상을 우려해 한 일간지에서 마련한 특집 기사에서 서울대 심리학과 곽금주 교수는 다음과 같이 말한 바 있습니다.

활자 매체는 독자로 하여금 많이 상상하고 사고하게끔 하는데, 영상은 그러한 과정을 제한하기 때문에 활자 매체를 충분히 접하지 않는 아이는 사고 발달이 더뎌지고 언어 파괴로까지 연결된다.

이어서 고려대 교육학과 권대봉 교수는 이렇게 말했습니다.

책을 읽을 때는 독자가 내용을 소화하기 위해 스스로 생각해야 하고 그 과정에서 논리, 분석의 힘을 키울 수 있는데 영상은 보는 사람들이 소화할 시간 없이 정보를 바로 던져준다. 때문에 영상만 접한 세대는 제대로 사고하는 훈련을 못 하게 되고, 생각을 말로 표현하는 데도 어려움을 겪는다.[32]

이들 전문 학자들의 견해에 따르면 문자와 연결되지 않는 생활은 인간에게 언어 능력뿐만 아니라 사고 능력의 저하를 가져온다는 것입니다. 그런데 디지털 시대의 아이들이 문자 대신 영상 이미지에 푹 빠져 있는 현상은 보다 긴 시간의 안목으로 인간학적 차원에서 살펴볼 문제입니다. 이를테면 호모 사피엔스가 탄생한 20만 년 전부터 21세기까지의 시간을 통틀어 보았을 때, 문자 영역에서는 읽기보다도 쓰기가 가장 비자연적인 행위라고도 할 수 있는데 쓰기의 기쁨을 알기는 사실상 쉬운 일이 아닌 것이지요.

저 또한 논문이나 책을 쓰는 일을 하면서도 그것이 진정한 기쁨이 되지는 못하는 실정이라 요즘에는 매일 기쁜 마음으로 글을 쓰는 일을 해보고자 노력하고는 있습니다. 여러분도 남의 글을 읽는 차원을 넘어서 스스로 글을 생산하는 일을 일상으로 할 수 있으면 좋겠습니다. 그것이 문자 영역에서의 또 하나의 혁신이 되지 않을까 생각합니다.

아무튼 실제로 현대인은 점점 문자와 멀어지고 있는 것이 현실이고 현재의 디지털 문명은 실제 현실과 가상현실의 구분을 점점 어렵게 만들도록 진화하고 있습니다. 기술 진화의 궁극이라 할 디지털 문명을 맞아 오히려 인간성의 발현이 위축되는 아이러니가 발생하고 있는 것입니다.

문자의 위기와
새로운 잠재력

공간 속에서의 각인, 쉽게 말해 바위, 돌, 종이 등 특정 매체에 무엇인가를 새겨 넣는 것, 더 정확히 말하면 넓은 의미에서의 이미지. 이것은 오늘날 우리가 사용하는 디지털 문자에서 가장 핵심적인 것이라 할 수 있습니다. 그런데 이 같은 디지털 문자는 우리에게 많은 까다로운 문제를 제기합니다. 무한하게 동일한 것을 계속해서 복제하고 전달할 수 있는 가능성으로 인해 그것이 글쓰기의 세계에서 새로운 잠재력으로 나타난다는 것입니다.

디지털 문자의 가능성은 그동안 의미론적 불안정성 때문에 폄훼되었던 이미지의 다양한 모험들에 새로이 문호를 개방하고 있습니다. 이미지는 과거에는 일러스트레이션이라는 이름 아래 단지 기분풀이, 삽화, 껍데기에 불과했습니다. 하지만 우리가 사용하는 문자의 체계적 기록과 모든 기호들의 지리적 레퍼런스 처리, 그리고 온갖 이미지 영상물과 대규모 그래픽 사용 등은 이미지와 언어 역량에 엄청난 팽창을 가능하게 했습니다.

프랑스의 저명한 언어학자인 클로드 아제주Claude Hagège는 그의 저서『말하는 인간』에서 음성 기록 앞에 나타난 문자의 항복을 다룬 바 있는데,[33] 이 문제는 디지털 글쓰기 기계가 음성언어를 문자언어로 변환시킬 수 있는 오늘날 다시 곰곰이 따져볼 가치가 있습니다. 현재 우리는 한 권의 책을 들을 수도 있고, 하나의 목소리를 읽을 수도 있습니다. 시각과 청각이 혼용되는 것인데, 예컨대 우리에게 잘 알려져 있는 페르시아 고전『천일야화千一夜話』는 내가 눈으로 읽을 때와 귀로 들을 때 의미가 달라집니다. 그것을 낭독하는 사람에 따라서도 의미가 바뀌고요.

저자로부터 해방된 객체화된 문자는 생명의 기원인 음성언어와는 다른 법률적 사안에 속합니다. 일종의 권위가 부여되는 것이지요. 바로 그러한 이유에서 손으로 쓴 문자 학습을 포기하는 것은, 다시 말해 학교 프로그램의 토대라고 할 수 있는 손 글씨를 포기하는 것은 마치 신체의 수족을 제거하는 것처럼 우리에게 두려움을 안겨줍니다. 알아보기 힘들 정도의 엉망진창이 된 아이들의 손 글씨에서 디지털 글쓰기가 일종의 퇴행이 아닐까 염려하는 것이지요.

그런데 우리가 흔히 범하는 오류의 하나는 이미지 속에서 보편문자의 미래를 보려는 태도입니다. 여기서 말하는 보편문자란 개별 자연언어들로부터 해방된 문자를 말합니다. 컴퓨터 아이콘이나 스마트폰 그리고 다양한 SNS에서 사용되는 그래픽 기호들이 그것들인데, 이러한 보편문자의 놀라운 성공 앞에서 어떤 사람들은 문자가 곧 이미지가 될 것이라는 사실을 예언한 바 있습니다.

오늘날처럼 남녀노소를 불구하고 휴대전화와 카카오톡, 밴드 등의 미디어를 통해 시시각각 이미지들을 소비하는 사회에서는 이 같은 예언이 그럴싸하다고 생각하기 쉽습니다. 저의 개인적 예를 들어본다면 교수 테니스 동호회에서 사용하는 밴드 프로그램에는 메시지 내용의 절반이 이모티콘과 다양한 그래픽 부호들입니다. 제 또래가 그러하니 나이 어린 학생들의 경우에는 오죽하겠습니까. 그 같은 그래픽 기호들은 특별한 설명 없이도 즉각적으로 이해되고 교환될 수 있기에 선호되는 것이지요.

본래 이미지는 서양의 예술사와 문화사에서는 길들여지거나 예측하기 힘들고 혼란스럽기 때문에 꿈의 영역에 속하고 상상계의 영역에 속하고 예술의 영역에 속했습니다. 그런데 20세기 중반에 탄생한 시청각 매체 혁명은 상황을 완전히 바꾸어놓은 것으로 보입니다. 이미지와 사운드가 결합되었으며 상호 보완적이 되었지요. 그런데 시청각은 말과 이미지의 장점을 조합했으나 또한 단점도 간직하고 있습니다. 롤랑 바르트가 사진술에 대해서 말했던 것처럼 말과 이미지는 "그것의 현실에 대한 밀착, 그것의 휘발성, 그것의 주관성, 그리고 그것의 상황에 따른 가치"라고 하는 결점을 갖고 있는 것입니다. 반면 문자는 하나의 정착된 권위를 통해 필수 불가결한 타당성을 확보했고요.

오늘날 문자 개념은 언어와 단지 머나먼 관계를 갖는 그래픽 오브제들과 순전히 기능적인 글쓰기 사이에서의 개념이 무너지고 있습니다. 예를 들어 기능적 글쓰기라면 흔히 슈퍼마켓에서 보는 바코드를 꼽을 수 있습니다. 바코드를 우리는 무엇이라고 불러야 할까요? 이미지라고 불러야 할지, 문자로 불러야 할지, 아니면 그래픽 기호라고 불러야 할지 분명하지 않습니다. 한 가지 확실한 것은 바코드를 읽을 수 있는 것은 오직 로봇뿐이라는 사실입니다. 다시 말해 논리적 작동을 할 수 있는 로봇이 바코드의 유일한 독자인 셈입니다.[34]

인류가 책 읽기와 글쓰기를 함께 실천하게 된 것, 이른바 보편적 리터러시Literacy, 즉 문자로 된 기록물들을 통해 지식이나 정보를 얻고 이해할 수 있는 능력이 등장한 것은 불과 300년 전의 일입니다. 요컨대 인간이 갖고 있는 구술언어와 이미지 사용 능력은 결코 문자에 비해 열등한 요소들이 아닙니다. 따라서 디지털 시대의 문자 퇴행을 염려하는 전문가들의 우려는 사실상 지극히 문자 중심적 가치 판단의 틀에서 크게 벗어나지 못한다는 인상을 지울 수 없습니다.

앞서도 말했지만 세계적인 건축가들 가운데는 난독증에 걸려 글자를 전혀 인식하지 못했던 사람들이 있습니다. 퐁피두

센터와 새로운 세계무역센터를 설계한 건축가인 리처드 로저스Richard George Rogers도 일설에 의하면 난독증으로 11세 무렵까지 글을 읽고 이해하는 데 어려움을 겪었다고 합니다. 그러니까 우리는 이제 디지털 시대에 맞는 새로운 잠재력에 주의를 기울여야 하지 않나 생각합니다.

Homo digitalis

02.   진화

영상 시대로 귀환하다

호모 사피엔스는 최초의 이미지를 그린 호모 그라피쿠스다.

현재 인류가 발달시켜온 미디어 테크놀로지의 혁신과 문명의 변형은

과거 구석기시대 호모 그라피쿠스로의 새로운 귀환을 가져왔다.

미디어 테크놀로지와
문명의 변형

디지털 혁명 이전에 인류가 경험한 가장 강력한 사건은 문자의 발명과 인쇄술, 두 가지라고 할 수 있습니다. 문자의 탄생은 고대 그리스에서 기하학 등의 추상적 학문의 교육에 비약적 발전을 가능하게 하고 종교는 문자를 숭배하기에 이릅니다. 실로 문자가 역사를 탄생시켰다고 할 수 있는데 인류가 성취한 위대한 정치, 종교, 경제, 과학의 발전과 진보는 정보를 처리하는 적절한 도구들로부터 성취된 것이라 할 수 있습니다. 불교 경전, 코란, 이집트 문명의 피라미드 등이 모두 그러하지요.

문자의 발명으로 법 체제가 구성되면서 문자는 최초의 도시 국가를 만들어내는 데 결정적 공헌을 하고 화폐 제작을 통해 상업 교역을 가속화시킵니다. 앞서 4대 문명 발상지가 문자 발명의 시공간과 일치했다고 언급했듯이 이집트 문자, 설형문자, 한자의 탄생지는 모두 문명 발생지와 동일합니다.

그리고 르네상스 시기부터 인쇄술이 등장하게 되면서 이탈리아의 은행들은 동전을 지폐로 대체하고, 지중해에서는 상업 교역 방식이 바뀌고, 최초의 자본주의 씨앗이 발아하게 됩니다. 뿐만 아니라 책의 확산은 종교 개혁을 촉발하고, 신교가 장려한 개인의 독립성을 강화시키고 정치적 민주주의와 시민의 권리를 신장시킵니다. 예컨대 구텐베르크의 『42행성서』*가 그러한 기능을 했지요.

책이 도서관에 집중되고 확산 유포되면서 종교적 권위는 약화되고 인쇄술의 발명은 기억의 부담을 덜어주어 더 많은 시간을 실험 과학에 할애하도록 만듭니다. 즉 활자가 근대과학을 탄생시킨 것으로 갈릴레이, 뉴턴, 켈퍼 등 과학자의 활약을 촉발시킵니다.

우리나라 역시 처음으로 목판 인쇄술이 등장해 무구정광대다라니경이 완성되었고, 이후 제철술에 뛰어난 능력을 보여 금속 활자를 제조하기에 이릅니다. 이로 볼 때 지금 우리나라가 정보

---

* 15세기에 구텐베르크가 인쇄한 라틴어 성경. 한쪽에 42줄로 인쇄가 되어 있어 42 행성서로 불리며, 구텐베르크의 이동식 활자로 찍은 첫 작품으로 이후 인쇄된 책의 시대를 여는 하나의 상징이 되었다.

기술 측면에서 타의 추종을 불허하는 능력을 보여주고 있는 것은 우연이 아닌 역사와 전통을 창조적으로 계승한 필연적 결과라고 하겠습니다.

그리고 사진 기술과 영화 제작이 등장하고 급속히 발전하게 되는데, 영화의 역사는 1895년 뤼미에르 형제의 〈열차의 도착 L'Arrivée d'un train en gare de La Ciotat〉을 그 시작점으로 보고 있습니다. 그리고 드디어 TV가 등장하고 이어서 비디오 아트라는 영역이 부상합니다. 비디오 아트 하면 당연히 세계 최초의 비디오 아트를 창시한 백남준을 바로 떠올리시는 분이 많을 것입니다. 이어서 컴퓨터, 스마트폰이 등장하기에 이르고요.

호모 그라피쿠스, 역설의 시대를 살다

인문학에서도 디지털 시대에 대한 문명 성찰이 필요합니다. 새롭게 존재하는 호모 디지털리스의 본질을 알기 위해서는 디지털 시대의 정보 매체의 변화, 즉 소프트 테크놀로지를 살펴봐야 합니다. 이 소프트 테크놀로지는 산업 시대의 하드웨어와는 비교가 안 될 정도로 강력한 것입니다. 여기서 테크놀로지는 기호들을 처리하는 인공물 전체를 가리키는 것으로 컴퓨터, 텔레비전, 휴대전화, 책, 회화, 조각 등을 뜻합니다.

테크닉과 테크놀로지의 차이는 망치와 기중기, 주판과 컴퓨터를 비교해보면 알 수 있습니다. 종이 역시 탁월한 테크놀로지라고 할 수 있는데 강력한 테크놀로지로서의 종이가 없었다면 구텐베르크라 할지라도 활자를 발명할 꿈도 꾸지 못했을 것입니다. 이러한 테크놀로지들은 신축성, 이동성, 속도, 팽창력 측면에서 산업혁명 시대에 탄생한 '하드웨어' 또는 '하드 테크닉'보다 훨씬 더 강력합니다.

프랑스의 석학인 세르의 통찰에 따르면, 소프트 테크놀로지는 개인의 행동과 사회 조직 전반에 지대한 영향을 미치는데, 자연과학이 하드웨어와 하드 테크닉에 대해서는 정밀한 물리적 법칙과 지식 체계를 갖고 있는 반면 아직도 소프트 테크놀로지의 법칙은 알지 못한다고 합니다.[35]

생명체 활동의 요구로 발생한 다양한 정보의 축적과 그것들의 교환 방식들은 눈에는 잘 보이지 않으나 분명 삶의 변화들을 지배하고 있습니다. 그런데 이때의 변화는 단순한 진화론이나 하나의 매체가 다른 매체를 몰아내는 식의 단순한 대치가 아닙니다.

계산기로 인해 주판이 사라지고 중앙난방으로 인해 옛날식 난로가 사라졌으나, 컴퓨터는 인쇄기와 종이의 소비를 증가시키고 있으며, 디지털 시대를 맞아 종이책이 소멸하기는커녕 각국은 세계적인 도서관 건립에 힘을 쏟고 있는 실정입니다.

이것은 사실상 앞뒤가 맞지 않는 이야기입니다. 분명 디지털 시대에는 도서관이 없어져야 마땅할 것 같은데 실상은 반대의 현실을 보이고 있습니다. 새로운 매체의 발명은 그전의 매체를 죽이기는커녕 옛 매체들을 더 활성화시키고 더 확산시키는 방향으로 나아가고 있는 것입니다.

오늘날 목도하고 있는 정보 통신 혁명은 그 이전의 기술에 비해서 더 큰 파장과 혁신을 동반한다는 점에서 문명사적 변동을 가져올 것이 분명합니다.

이미 호모 디지털리스로 진화한 현재 우리의 모습을 성찰하는 것만으로도 호모 사피엔스의 미래가 어떻게 펼쳐질지 가늠할 수 있지 않을까요?

앞서 말했듯이 선사학의 거장인 앙드레 르루아 구랑의 선사 미술 기원을 다룬 기념비적 연구 성과에서 개진된 생각들을 나름대로 해석해본다면 오늘날의 디지털 시대는 "최초의 영상 시대로의 귀환"이라고 말할 수 있습니다. 이 같은 선사 인류학의 시각에서 진단해본다면 호모 그라피쿠스로 회귀한 것과 동시에 인류는 매우 다차원적인 양상을 보이고 있습니다.

바야흐로 현대는 역설의 시대입니다. 머지않아 시를 쓰는 인공지능이 등장하리라 예상되는 디지털 문명 속에서 호모 그라피쿠스, 호모 스크립토르, 호모 로쿠엔스로서의 인간 본성이 중첩되어 발현되고 있는 것입니다.

"최초의 영상 시대로의 귀환"

호모 사피엔스가 남긴 구석기시대의 동굴벽화는 가장 오래된 인류 최초의 커뮤니케이션 양식이라고 할 수 있습니다. 앞서 호모 그라피쿠스를 이야기할 때 언급했듯 전 세계에 남아 있는 7500만 점의 동굴벽화는 인류의 가장 휘황찬란한 시각적 아카이브라 할 만합니다. 동물, 인간의 신체 형상을 그린 이미지와 더불어 의미를 알 수 없는 다양한 추상적 기호들, 그 선사시대의 언어 이미지에 관해서는 앙드레 르루아 구랑의 업적이 독보적입니다. 그러므로 그가 선사시대 인간의 기록물을 그래피즘의 탄생으로 본 것을 저는 20세기에 새로운 흐름으로 대두된 디지털 문명에 적용해 "최초의 영상 시대로의 귀환"이라고 표현한 것입니다.

여기서 중요한 것은 언급했듯 최초의 그래피즘은 구체적인 형태보다도 리듬을 먼저 표현했다는 것입니다. 반복하지만 가장 최초의 인간 기록물은 동물 모양보다 추상적 문양이며 이것은 구상 다음에 추상이 나타나는 것으로 알고 있는 우리의 상식을 벗어나는 일입니다. 사실상 다차원적인 사유는 문자가 아니라 이미지를 통해서 가능합니다. 이 점에서 이미지는 창의성과 밀접한 관련성을 맺고 있고 다차원적 아이디어를 생산하는 데 있어 활자보다도 훨씬 강력합니다. 상상력을 키우는 데 결정적 작용을 하는 것이지요. 그리고 이러한 추상적 문양, 이미지가 문자로 연결되어 이집트 문자나 한자, 마야 문자 등으로 나타나게 됩니다.

문자가 대륙의 농경민족 회계장부에서 사유재산을 표기하기 위해서 나온 것이라면 수학의 기원과 문자의 기원이 동일하다는 주장도 현재 나오고 있습니다만 문자는 결국, 표음문자를 전제로 할 때 선조화로 귀결됩니다.

한편 앙드레 르루아 구랑은 한자가 내포하는 상상력과 은유적 비약을 신화문자mythograms라는 개념으로 표현합니다. 예를 들어 편안할 안安 자는 지붕 밑에 여자가 있는 것을 표현한 것으로, 지붕과 여성의 이미지를 결합하여 만든 평화, 평온, 안전 등의 의미에는 어떤 논리적 필연성도 없다는 것입니다. 문자는 점차적으로 직선화, 표음화로 진화했고 이는 완전한 추상화를 말합니다. 앙드레 르루아 구랑은 이러한 문자를 그래피즘의 결과물로 보았고 한자에 대해서는 "구술언어와 그래픽 표현의 완수"라고 이야기하기도 했습니다.

지금 우리가 살피는 매체의 문화사에서 매체가 변할 때마다 인간에게는 얻는 것이 있고 잃는 것이 있습니다. 문자의 탄생으로 인류는 더욱 분명한 소통 능력을 갖게 된 반면 다차원적인 이미지가 일차원적인 직선의 문자로 변화하면서 인간의 생각은 수축되기 시작했다고도 할 수 있습니다. 따라서 이러한 측면에서 보면 진보라는 개념도 다시 생각해봐야 하는 게 아닌가 하는데, 현재 우리는 다차원적인 이미지의 세계로, 영상 시대로 귀환한 것이라 할 수 있는 것이지요.

디지털 시대 글쓰기의 변신: 손 글씨의 종언과 로봇 글쓰기의 등장

우리가 매일 컴퓨터 자판으로 하는 글쓰기는 30~50년 전 학교에서 배웠던 글쓰기와는 판이하게 다릅니다. 물론 요즘 아이들도 한글 자모 쓰는 법을 배우기는 하지만 아이들의 손 글씨 수준은 날이 갈수록 조악해지고 있지요. 사실상 요즘 젊은이들은 한글의 붓글씨체나 다양한 글꼴들이 무엇인지를 알지 못합니다. 반면 컴퓨터 프로그램에는 수백 수천 개의 다양한 글자꼴들이 구비되어 있고 심지어 글자꼴을 시장에서 사고팔기도 합니다.

이제 우리는 엄연한 사실 하나를 인정해야 합니다. 현대인들은 손 글씨로 글을 쓰는 미적·예술적 감각을 거의 상실했다는 것입니다. 아이, 어른 할 것 없이 육필본들은 남들에게 보여주기에 창피할 정도의 수준이 되었습니다. 글쓰기를 가르치는 한글 정자체 교본들은 이미 학교에서 사라진 지 오래입니다. 우리들이 매일 쓰는 디지털 글쓰기란 이미 코드화·규정화된 것이며, 로봇이 자동으로 처리하는 글쓰기로 혼자서 작동될 수도 있습니다.

또한 또 다른 층위에 속하는 다양한 글쓰기들도 존재하는데, 예를 들면 메타 데이터들의 글쓰기, 프로토콜의 글쓰기와 다양한 포맷들이 우리의 디지털 환경 조건을 규정하고 있습니다. 글쓰기와 문자는 이제 더 이상 하나의 테크닉, 즉 동일한 범주에 속하는 다양한 종류의 기술들의 집합이라고 말하기가 점점 더 어려워졌습니다. 똑같은 범주라고 하기에는 너무나 이질적인 글쓰기와 문자들이 탄생하고 있습니다.

그런데 이 같은 디지털 문명에서의 새로운 글쓰기 환경에도 불구하고 캘리그래피calligraphy는 고유한 아우라를 간직하고 있습니다.[36] 동서양 할 것 없이 여전히 결혼식이나 장례식 등 다양한 의식 행위에서 장식을 맡고 있는 캘리그래피는 예술적·의례적 실천에 속한다고 하겠습니다. 현재 전문 캘리그래퍼 혹은 서예가들은 아티스트임을 자부하는데 특히 우리나라를 비롯한 동양의 경우는 여전히 전문 서예가들이 다양한 활동을 하고 있습니다.

자필은 그것을 쓰는 장본인의 정서적 가치를 드러낸다고 해서 프랑스의 일부 학자들은 정신 발작이나 병리적 상태의 글쓰기에서 나타나는 다양한 심리적 동요를 탐구한 바 있습니다. 문학 역시 서체에서 특유의 감정적이거나 관능적인 가치들을 발견하는데 예컨대 어떤 작가들은 작품 속 특정 인물들의 글씨체에 대한 상세한 묘사에서 그 같은 특징들을 포착해내는 것을 종종 볼 수 있습니다.

아무튼 이미지의 대량 복제가 가능한 디지털 문명은 이전 시대 타이포그래피의 독점을 산산조각 냈다고 할 수 있는데, 오랫동안 알파벳 문자가 이미지를 철두철미하게 무시해온 것과 같이 이제 디지털화는 똑같이 텍스트를 무시하고 있습니다. 알파벳이 문자의 싸움에서 승리를 거두었다면, 사진술은 복제의 싸움에서 승리를 거둔 것이지요.[37]

그리고 오늘날 그 자신의 복제가 아닌 글쓰기와 문자는 거의 존재하지 않습니다. 프랑스의 대문호 말로Andre Malraux는 저서『상상의 박물관』에서 사진술의 복제 가능성을 예찬하며 수천 장의 사진을 싣고 있는데, 여기에서 그의 육필이나 캘리그래피는 찾아보기 어려우며 대부분 인쇄 언어입니다. 심지어 이제 스마트폰이나 PC, 태블릿에서도 필사라는 것은 거의 존재할 수 없습니다. 필사의 마지막 은신처, 그곳은 고유명사의 서명이 될 텐데 이것조차도 디지털 시대에는 암호로 대체되고 있고, 계좌번호나 그 밖의 다른 비밀번호들로 대체되고 있는 상황입니다. 이제 예술가의 서명만이 나름의 가치를 보존하고 있는 것이 작금의 현실이라 하겠습니다.

생각해보면 과거 중세 시대 때는 학생들에게 자필 수고手稿를 맡겼습니다. 중요한 글은 다른 사람에 의해 적혀져 타자의 글씨가 되어 필사의 영역에 남아 있었습니다. 그리고 보편 교육이 시행되면서 모든 시민들은 자기 나름대로 글쓰기를 배워야 했고 실천해야 했으니, 초등학교 때 행해지는 받아쓰기는 모든 사람들이 식자성의 세계에 진입하기 위해 필요한 연습이었던 것이지요. 어느 시대나 문맹은 늘 하나의 약점이었는데, 오늘날 사람들은 디지털 문맹 혹은 전자 문맹, 컴퓨터 문맹이라는 말을 사용합니다. 컴퓨터 자판을 쓰지 못하거나 컴퓨터를 작동시키지 못하는 것이 약점인 시대인 것이지요.

문자는 무한하게 복제되어 이제는 하나의 문자 이미지가 되었습니다. 그 같은 상황의 증거로 인터넷에서 넘쳐나는 다양한 글자꼴들의 창조자들이 자신들의 글자꼴에 대해 저작권을 주장하고 있습니다. 따라서 저작권을 획득하지 못하면 우리는 특정 글꼴을 공적으로 사용할 수 없습니다.

이러한 컴퓨터 자판의 글쓰기는 우리가 30년 전에 학교에서 배운 글쓰기와는 정반대로 우리들 자신에게 속하는 문자나 글쓰기가 아닙니다. 바야흐로 디지털 글쓰기와 디지털 문자는 수많은 자격증의 대상이 되고 증강 글쓰기와 증강 문자가 되었습니다. 디지털 글쓰기와 문자에는 그 문자를 조작하는 수많은 기능들의 명령어들이 첨가되고 있으며, 언어 시스템이 아닌 다른 시스템 속에서 기존의 문자를 송두리째 흔들어놓고 있습니다.

디지털 문자는 로봇에 의해 작동되는 글쓰기로서 수많은 기능적 기호들과 글자들로 이루어지는데 이 같은 기능적 기호들은 필사로 적으면 어떤 힘도 가질 수 없는 부호들에 불과합니다. 독자적 영역을 가졌던 캘리그래피는 이제 그래픽 전문가들의 일거리가 되었고, 과거에 초보적인 그림문자에 불과했던 다양한 픽토그램은 현재 디지털의 모든 사용 방식을 점령하고 있으며 심지어 교통신호 체계에서도 가장 많은 비중을 차지하고 있습니다. 그 같은 픽토그램을 일러 포스트 문자, 즉 탈문자라고 부를 수도 있을 것입니다.

디지털 글쓰기의 다양한 명령어 혹은 원격 명령어들은 규범화된 기록과 원격 글쓰기를 가능하게 합니다. 이제 저자는 자판 앞에서 텍스트 편집을 직접 할 수 있으며 더 나아가 페이지 구성 또는 다른 모든 일체의 공간 구성을 자신의 취향에 따라 마음껏 수행할 수 있게 되었습니다. 이제 학교에서 가르쳐야 할 것은 그 같은 새로운 글쓰기 능력이라고 할 수 있습니다. 단지 복사하는 것이 아닌 편집 능력이 중요해졌기 때문입니다. 단순한 복사는 기계가 인간보다 훨씬 더 잘 수행할 수 있으니까요.

모든 방식에서 가능해진
글쓰기 놀이

복제 가능성은 문자를 정의하는 중요한 기준이 됩니다. 기계적 문자, 아울러 전자문자는 단숨에 기계적으로 편집이 됩니다. 이제 학교의 교육자들은 학생들에게 그 같은 자동화된 편집 방식을 준비시켜야 합니다. 공적 글쓰기, 기념비적 글쓰기와 사적인 흘림체의 글쓰기 사이에 존재하던 전통적인 구별은 이제 선택 사양이 되어버렸습니다. 왜냐하면 동일한 메시지는 하나의 스크린에서 다른 스크린으로 옮겨가면서 자유자재로 글꼴과 크기 등을 변환시킬 수 있기 때문입니다. 이 점에서도 역시 그 같은 변화무쌍함을 누릴 수 있는 기회를 포착하고 각자가 새로운 디지털 글쓰기 능력을 학습해야 합니다.

또한 디지털 글쓰기에서는 모든 것이 게시의 문제로서 마우스로 조종할 수 있는 사안이 되어버렸습니다. 원격 조종되는 글쓰기 혹은 문자들과 더불어서 SNS, MMS, 차트, 트위터 등과 더불어 디지털 문자는 대화적 문자가 되었습니다. 다시 말해 디지털 문자는 구술성의 속성으로 향하고 있습니다. 하지만 말과 마찬가지로 일단 전달되면 디지털 문자는 다시 돌려놓을 수 없습니다. 그렇기 때문에 세계 도처에서 디지털 필화 사건들이 나타나고 있는 것이지요.

디지털 글쓰기는 모든 것을 기억 속에 간직할 수 있으며 심지어 자신이 경솔하게 써놓은 다양한 글이나 이미지 등도 모두 다 간직하고 있습니다. 이 점에서 망각은 하나의 예외적 권리라고 말할 수 있는데, 우리는 이 점을 잊어서는 안 됩니다.

무한한 복제의 세계에 놓인 디지털 시대에 우리에게는 조심

할 사항이 있습니다. 전자 디지털 세계에서 복제는 그 본질을 변화시켰으니 복제는 더 이상 원본의 질 떨어진 대체물, 원본의 부산물이 아닙니다. 디지털 파일의 복제본은 엄격하게 말해 원본 파일과 동일합니다. 그것은 복제본이 아니라 하나의 완전한 유전적 쌍둥이라 할 수 있는 것입니다. 원본과 복제품 사이에 존재하는 가치 판단의 근거가 되었던 일체의 서열화가 디지털 시대에는 붕괴되고 있는 것이지요.

전자 디지털 세계에서는 구술과 시각물 간의 차이는 저장 용량과 파동의 길이 문제에 불과합니다. 비관론자들은 이렇게 말할 테지요. "이미지와 소리는 문자를 타락시킬 것"이라고요. 이는 마치 소쉬르가 1세기 전에 문자가 언어를 타락시킬 것이라고 말했던 것과 같은 원리입니다. 또한 낙관론자들은 다음과 같이 말할 것입니다. "이제 우리가 모든 방식에서 글쓰기 놀이를 할 수 있게 된 것은 운이 좋은 것"이라고요. 즉 구술과 시각물을 수정하거나 교정하거나 확대하거나 증강할 수 있으니, 그 결과 우리의 문자 개념을 수정하거나 교정하거나 확대하거나 증강시킬 수 있다는 점에서 그러합니다. 결국 언어 문자는 문자의 무한한 가능성들 가운데 하나의 범주에 불과한 것입니다.

Homo digitalis

03.   본질

새롭게 존재하다

디지털 문명 시대의 인간은 새로운 존재 방식을 갖기에 이르는데
현대 문명의 공간적 원리를 한마디로 '집중화'라 한다면
디지털 시대의 공간은 '비장소'다.

디지털 문명의 존재 방식인
'집중화'를 해체하다

현대 문명의 공간적 원리는 한마디로 '집중화'라 할 수 있습니다. 도시는 사람들이 한 곳으로 모이는 곳이고 기업에는 생산과 소비 수단의 조합, 집중화가 일어납니다. 은행은 재화, 도서관은 책, 미술관은 예술 작품을 한 곳에 모아놓습니다. 대학은 강의실, 연구실, 실험실, 학생, 교수를 한곳에 모아놓고요. 또한 책은 수만 단어가 모여 이루어진 것입니다.

세르의 탁견에 따르면, 인간의 이해 과정, 지성, 인지, 즉 사유는 바로 이 같은 축적화capitalization라는 광범위한 몸짓에 종속되는 것으로, 이와 같은 축적화의 몸짓은 물질적·에너지적·정보적·식량적·인구학적·사회적·실용적·금융적·정치적·지식적·인지적 차원을 모두 아우르는 것입니다. '나'라는 자아 속에는 다수의 개념들이 자리 잡고, 다시 관념 속에는 수많은 경우들이 존재하며, 책 속에는 수백만 개의 기호가 들어 있습니다. 저장은 모든 교환들에 선행하며, 그것을 조건 짓습니다.[38]

인간 문명은 곧 도시, 학교, 마을과 같은 집중화 장소들을 중심으로 발달한 것입니다. 이른바 '종'은 저장하며 '개체'는 사유한다고 하겠습니다. 컴퓨터는 바로 이 같은 인간 문명의 한 가지 특질을 실현하는 수단, 보편적 기계라고 할 수 있는데 여기서 근본적 물음이 하나 제기됩니다. 이미 컴퓨터가 모든 것을 집적해놓았는데 '책, 기호, 재화, 학생들, 집과 직장을 한곳에 모아둘 필요가 있는가?' 하는 것입니다. 예컨대 파피루스에서 책에 이르는 모든 양식을 컴퓨터 스크린이 집적해놓지 않았습니까? 그렇다면 '디지털 기술은 현재의 집중화를 한물간 것으로 만들 것인가?', '모든 덩어리를 쓸모없게 만들 것인가?' 이것이 현재 우리 앞에 놓인 거대한 질문이라 하겠습니다.

인류가 수만 년 동안 고민해온 저장 문제를 가상성이라는 새로운 패러다임에서 실현하고 있는 지금, 다양한 커뮤니케이션의 신속성은 가상적으로 도처에서 컴퓨터망에 연결된 전체 또는 부분들을 집중화시킵니다. 과거의 테크놀로지와 달리 새로운 기계들은 저장 기능을 신속한 전달로 대체합니다. 더 이상 사물을 저장하는 것이 아니라 관계들을 저장하기에 이릅니다.

이제는 집적화라는 기존 문명 양식을 다시 생각해야 할 때입니다. 예를 들어 파리 센 강에 세워진 프랑스 국립도서관의 일화를 보면 그것이 시대착오적인 행태인지, 아니면 도서관 문명의 새로운 징표인지를 판단해야 합니다. 1988년 당시 미테랑 대통령이 자신의 후보 시절 선거 공약으로 내세웠던 국립도서관 건립을 도미니크 페로Dominique Perrault라는 건축가가 실현했는데 이때 당시 이 도서관 건립을 두고 많은 저항과 비판이 있었습니다. 이것은 흡사 갈릴레이가 화성을 향해 천체 망원경을 겨냥하던 시절에 거대한 태양 시계탑을 세워놓은 꼴과 같다며 도대체 책들을 산더미처럼 쌓아놓아서 어쩌자는 것이냐는 비아냥이 있었거든요.

디지털 시대의 공간, '비장소'

사실 지금도 여전히 기업인들과 학자들은 '회의'나 '학회' 등 일정 장소에서 모이려 하고 있는데, 그렇다면 디지털 시대의 '공간' 개념은 어떻게 달라지는 것일까요?

노트북, 휴대전화 등을 통해 모든 것에 대한 접근이 가능해짐으로써 특정 공간에 함께 존재해야 하는 집중화의 필요는 감소했습니다. 지금은 강의와 대담이 원격으로 이루어지는 시대입니다. 그런데 왜 여전히 기업인들과 학자들은 회의와 학회에서 모이려 하는 것일까요? 사실상 디지털 시대의 공간은 '비장소 non-place'라고 할 수 있습니다.

기존의 주소는 한 장소, 즉 주거지와 노동 장소를 지시했지만 이제 주소 개념이 변화했습니다. 휴대전화는 더 이상 특정 장소를 지칭하지 않고 코드와 숫자로 족합니다. 지금-여기라는 기존의 존재 방식의 근본적 범주가 해체되어 모든 지점들이 동등한 가치를 누리고 있습니다. 하이데거는 인간의 존재를 일러 "바로 지금 여기에 있는 존재"라고 했는데 이 같은 주거 방식 또는 사유 방식이 사라져가고 있습니다. 신의 능력을 모방하려는 인간, 즉 호모 모빌리쿠스가 등장한 것입니다.[39]

이동 테크놀로지는 주소를 장소로부터 해방시킴으로써 우리는 더 이상 우리 집에, 사무실에 전화를 거는 것이 아니라, 한라산, 에펠탑, 비행기, 지구 반대편에 있는 우리 각자의 '공간'으로 전화를 거는 것입니다. 지형학은 암호 코드학에 자리를 내줌으로써 코드에서 코드로 대화를 나누게 되었습니다.

그렇다면 디지털 시대의 새로운 공간을 어떻게 성격 지을 수 있을까요? 집중화, 중심과 주변, 질서정연한 길로 이루어진 과거의 네트워크 방식의 소멸, 공간적 거리로 인한 제약의 말소로 이제 어떠한 방향이나 공간의 준거점이 사라졌습니다. 그렇다면 인간은 태초의 기원으로 다시 돌아가는 것일까요? 가상적 장소들에서 법의 주체, 경범죄의 대상, 공간적 조건을 어떻게 규정할 수 있을까요? 주소도 없고 경계선도 없는 비장소, 이러한 비장소에 대해서 어떻게 법률을 만들 수 있을까요? 우리는 여기에 대한 깊이 있는 성찰을 해야 하고 언어학 역시 이러한 질문에 대한 대답으로부터 그 나아갈 바를 새롭게 찾아야 하는 것입니다.

디지털 시대 기억의 풍경, 디지털 기억의 속성들

인간의 존재론적 속성은 세 가지로 압축될 수 있습니다. 인간이라는 개체, 동물적 실재 그리고 사회적 기억을 창조하는 민족적·인종적 존재입니다. 호모 사피엔스에게서 사회적 기억의 도구화가 성립된 것은 인간 진화의 여러 문제들을 제어합니다. 실제로 최초의 문자 문명에서부터 오늘날의 디지털 문명에 이르기까지 모든 인간 사회들은 기하급수적으로 늘어나는 지식의 자본을 각인하고 보존하는 문제에 직면했습니다. 하나의 특정 인간 사회의 생존 여부는 다름 아닌 집단적 자본의 각인 가능성에 달려 있다고도 할 수 있는 것이지요. 그렇게 해서 이제 우리는 세 가지 유형의 기억을 구별할 수 있습니다. 개인의 기억, 사회의 기억, 기계적 기억이 바로 그것입니다. 이러한 세 가지 기억을 넘어서는 디지털 기억은 계속해서 변화하고 있기 때문에 그 속성을 정확하게 수립하는 것은 어렵습니다. 여기서는 몇 가지 속성만을 언급하겠습니다.

첫째, 디지털 기억은 포괄적이며 전지전능하고 가히 폭발적입니다. 인간이 외부로부터 수용하는 정보들 가운데서 오직 극소수의 분량만이 망각이라는 여과를 통해 기억 저장 창고에 머무를 수 있습니다. 그런데 디지털 기술의 창발은 생산 조건 그리고 기억의 보존과 순환 조건을 송두리째 바꾸어놓았습니다. 우리의 스마트폰과 개인용 PC는 갈수록 엄청난 기억 용량이 가능해짐으로써 이제 우리는 모든 것이 기억될 수 있는 그리고 모든 추억들이 순간적으로 동시에 서로 공유될 수 있는 새로운 시대에 진입했습니다. 물론 이러한 상황은 어떤 사람에게는 꿈같은 유토피아지만 또 다른 사람에게는 모든 것이 인공적으로 프로그램화된 카오스에 불과합니다. 우리는 기억과 망각의 생태계에 존재하는 균형을 흔들어놓을 이 같은 심오한 변형의 위험성을 정확히 인식해야 합니다.

둘째, 디지털 기억은 불멸적이면서 편재적입니다. 인류의 모든 기억을 보존하는 것은 그 원칙과 절차에서 하나의 광기라고 할 수 있습니다. 그런데 디지털 테크놀로지의 도래로 오늘날 현대 사회는 자신들의 모든 과거를 기억할 수 있습니다. 바야흐로 기억이 불멸적이게 된 것입니다. 지금까지의 기억이 갖고 있던 연약성으로부터 벗어난 것이지요. 이렇듯 광대한 데이터의 저장은 단순한 기술의 변천이 아니라 인간이 기억과 맺고 있는 관계를 송두리째 바꾸어놓았습니다.

셋째, 디지털 기억은 파놉티콘panopticon* 현상을 초래합니다. 디지털 테크놀로지에서 기억한다는 것은 단순히 정보를 보존하는 의식적 행위가 아닙니다. 웹에서 네비게이션, 그리고 모든 검색의 히스토리와 흔적들은 검색 엔진 속에 저장됩니다. 전자칩 덕분에 우리의 모든 일상에서의 작은 몸짓들이 상호 소통하는 오브제들 속에 각인되고 기억됩니다. 정보 네트워크에서 모든 것은 연결되어 있습니다. 우리의 컴퓨터는 우리의 행동과 생각 자체를 투명하게 기억하고 있는 것이지요.

잊혀질 권리의 부상

디지털 문명의 발달로 문자의 위기는 거스를 수 없는 대세인 듯 여겨지기도 합니다. 문자란 애초에 흔적을 남기는 것이 주된 기능으로 문자는 인공적 그래픽 표시들로 이루어져 있습니다. 그것은 바위든지 종이든지 어느 정도의

---

* 1791년에 영국 철학자 제러미 벤담(Jeremy Bentham)이 효과적인 죄수 감시 목적으로 고안해낸 원형 감옥. 여기서의 파놉티콘 현상이란 일종의 '정보의 감옥'을 의미한다.

내구성을 갖는 표면에 새겨지거나 기록되어야 합니다. 라틴어 속담에도 "말은 공중에 사라져도 문자는 남는다"라는 표현이 있듯 문자의 존재 이유란 그렇듯 내구성을 갖는 것이었는데 지금은 역설적으로 기록을 지우는 시대입니다. 디지털 시대를 맞아 너무 많은 기록이 생기면서 우리가 쓴 글을 일정 기간이 지나면 삭제해주는 프로그램까지 등장했습니다.

컴퓨터라는 것을 투박하게 정의하면 망각할 줄 모르는 기기라고 할 수 있습니다. 어찌 보면 망각의 자연스런 생태계를 완전히 파괴한 것이 컴퓨터 디지털 문명입니다. 인간은 적당히 잊어야 하는데 지금은 컴퓨터 때문에 아무것도 잊을 수 없는 시대입니다. 우리가 모든 것을 다 기억하면 좋을 것 같지만 사실상 그것은 질병이나 마찬가지입니다. 지금까지 읽은 책 내용을 모두 기억하고 10년 전에 친구와 함께 먹은 반찬 종류까지 모두 기억한다면 어떨까요? 그렇게 되면 우리는 더 이상 어떠한 결정을 내릴 수 없는 상태에 빠지게 됩니다. 계속해서 정보가 입력되기 때문에 아무 결정도 내릴 수 없는 질병에 걸리게 되는 것이지요.

그래서 디지털 시대에는 컴퓨터 프로그램까지 포함해서 잊혀질 권리가 부상하게 되는 것입니다. '나'라는 한 인간의 정체성이 흔들리고 호모 디지털리스로서의 '우리'의 위상이 드높아지는 디지털 문명 한복판에서 이제 각자가 진정한 인간다움에 대한 새로운 고민을 해야만 할 절실한 시점이 아닐 수 없습니다.

Homo digitalis

나와 우리의 경계를 묻다

디지털 문명은 망각의 자연스런 생태계를 완전히 파괴했다.

컴퓨터 때문에 아무것도 잊을 수 없는 디지털 시대에

우리 모두에게는 잊혀질 권리가 부상한다.

인류 기억의
문화사

문자 발명 이후 기억의 문화사를 한번 살펴보겠습니다. 역사의 시간을 해체하고 인간도 변화시키는 힘을 갖는 기억에 대한 이야기입니다. 우선 구술이 아닌 저장의 시대에 양피지나 전자 미디어에 정보를 보관하는 것은 기억의 집중화를 가져오는 한편으로 인간의 자연적 기억력을 떨어뜨렸습니다. 앞서 언급했듯 구술 시대에 인류는 수천 편의 시를 암송할 수 있었는데, 예를 들어 고대 로마 시대에 경시대회에서 우승한 초등학생 나이의 아이는 단 반나절 만에 2000개의 단어를 암송했다고 합니다. 하지만 문자나 활자 등 기억의 인공물을 발명하면서 인간은 자연적 기억력을 상실했습니다.

이렇듯 개인의 주체적 기억 능력은 현저히 줄어들었으나 줄

어든 만큼 주관적 기억은 객체화되고 집단화됩니다. 묘비, 파피루스 두루마리, 종이 모두가 인간의 신체적 기억의 노력을 덜어주는 물질적 기억들입니다.

바야흐로 도래한 디지털 커뮤니케이션 시대에서 커뮤니케이션의 재원들은 휴대 가능해지고 다양화되었으며 영속적인 접속이 가능함을 보여줍니다. 그것들은 단순히 부재를 대신하기위해서 사용되는 것이 아니라 매체를 통한 밀도 높은 현존감을 제공합니다. 이러한 기능은 도서관도 마찬가지이며, 인터넷은전 지구적인 기억이자 인류의 집단적 백과사전이라 할 수 있습니다.

불과 2000년 전 사람들의 기억력은 대단히 놀라웠습니다. 플라톤의 대화 참여자, 석가모니의 제자, 예수의 사도, 심지어 중세 시대 소르본의 대학생들, 아니 20세기 초 소쉬르의 제자들만해도 수십 년이 흐른 후에도 한 음절도 놓치지 않고 스승 또는암송자의 말을 정확하게 복원했습니다. 그들은 지금 우리가 상상할 수 없을 정도의 기억력을 고양시켰으며 정밀한 기억술의방법을 터득하고 있었습니다. 하지만 바퀴의 발명이 신체를 기구화한 것과 마찬가지로, 정보 저장 기술의 발달은 과거에 있었던 인간의 뛰어난 인지적 기능들을 기구화시켰습니다. 기억하는 일에 집중했던 인간들이 더 이상 기억에 의존할 필요가 없어진 데 따른 일종의 퇴화인 셈이지요.

커뮤니케이션 방식:
두루마리, 코덱스, 스크린

책의 역사가들은 일반적으로 커뮤니케이션 방식의 역사를 크게 네 가지 시기로 구별합니다. 첫 번째 시기는 기원전 4000년경으로 이때 인간은 글쓰기를 학습하게 됩니다. 기원전 3200년경에는 이집트의 상형문자가 등장했으며, 기원전 1000년경에는 알파벳 문자가 출현했고요.

영국의 인류학자 잭 구디는 자신의 저술 속에서 문자의 발명이 인류의 역사에서 결정적인 순간이었음을 입증했고, 문자의 재현이 인간 이성의 결정적인 진전을 이루었음을 보여준 바 있습니다. 즉 그가 말한 그래픽 이성은 과거와 맺는 우리의 관계를 변형시켰습니다. 우선 볼루멘volumen, 즉 파피루스 두루마리의 사용은 고정된 매체 위에 정보들을 보존하는 것을 가능하게 했는데, 이로써 개인뿐만 아니라 집단의 기억을 해방시키는 것을 가능하게 했고 수많은 자료들의 무게로부터 인간을 해방시켰으며, 따라서 우리의 지적인 가능성들을 증가시켰습니다.

두 번째 주요 변화는 3세기에 일어나는데 이때 코덱스codex로 독서를 하게 되면서 인간은 자기가 마음껏 넘길 수 있는 페이지를 갖추게 됩니다. 이것은 하나의 문화 혁명이라고 할 수 있습니다. 왜냐하면 최초로 인간은 개별 낱장들로 이루어진, 그리고 페이지를 매기고 색인과 주석을 넣을 수 있는 도큐멘트를 갖

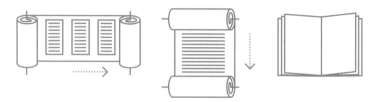

볼루멘, 로툴루스, 코덱스(왼쪽부터)

추게 되었기 때문입니다. 코덱스는 텍스트와 페이지에 대한 전체적 비전을 갖는 것을 가능하게 했으며, 이제 장들과 단락들로 분할되어 독자는 별다른 어려움 없이 자신이 중단했던 곳에서 다시 독서를 할 수 있게 된 것입니다.

세 번째 변화는 1450년대 발생한 인쇄술의 발명으로 일어납니다. 유럽에서 발명된 인쇄술은 시간과 기억과의 관계에서 또 다른 변화를 가져왔습니다. 그것은 새로운 저장 능력 덕분에 가능했던 것으로 앞서 언급했듯 독서의 민주화에 길을 터주었습니다. 중세까지만 해도 필생들에게 전담된 텍스트의 복제는 이제 엄청난 스케일과 분량으로 이루어질 수 있게 되었으며, 이로써 새로운 지식의 확산을 가능하게 했습니다.

그리고 마지막으로 오늘날 우리가 목도하고 있는 디지털 정보 통신 기술의 비약적 발전은 문자와 맺는 우리의 관계를 송두리째 바꾸어놓고 있습니다. 미국의 역사학자 로버트 단턴Robert Darnton이 지적한 바와 같이 인터넷이 현대 풍경 속에서 만들어내는 속도는 너무나 강렬한 것입니다. 단턴의 표현을 빌리면 그

변화의 리듬은 마치 우리 인류의 숨결을 끊어놓을 듯합니다. 즉 최초의 문자 발견에서 코덱스의 등장까지는 4300년이 걸렸고, 코덱스에서 구텐베르크의 동활자까지는 1150년이 걸렸으며, 동활자에서 인터넷까지는 524년, 인터넷에서 검색 엔진까지는 17년 그리고 검색 엔진에서 구글의 분류 알고리즘까지는 고작 7년이 걸린 것입니다.[40]

인쇄된 출간물에서 전자 텍스트로의 이동은 프랑스의 역사학자 로제 샤르티에Roger Chartier가 여러 번 지적한 것처럼 텍스트의 생산 방식과 전달 방식에서 하나의 혁명을 촉발시키고 있습니다. 특히 문자 매체의 물질성에서 엄청난 변화를 촉발시키고 있고, 책 읽기의 실천에서도 혁명을 가져왔습니다. 결정적 변화는 물론 그 이전까지 오브제와 장르와 다양한 사용들을 결합했던 관계가 오늘날에는 단절되었다는 사실에서 오는 것입니다.[41]

웹은 실제로 모든 텍스트들을 읽게 해줄 수 있으며, 그 내용이 무엇이건 장르와 기능을 상관하지 않아도 되게 했습니다. 이 같은 텍스트들은 우리에게 순서도 없이, 서열화·위계화도 없이 제시됩니다. 디지털 텍스트의 세계는 탈맥락화된 그리고 병치된 파편들의 세계로서 원하기만 하면 무한하게 재구성할 수 있는 것이지요. 샤르티에에 따르면 우리는 세 가지 특징들에 특히 주목해볼 만합니다. 먼저 전자 텍스트는 맥락의 개념, 즉 의미의 생산을 변형시킵니다. 왜냐하면 동일한 책 속에서 텍스트들의 근접성 대신 유동적이며 이동 가능한 배열과 짜임이 들어서기 때문입니다. 즉 모든 텍스트들이 온라인상에서 언제나 열람할 수 있는 글들의 짜임으로 대체되는 것입니다.

이어서 두 번째 변화는 텍스트들의 물질성이 전혀 다른 양상으로 나타난다는 점입니다. 텍스트와 그 텍스트를 담고 있는 오브제를 결합했던 과거의 오랜 관계는 이제 해체되고 있는데 사실상 그 관계는 탈물질화된 것입니다. 쉽게 말하면 이제 더 이상 수백만 수천만 권의 물리적 책들을 보관해야 할 어마어마한 공간 점유가 필요 없게 된 것입니다.

끝으로 스크린에서 이루어지는 독서는 두루마리의 논리와 인쇄된 책의 논리를 차용하는 것인데 이러한 의미에서 우리가 목격하고 있는 디지털의 변천은 구텐베르크에 의한 책의 발명이 촉발한 것보다 훨씬 더 심대한 변화를 가져오고 있습니다. 왜냐하면 구텐베르크의 발명은 책의 형태론에서도 그리고 코덱스에 익숙했던 독자의 몸짓에도 크게 변화를 주지는 못했기 때문입니다.

디지털 텍스트는 다양한 방식으로 인쇄 텍스트와 구별됩니다. 지금 현재 진행 중인 그 전대미문의 변화의 특징을 이해하기 위해서는 다양한 연구들을 참조할 필요가 있습니다. 디지털 텍스트는 무엇보다 텍스트의 제작과 창조에 엄청난 가치를 부여합니다. 편집, 이동, 잘라내기, 제거하기 등과 같은 많은 작동들이 가능해졌습니다. 아울러 매 순간 끼워 넣기를 할 수 있으

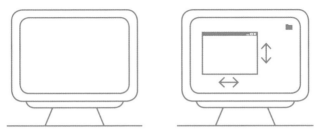

컴퓨터 스크린(왼쪽), 페이지 조정이 가능한 컴퓨터 스크린(오른쪽)

며, 부피에도 양에도 제약을 받지 않습니다. 더구나 그것은 쓴 사람의 물리적 흔적도 남기지 않을 수 있습니다. 그리고 텍스트가 생산된 장소에 대한 어떤 지시도 제공하지 않습니다. 디지털 텍스트는 단지 발송자의 전자 주소만을 게시할 뿐 그 발송자가 진정으로 텍스트에 저장하는 사실을 증명하지는 않습니다. 디지털 텍스트는 본질적으로 불안정한 텍스트이며, 무한하게 열린 텍스트로서 비물질적인 방식으로 아카이브화될 수 있습니다. 그리고 그것은 무한하게 확산될 수 있습니다.

디지털 시대,
새롭게 부상한 망각의 문제

디지털 시대를 맞아 이러한 기억의 변화로 얻는 것과 잃어버리는 것은 무엇일까요? 구술성의 상실, 기억의 상실, 소중했던 것들의 상실에 대한 우리의 아쉬움은 어느 정도일까요? 얻는 것의 입장에서 바라보면 이렇습니다. 호머의 시를 암송하던 시대에 이어진 기억의 상실은 암송의 부담을 덜어주고 그에 따른 인지적 기능을 해방시킵니다. 르네상스 시대에는 더 강력한 기억의 상실이 발생해서 학자는 자료 정리의 엄청난 부담에서 벗어나 자연현상의 관찰에 몰두할 수 있었습니다. 그 결과 인쇄술의 자식이라 할 실험과학이 탄생합니다. 전체적으로 보면 이득이 상실을 압도합니다. 기억력의 부담에서 벗어나 발견을 위한 창조적 사유에 시간을 할애할 수 있게 되었으니까요.

디지털 테크놀로지는 개인적·주관적이라고 믿고 있던 인지적 능력을 집단화하고 객체화함으로써 우리는 개인적·주관적 지능을 상실하고 대신 집단적·객관적 기억을 얻었습니다. 새로운 인간 문명은 기억, 이성, 상상력의 매체를 위한 인지적 도구들로 채워졌습니다. 이제 기존의 1인칭 단수 시점의 인간 사유, 즉 "나는 생각한다, 고로 존재한다cogito ergo sum"는 컴퓨터와 함께 일인칭 복수 시점으로 "우리는 생각한다, 고로 존재한다"로 수정되기에 이릅니다. 다른 사람의 도움 없이, 컴퓨터의 도움 없이 세계를 사유할 수 있는 사람은 더 이상 없게 된 것이지요.

그런데 이로써 현대인은 모든 것이 기억되고 아무것도 망각되지 않는 디지털 세계에 직면했습니다. 망각을 불가능하게 만드는 지금 시대에는 새롭게 등장한 사회적·문화적·심리적 변화들에 대한 물음을 제기할 필요가 있습니다.

뇌과학자들에 의해서 이미 알려진 사실입니다만, 인간은 행복을 위해서 기억만큼이나 망각도 필요로 하는데 동일한 원리가 사회에도 적용되어야 합니다. 그런데 디지털 기술로 총체적으로 정보화된 사회에서는 매 순간 인터넷에서 생산된 것을 추출하는 것이 가능하고, 특정 사람들이 범한 사소한 잘못과 오류 그리고 상호 견해 차이들을 매 순간 찾아내는 것이 가능합니다. 이제 스스로를 잊어버리는 것이 허용되지 않으며, 다른 사람들이 그들 자신들에 대해서 그리고 우리들에 대해서 말했거나 행동했거나 생각했던 것을 망각하는 것이 허용되지 않습니다. 그 결과 디지털 인간은 자신들의 기술 사용 감옥에 갇혀 그 굴레에서 벗어날 수 없게 되었습니다.

그런데 인간의 정체성이란 기억과 망각에 기초할 때 비로소 성립될 수 있는 것입니다. 즉 인간의 정체성이란 끊임없는 운동 속에 놓여 있습니다. 우리의 생각과 우리의 추억들 역시 똑같은 법칙을 따릅니다. 도대체 어떤 매체에 근거해서 한 사람의 모든 삶을 저장할 수 있으며, 그렇게 해서 잠재적인 영원성의 형식을 창조하려고 시도할 수 있을까요? 이 같은 방대한 기억과 추억들의 보존을 가능하게 하는 매체는 도대체 무엇이란 말입니까?

프랑스의 시인 보들레르는 그의 유명한 시 〈우울SPLEEN〉에서 이렇게 말한 바 있습니다.

나는 마치 천 살을 먹은 것처럼 더 많은 추억을 갖고 있다.

디지털 인간의 기억은 보들레르가 말하는 기억만큼이나 정
보와 기억들로 이제 포화 상태에 이르렀습니다. 미국의 인터
넷 전문가이자 법률학자인 빅토어 마이어 쇤베르거Viktor Mayer-
Schönberger는 디지털 복사본의 증식과 사이버 스페이스에서의 복
제본의 확산이 더 이상 제어될 수 없는 위험한 상황에 대해 경
계한 바 있습니다.[42]

소셜 네트워크는 디지털이라는 대리석 위에 우리가 일상에서
행하는 사소하고 다양한 몸짓과 사실들을 기록하는 데 기여하
고 있습니다. 모두가 아는 것처럼 현재 인터넷에서는 다양한 종
류의 나쁜 언어들로 가득 차고 악플을 넘어 상대방 인격에 해가
되는 말까지 범람하고 있는 실정입니다. 우리나라의 경우 그러
한 악플로 인해 심지어 자살과 같은 극단적 선택을 하는 사례도
종종 있습니다. 바로 이러한 상황에서 유럽은 물론 한국에서도
잊혀질 권리가 중요한 사회적 의제로 떠올랐습니다.

그러니까 우리에 대한 온갖 종류의 정보들이 영원히 저장되
고 보존되는 디지털 세계에서 우리는 어떻게 평화롭게 삶을 살
아갈 수 있을까요?

이 문제가 바로 잊혀질 권리가 지금 우리에게 던지는 핵심적
인 논제입니다.

기억과 망각 사이의
균형을 염원하다

결국 '망각'의 문제로 호모 디지털리스에 대한 논의를 마무리하게 되었는데, 디지털 시대에 망각의 문제는 실로 근본적인 질문으로 등장합니다. 물론 망각이라는 단어는 그 뜻이 매우 복잡하고 다양해서 상이한 범주들을 구별해서 사용해야 할 것입니다. 개인적 망각, 사회적 망각, 생물학적 망각이 그것이지요. 여기서 인터넷 사용자에게 허락되어야 할 잊혀질 권리란 디지털 흔적의 말소로 정의되는 능동적 망각을 말합니다. 그것은 공동체에 의해서 합법화된 사회적 망각입니다. 달리 말해 특정 개인 또는 특정 집단이 남긴 디지털 흔적을 사회가 합법적으로 말소시킴으로써 확보될 수 있는 망각을 말하는 것이지요.

이 같은 잊혀질 권리의 전제조건은 개인과 사회에게 망각이 모두 능동적이어야 한다는 근본적 진리에 토대를 두고 있습니다. 이 같은 유형의 망각은 앙가주망engagement, 즉 사회적 참여라고 할 수 있습니다. 프랑스의 철학자 폴 리쾨르Paul Ricoeur가 강조한 것처럼 능동적 망각은 치매도 아니며 파괴도 아닙니다. 그것은 일종의 완화 형식으로 무시를 하지 않으면서도 우리의 집단적 기억의 일부분과 거리를 둘 수 있는 능력이라고 말할 수 있습니다.

그런데 사실 잊혀질 권리는 보다 능동적인 개념으로 보입니다. 왜냐하면 사생활을 보호해줄 수 있게끔 해주는 것은 다름 아닌 말소를 통한 망각이기 때문입니다. 디지털 장치의 파상적인 보급으로 우리는 개인 데이터 생산의 폭발을 경험하고 있으며, 심지어 자기 스스로를 모든 사람들에게 광고하고 자랑하는 새로운 현상을 목격하고 있습니다. 프랑스의 정신분석학자 세르주 티스롱Serge Tisseron은 이것을 일러 '외향 지향'이라고 부른 바 있습니다.

그런데 잊혀질 권리의 적용은 이론과 실제에서 까다로운 문제들을 제기합니다. 구글과 같은 미국의 검색 엔진 회사들은 유럽을 중심으로 실행되고 있는 잊혀질 권리에 대해서 부정적이거나 소극적인 태도를 보여주고 있습니다. 그렇지만 법을 존중하면서 시민에게 자신들이 디지털 세계에 남긴 흔적들을 스스로 관리할 수 있는 자유를 부여하는 것은 진지하게 검토되고 수용되어야 할 것입니다. 만약 사회가 그 사회를 구성하는 다른 공동체 구성원들의 사생활을 존중하지 않는다면 이 같은 사회는 해체될 위험에 빠질 테니까요.

현재 개인적·사회적 정체성을 성립하는 데 근간을 이루는, 망각할 수 있는 자연적 능력은 디지털 기억의 편재성과 영속성에 의해서 위협받을 위험에 처해 있습니다. 거대한 디지털 시스템은 사생활을 훼손하면서 천문학적인 데이터들을 산포시키고 있습니다. 무엇보다도 또 다른 삶을 다시 시작할 수 있는 사람들의 잠재력에 족쇄를 채우고 있는 것입니다. 망각이 없는 이 같은 보편적 기계는 인간 존재의 근본적 요소를 위험에 빠트리고 있으니, 그것은 다름 아닌 다른 사람을 용서할 수 있는 능력입니다.

디지털 환경에서 제기되는 잊혀질 권리의 행사는 자신의 개인 데이터에 대해 스스로가 관리할 수 있는 자율을 말하며, 상황에 따라서 이 같은 자신의 디지털 정보를 제거하거나 사라지게 할 수 있는 권리를 말하는 것으로서, 눈에 보이지 않는 잠재적인 자신의 대화 상대자들에게 모든 일체의 개인 흔적을 말소해줄 것을 요청할 수 있는 권리를 말합니다.

요컨대 이제 법률적 기구를 통해 개인이 자신의 디지털 정체성에 대한 자유로운 접근을 할 수 있도록 해주어야 합니다. 이것은 다시 말해 자신의 가상적 영역을 관리할 수 있게 해주는 것을 말합니다. 지속 가능한 사회를 위해 기억과 망각 간의 새로운 균형 수립에 대한 인간학적 정치적 토론이 필요한 시점이 아닐 수 없습니다. 이것이 호모 디지털리스로서의 인간이 맞닥뜨리고 있는 오늘의 새로운 풍경이라 하겠습니다.

참고문헌

1. Yuval Noah Harari, *Sapiens: A Brief History of Humankind*, Vintage Books, 2014.

2. Étienne klein, "De quoi parle-t-on? L'invention suppose une vision du futur", *Le monde hors-série-L'Histoire de invention*, 2015, 6~19pp.

3. Étienne klein, Ibid.

4. 프란체스코 교황, 『찬미받으소서(Laudato Si')』, 한국천주교중앙협의회, 2015.

5. 영국 런던 자연사박물관(Natural History Museum). http://www.nhm.ac.uk/

6. Jean-Marc Périno, *Préhistoire: de Toumaï et Lucy à Ötzi et Homère*, MSM, 2013, 12~13pp.

7. Telmo Pievani, *Homo sapiens: La marche de l'humanité*, Editions White Star, 2014, 13~51pp, 83p.
Claude-Louis Gallien, *Homo: Histoire plurielle d'un genre très singulier*, PUF, 2002.

8. Telmo Pievani, Ibid, 32~33pp.
Claude-Louis Gallien, Ibid.

9. Telmo Pievani, Ibid, 58~67pp.
Claude-Louis Gallien, Ibid.

10. 이 점에 대해서는 유발 하라리 역시 정확히 지적한 바 있음.

Yuval Noah Harari, Ibid.

11. Jean-François Dortier, *Révolution dans nos origines*, Editions Sciences Humaines, 2015.

12. 손에 대한 인간학적 의미에 대해서는 다음 고전을 참고. 앙리 포시용, 강영주 역, 『앙리 포시용의 형태의 삶』, 학고재, 2001.

13. Régis Debray, *Vie et mort de l'image: Une histoire du regard en Occident*, Gallimard, 1992.

14. John Palfrey&Urs Gasser, *Born Digital: Understanding the First Generation of Digital Natives*, Basic Books, 2009.

15. Aristote, *The Poetics of Aristotle*, Prabhat Prakashan, 2008.

16. 山本義隆, 一六世記 文化革命, みすず書房, 2007.(야마모토 요시타카, 남윤호 역, 『16세기 문화혁명』, 동아시아, 2010, 264~265pp, 재인용.)

17. Plato, *Phaedrus*, trans. Benjamin Jowett, Forgotten Books, 2008, 51p.

18. Augustine, trans. Albert C. Outler, *Confessions*, S.C.M. Press, 1955.

19. Claude Lévi-Strauss, *Tristes Tropiques*, Plon, 1955.

20. Steven Pinker, *The Language Instinct: How the Mind Creates Language*, Harper Perennial Modern Classics, 1994.

21. 파스칼 피크 · 베르나르 빅토리 · 장 루이 데살, 이효숙 역, 『언어의 기원』, 알마, 2009.

22. 노암 촘스키, 이선우 역, 『언어지식: 그 본질, 근원 및 사용』, 아르케, 2000.

23. 장 자크 루소, 주경복 · 고봉만 역, 『언어 기원에 관한 시론』, 책세상, 2002.

24. Noam Chomsky, *Knowledge of Language: Its Nature, Origin, and Use*, Greenwood Publishing Group, 1986.

25. André Leroi-Gourhan, *Évolution et techniques. Vol. II: Milleu et techniques*,

Albin Michel, 2000(Coll, *Sciences d'Aujourdhui.*).

26. John Palfrey&Urs Gasser, Ibid.

27. 관련 참고 연구서.
Rémy Rieffel, *Révolution numérique, révolution culturelle?*, Gallimard, 2014.
Cédric Biagini, *L'emprise Numérique, Comment Internet et les nouvelles technologies ont colonisé nos vies*, Éditions L'échappée, 2012.
Jean-François Fogel&Bruno Patino, *La Condition Numérique*, Grasset, 2013.
Roberto Casati, *Contre le colonialisme numérique*, Albin Michel, 2013.
Mary E. Hocks&Michelle R. Kendrick(eds), *Eloquent Images: Word and Image in The Age of New Media*, MIT Press, 2003.

28. Michel Serres, *Petite Poucette*, Le Pommier, 2012.

29. Rémy Rieffel, Ibid.
Cédric Biagini, Ibid.

30. 제레미 리프킨, 이희재 역,『소유의 종말』, 민음사, 2001.

31. Cédric Biagini, Ibid.

32. 오윤희,〈심리·교육 전문가들 "글 안 읽으면 언어 능력 후퇴해 언어 파괴로 이어져"〉,《조선일보》, 2010년 11월 2일.

33. Claude Hagége, *L'homme de paroles*, Fayard, 1985.

34. Michel Melot, *Une bréve Histoire de l'Écriture*, Editions Jean-Claude Béhar, 2015.

35. Michel Serres, *Hominescence*, Le Pommier, 2001.(김성도,『하이퍼미디어 시대의 인문학』, 생각의 나무, 2003, 부분 발췌.)

36. Michel Melot, Ibid.

37. Michel Melot, Ibid.

38. Michel Serres, *Hominescence*, Ibid.(김성도,『하이퍼미디어 시대의 인문학』, 생

각의 나무, 2003, 부분 발췌.)

39. 김성도, 『호모 모빌리쿠스: 모바일 미디어의 문화생태학』, 삼성경제연구소, 2008.

40. Robert Darnton, *Apologie du livre. Demain, aujourd'hui, hier*, Gallimard, 2011, 98p.(로버트 단턴, 성동규·고은주·김승완 역, 『책의 미래』, 교보문고, 2011, 재인용.)

41. Roger Chartier, *L'Ordre des livres: Lectures, auteurs, bibliothèques*, Alinéa, 1994.

42. Viktor Mayer-Schönberger, *Delete: The Virtue of Forgetting in the Digital Age*, Princeton University Press, 2011.(빅토어 마이어 쇤베르거, 구본권 역, 『잊혀질 권리』, 지식의 날개, 2011, 재인용.)

이 책에 사용된 도판 중 일부는 저작권자를 확인할 수 없어 정식 협의 절차를 진행하지 못했습니다.
추후라도 연락해주시면 저작권 협의 후 합당한 조치를 취하겠습니다.

KI신서 7083

언어인간학

1판 1쇄 발행 2017년 8월 14일
1판 2쇄 발행 2018년 4월 23일

지은이 김성도
펴낸이 김영곤 **펴낸곳** ㈜북이십일 21세기북스

정보개발본부장 정지은 **인문기획팀장** 장보라 **책임편집** 김찬성
디자인 씨디자인: 조혁준 함지은 김하얀 이수빈
출판영업팀 최상호 한충희 권오권
출판마케팅팀 김홍선 최성환 배상현 이정인 신혜진 김선영 나은경
홍보기획팀 이혜연 최수아 김미임 박혜림 문소라 전효은 염진아 김선아
제작팀 이영민

출판등록 2000년 5월 6일 제406-2003-061호
주소 (10881) 경기도 파주시 회동길 201(문발동)
대표전화 031-955-2100 **팩스** 031-955-2151 **이메일** book21@book21.co.kr

㈜북이십일 경계를 허무는 콘텐츠 리더

21세기북스 채널에서 도서 정보와 다양한 영상자료, 이벤트를 만나세요!
페이스북 facebook.com/21cbooks 포스트 post.naver.com/book_21
인스타그램 instagram.com/book_twentyone 홈페이지 www.book21.com
서울대 가지 않아도 들을 수 있는 명강의! 〈서가명강〉
네이버 오디오클립, 팟빵, 팟캐스트에서 '서가명강'을 검색해보세요!

ⓒ 김성도, 2017

ISBN 978-89-509-7130-4 03100